EL ESPÍRITU DE LA ALQUIMIA

Historia de una iniciación

EL ESPÍRITU DE LA ALQUIMIA

Historia de una iniciación

Enrique Selva Poveda

A la memoria de mi maestro

José Marhuenda Prats

INTRODUCCIÓN

Hace ya bastantes años que fijé por primera vez mi interés en la Alquimia. Mis nociones sobre la misma eran de lo más simple y limitadas a los conocimientos más vulgarizados sobre la misma. Que venía a ser como un precedente de la química; que los alquimistas eran unos tipos extravagantes que utilizaban un lenguaje que todavía lo era más. Leí el libro de FULCANELLI sobre las Catedrales, en el que señalaba los numerosos signos alquímicos tallados en las piedras de los sagrados lugares. No entendí casi nada. Realmente había que ser un "iniciado", o quizá todo no fuera más que una tomadura de pelo. Cuando leía, por ejemplo, la receta que da RIPLEO en la obra *"Las doce puertas sobre la Quintaesencia"*[1] , daban ganas de cerrar el libro y pensar en otra cosa. Pero me seguía atrayendo de alguna manera porque entreveía que algo profundamente humano había en su trasfondo.

Más adelante leí la motivación que obligó al gran psiquiatra C.G. JUNG a interesarse por la Alquimia. Intentando desentrañar los sueños que le relataban sus enfermos, observó con sorpresa que la simbología que operaba en ellos era la misma que la de los

---

[1] «Hay que comenzar en la puesta del sol, cuando el marido rojo y la esposa blanca se unen en el espíritu de la vida para vivir en el amor y la tranquilidad, en la proporción exacta de agua y de tierra. Desde el Occidente avanza, a través de las tinieblas, hacia el Septentrión; altera y disuelve al marido y la mujer entre el invierno y la primavera; cambia el agua en la tierra negra, elévate, a través de colores variados, hacia el Oriente, donde se muestra la luna llena. Después del purgatorio aparece el sol blanco y radiante; en el verano tras el invierno, el día tras la noche».

alquimistas. Y a pesar de que estos pacientes no tenían la más remota idea de lo que era la Alquimia. Todo ello indicaba que las imágenes ensoñadas y las enseñadas por los alquimistas procedían de una misma fuente, escondida en lo más recóndito de la mente, una mente común a todos los hombres. Algo que JUNG llamaría el Inconsciente Colectivo. Durante 20 años se dedicó a desentrañar los entresijos psicológicos de la Alquimia, dando lugar a una base de conocimientos que son el fundamento actual de todo estudio que pueda hacerse sobre la Alquimia.

Dejé aparcado el estudio directo de esta materia durante años. La había dejado de lado, pero, sin saberlo, ella no me había dejado a mí. Empezó entonces una especie de iniciación inconsciente en mis lecturas y escritos en los ratos libres de mi trabajo profesional. El ser médico hizo que mi formación fuera fundamentalmente biológica; el que me dedicara en mis primeros años a la Medicina Interna me hizo concebir ya para siempre una visión global de cualquier asunto. Me apasionó el estudio de la Evolución, revelación de últimos del siglo pasado hecha por DARWIN y que ha alcanzado su madurez científica en estos momentos. Es asombroso considerar que desde un inicio remoto en forma de energía electromagnética en el momento de la Creación (el Bing-Bang del que ahora hablamos) hasta las estructuras sociales actuales, todo es un contínuum en el que no existe solución de continuidad[2]. Poco a poco fue haciéndose más claro para mí el concepto de Totalidad de todo lo creado en el sentido de Unidad. Hay una hermandad de todo lo existente, de forma que no hay diferencia esencial entre la piedra y el hombre, sólo una diferencia de tiempo evolutivo. Insisto en estos conceptos

---

[2] En el momento actual la Evolución de la especie humana, más que en modificaciones anatómicas o neurológicas en concreto, se manifiesta ante todo como evolución social. Creándose una serie de seres colectivos, tribales, sin autoconciencia que explica fenómenos históricos como el nazismo o las matanzas de Ruanda y Burundi.

porque ellos serán básicos para que más adelante se alcance una concepción comprensiva de lo que fue la Alquimia.

El que el médico tenga que tratar con personas y no con cosas abrió mi interés por la Psicología, al margen de mis intereses profesionales directos. Sobre todo de la Psicología profunda, la que estudia la hondura oscura que está en nuestro interior, la que intenta desentrañar ese inconsciente individual y colectivo que siempre está en acecho. Mal se podrá comprender la Alquimia sin tener algunas ideas claras sobre qué debe entenderse como inconsciente, pues ella no es más que una proyección del mismo sobre la materia que el alquimista quería transformar en el laboratorio. Ya se verá que la Alquimia más que química inorgánica fue química del alma.

Entonces topé necesariamente con la necesidad de comprender el fenómeno religioso. Su significado como actitud humana en la creencia[3], como forma de conocimiento[4] y como camino de perfección. En este último aspecto cabría adaptarlo especialmente a la mente alquimista. Cuando se lee los tratados de los principales alquimistas su Fe aparece muy clara, aunque sus medios en ese camino de superación nos resulten absolutamente extraños. Y, sin embargo, sólo lo son en apariencia, todo debido al lenguaje en clave utilizado.

---

[3] Es extraordinariamente interesante para conocer la estructura psicológica de la Fe la obra "La Agonía del Cristianismo" de Unamuno en el sentido de voluntad, duda y lucha.

[4] La crisis actual del Racionalismo sitúa de nuevo a la Religión como otra forma de conocimiento. La situación queda ejemplificada en el campo de las Matemáticas por el Teorema de Gödel, dado a conocer en los años treinta de este siglo: viene a decir que, para cualquier sistema formal utilizado, siempre quedan verdades indemostradas. O dicho de otra manera, el que un hecho no sea demostrable racionalmente, no indica necesariamente que no exista.

Para terminar estas palabras introductorias plantearé unas preguntas que en su momento yo me hice. Al estudiar las culturas y las religiones de la antigüedad aparecía unos fenómenos inexplicados. ¿Cómo pudieron construirse esas maravillas que son las Pirámides de Egipto hace 5000 años? ¿Cómo comprender la profundidad psicológica que alcanzaron las Religiones de misterios? Y, en una Edad de barbarie como fue la Edad Media, ¿cómo es que surgió esa explosión de arte, de religiosidad y de expresión simbólica que fue la Catedral Gótica? No se puede escribir un libro que trate de Alquimia y que al mismo tiempo sea inteligible sin un tiempo de iniciación. Por eso éste será como una especie de historia de una iniciación. Algo necesario que, como decía Santa Teresa refiriéndose al estado místico, «es una pena querida, dolor sabroso... es un camino de cruz».

Volviendo a las preguntas esbozadas más arriba, pensando en cómo existieron esas explosiones de arte, de profundidad psicológica tan grande dentro de un ambiente social tan poco adecuado para ello, sólo se me ocurrió que tendrían que haber existido superpuestas dos civilizaciones, una manifiesta y otra oculta, una la propia de las masas, la otra la seguida por iniciados. La Alquimia no podría explicarse dentro de unos cánones ortodoxos de la historia oficial; a menos que se considerase como una patología de la mente. Pero yo me iba convenciendo de que nada había en ella de anormal. Sí de extraño. Había que buscar pistas indiciarias de esa historia escondida que diera frutos tan exóticos como la Alquimia y la Cábala.

Pronto fui encontrando piezas sueltas de un puzle que se adivinaba inmenso. La Biblia mostraba un comienzo trágico de la historia del Hombre (la muerte de Abel por su hermano); seguido por el destierro de Caín, cuyos hijos fueron herreros y fundaron ciudades. ¿Qué hechos reales estaban detrás de este simbólico relato? ¿Eran Abel y Caín personas o pueblos? ¿Pueblos o civilizaciones?

Los primitivos filósofos presocráticos pensaban que toda la realidad estaba formada de 4 elementos: *tierra, agua, fuego y aire.* Podía plantearse la cuestión de si la aceptación de esta cuaternidad procedía de una adecuada observación científica de la Naturaleza o era simplemente lo que los psicólogos modernos han considerado una proyección de inconsciente[5] . La Alquimia convertirá a esta "cuaternidad" en el fundamento de su Obra.

En la Antigüedad gozaron de un enorme prestigio los Magos. De sus conocimientos podemos hacernos alguna idea al releer el relato bíblico de Moisés. De su gran poder, atribuido a la asistencia divina en el libro sagrado; pero no le iban a la zaga los magos egipcios que, una y otra vez, compitieron con él en presencia del Faraón. La misma construcción del Arca de la Alianza tendría algo de mágico, por sus poderes extraordinarios. No olvidemos a los magos de Mesopotamia, en su gran saber astrológico, el mayor de aquellos tiempos; tradición que recoge el Evangelio cuando tres de ellos, en pos de "una estrella" llegaron a Belén. Y mi semana actual de siete días nació en Sumer, la patria de los magos, los mismos que desde los zigurats de siete pisos (inspiradores de la Torre de Babel) atisbaban el firmamento.

Otra pista fue el considerar el gran predicamento que siempre ha tenido el Rey Salomón, aparte lo indicado en la Biblia, en

---

[5] Aunque más adelante insistiremos una y otra vez sobre estos conceptos, es conveniente que vayamos desbrozando el camino aclarando algunas ideas. Por *inconsciente se* entiende a aquellos componentes de nuestra personalidad que se refieren, aparte las pulsiones instintivas, a aquella historia "olvidada" personal (el inconsciente personal) y a las concepciones, vivencias, simbología ancestral que compartimos con el resto de la Humanidad (el inconsciente colectivo). Estos componentes de la personalidad no alcanzan el nivel de vigilia, no somos conscientes de su existencia, pero persisten actuantes en nuestro ser. Muchas veces los *proyectamos,* es decir, creemos verlos en las cosas o en las personas más cercanas.

la literatura del ocultismo, en la astrología y en el arte arquitectónico. En la construcción del Templo de Jerusalén para albergar el Arca había un trasfondo de muchas más implicaciones que poco a poco fui encontrando. Es muy curioso el que el más bello libro del Antiguo Testamento, el Cantar de los Cantares, fuera atribuido a Salomón, aunque en realidad fue escrito mucho después; la falsa atribución no es lo curioso, porque es frecuente en muchos libros sagrados figurar que fueran escritos por figuras bíblicas destacadas; lo realmente sorprendente es que *"El Cantar"* es, visto retrospectivamente, un libro de Alquimia. Todo en él es belleza, símbolo, y entrevera un profundo conocimiento del alma humana. Habrá que meditarlo más adelante.

Y termino ésta recordando a los Templarios, aquella misteriosa orden de monjes guerreros que, en el siglo XI, se establecieron en Jerusalén, sobre los mismos solares sobre los que estuvo construido el Templo de Salomón. Una orden que, aunque oficialmente fundada para proteger a los peregrinos que acudían a Jerusalén, no se distinguieron precisamente en este empeño; más bien se dedicaron a excavar afanosamente en la tierra sagrada. Que adquirieron un enorme poder que hizo sombra al de la realeza y el del papado. Que poseyeron entre sus miembros a constructores de catedrales; que dieron origen a leyendas tales como las del Santo Grial. Y que terminaron siendo exterminados con una saña brutal por el Rey Felipe el Hermoso de Francia, con el apoyo de Roma. ¿Por qué tanta inquina?, ¿qué secretos guardaban?

El tema de este libro es el de tratar de desentrañar la mentalidad, la ideología, el espíritu que subyace en la Alquimia. Pero vale la pena decir unas palabras sobre su materialidad. En realidad, todos los adeptos insistían en la obligatoriedad del camino de la materia para alcanzar la esencia de la Verdad. Esta tecnología siempre han procurado guardarla en estricto secreto.

Ante todo, y durante años enteros, el alquimista se dedica a descifrar los viejos textos, en los cuales debe entrar el lector desprovisto del hilo de Ariadna, encontrándose sumido en un laberinto en el que todo ha sido preparado consciente y sistemáticamente para producir en el profano una inextricable confusión mental. La paciencia, la humildad y la fe le llevan a un cierto nivel de comprensión de aquellos textos, alcanzado el cual podrá comenzar el experimento alquimista...

Yo voy a transcribir como ilustración, los párrafos siguientes extraídos de la obra *"El retorno de los Brujos"*[6] :

> Nuestro alquimista empieza por preparar, en un mortero de ágata, una mezcla compuesta de tres materias constitutivas. La primera, que entra en proporción de un 95%, es un mineral: una pirita arseniosa, por ejemplo, un mineral de hierro que contenga como principales impurezas arsénico y antimonio. La segunda es un metal: hierro, plomo, plata o mercurio. La tercera es un ácido de origen orgánico: ácido tartárico o cítrico.
>
> Después muele a mano y mezcla estos elementos durante cinco o seis meses. A continuación, calienta la mezcla en un crisol. Aumenta progresivamente la temperatura y esta operación se prolonga unos diez días.
>
> Debe tomar precauciones, pues se desprenden gases tóxicos: el vapor de mercurio y, sobre todo, el hidrógeno arseniado.
>
> Por fin disuelve el contenido del crisol sirviéndose de un ácido. Buscando este disolvente, los alquimistas pretéritos descubrieron el ácido acético, el

---

[6] LOUIS PAUWELS, JACQUES BERGIER. El retorno de los brujos. Ed. Plaza y Janés.1998

ácido nítrico y el ácido sulfúrico.

Esta disolución debe realizarse bajo una luz polarizada: ya sea una débil luz solar reflejada en un espejo, ya la luz de la Luna. Hoy se sabe que la luz polarizada vibra en una sola dirección, mientras que la luz normal vibra en todas las direcciones alrededor de un eje.

Después evapora el líquido y calcina el sólido. Esta operación se repite millares de veces durante muchos años. ¿Por qué? No lo sabemos. Tal vez en espera del momento en que se produzcan las mejores condiciones: rayos cósmicos, magnetismo terrestre, etc. Tal vez con el fin de obtener una fatiga de la materia en sus estructuras profundas que todavía ignoramos. El alquimista habla de "paciencia sagrada", de lenta condensación del "espíritu universal"... Si se repite millares de veces un experimento, acabará por producirse algo extraordinario.

Después de varios años de un trabajo que es siempre es el mismo, repetido noche y día, nuestro alquimista acaba por considerar que ha terminado la primera fase. Entonces añade a su mezcla un oxidante: nitrato de potasa, por ejemplo. En su crisol hay azufre procedente de la pirita y carbón procedente del ácido orgánico. Azufre, carbón y nitrato: en el curso de esta manipulación descubrieron la pólvora los antiguos alquimistas.

Entonces empezará de nuevo a disolver y a calcinar sin descanso, durante meses y años, esperando una señal. Las obras de alquimia difieren sobre la naturaleza de esta señal, pero ello puede deberse a que existan varios fenómenos posibles. La señal se produce en el momento de una disolución. Para ciertos alquimistas, consiste en la formación de cristales en forma de estrellas en la superficie del baño.

Según otros, aparece en aquella superficie una capa de óxido que después se desgarra, descubriendo el metal luminoso en el que parece reflejarse, en imagen reducida, ora la Vía Láctea, ora las constelaciones.

Recibida esta señal, el alquimista retira su mezcla del crisol y la deja madurar, preservada del aire y de la humedad, hasta el primer día de la primavera próxima. Al reanudar sus operaciones, éstas tienden a lo que se llama la preparación de las tinieblas.

La mezcla se coloca en un recipiente transparente de cristal de roca, cerrado de manera especial. No se sabe gran cosa de esta forma de cierre, llamado de Hermes o hermético. El trabajo sucesivo consiste en calentar el recipiente, dosificando, con infinito cuidado, las temperaturas...El fin perseguido es la obtención en el recipiente de una esencia, de un fluido, que los alquimistas llaman a veces "ala de cuervo"...

En fin, parece algo de locos y, sin embargo...

El camino para comprender la Alquimia es largo. Yo empecé como sigue...

CAPÍTULO I

El simbolismo de los Mitos

Empecé dedicando alguna atención al estudio de algunos mitos antiguos, sobre todo a muchos de nuestra tradición judea y griega. Me cuidaba sobre todo de considerar su simbología, qué se quiso decir con ellos, si su mensaje era de algún modo actual todavía. Reflexioné mucho sobre el mito de la Diosa Madre en distintas culturas, en el mito del Paraíso de tan riquísima significación, en el relato de Caín y Abel, en el de Paris y las 3 diosas, único en la tradición griega en el que se conserva la división tripartita del Universo propia de la civilización indoeuropea; en los cultos a Deméter, la diosa de la agricultura, cuyas formas de expresión externa todavía se conservan en ritos cristianos; en las tradiciones que hablan sobre Lilith, la primera mujer de Adán, mito de una significación psicológica extraordinaria. También me ocupé en la brusca aparición de la Leyenda del Santo Grial en el siglo XII, de manos de Christan de Troyes y su relación con el paradero del Arca de la Santa Alianza; del relato de los viajes y aventuras de las Hijas de Dánao, las Danaides; de la hermosa Epopeya de Gilgamesh. Y otros muchos relatos míticos.

Lo primero que quiero indicar ahora es la profunda convicción que obtuve sobre su "Verdad". Pero, ¿qué tipo de verdad podría encontrarse tras estos relatos? En algunos casos estaba claro un trasfondo histórico, resumido en forma metafórica por el mito; así, por ej., las travesías marinas de las danaides traducen las emigraciones de los Pueblos del Mar desde Palestina, cubriendo etapas por las islas del mar Egeo hasta Creta; y de allí al Peloponeso. Tuvieron lugar estas emigraciones alrededor del 1200 a.C., no conservándose documentos escritos, pero sí yacimientos arqueológicos confirmatorios en lo substancial con el camino seguido por las danaides perseguidas por los hijos de Egipto. Y la Leyenda de Teseo y Ariadna es reflejo de los sucesos que permitieron independizarse al Ática del poder cretense.

Pero no es ésta su Verdad más importante; lo es, sin embargo, aquélla que hace referencia al alma colectiva de los pueblos de la antigüedad y, superpuesta, la referente a su alma individual. Aquí sí entroncamos en lo que es la verdadera naturaleza del relato mítico, su profundo significado humano, donde se encuentra esa atracción extraña hacia algo que en apariencia parece ser una invención. La significación del mito es múltiple y de ahí lo difícil de su definición; cada autor que se ha ocupado de ellos da una diferente, en la pretensión imposible de su concreción. Pero es que algo que tenga una traducción única, igualmente inteligible en su totalidad para todos es que no es un mito. Si algo lo caracteriza es su *inconcreción*. Tiene tantos significados como lectores. Ocurre exactamente igual, y por las mismas razones, con la obra de arte: cada observador de un cuadro de un gran pintor se siente conmovido de forma diferente; cada uno de ellos "ve un cuadro distinto" y le será difícil precisar qué es lo que hay en esa obra artística que le ha hecho vibrar sentimentalmente.

Algo semejante ha pasado cuando el lector ha leído la palabra alma transcrita en el párrafo anterior. Estoy seguro que ha entendido lo que he querido decir, aunque es posible que encuentre dificultades en definirla. Pero es importante que intente explicar un poco en qué sentido la voy a ir empleando. No en el que la utilizó PLATÓN en su diálogo *"Fedón"*, cuando la pone en boca de Sócrates en su última conversación antes de ser ajusticiado.

Para PLATÓN era un ser espiritual, independiente pero asociado al cuerpo, inmortal en su propia esencia. Cuando aquí hable de alma individual me referiré a algo semejante a lo que se entiende por "yo-mismo", aquello que me hace pensarme, igual a mí y distinto a los demás; no separable del cuerpo y que me hace sentir y pensar.

El alma colectiva es esa parcela del mi-mismo que me hace sentir en común con los demás, con la comunidad en la que convivo y en común con el resto de la Humanidad. No ha sido un olvido la omisión de la palabra pensar al referirme a esta alma colectiva, pues sus contenidos no son pensados por ser irracionales. Más adelante insistiré una y otra vez sobre estos aspectos tan fundamentales. Tienen su correspondencia en los conceptos orientales del *Bhrama* en un sentido de "alma universal", Única, que representa la Totalidad, y el del *Atman*, su participación individual.

El mito es el lenguaje que emplea el alma colectiva para indicar sus vivencias. Emplea, en lugar de pensamientos, símbolos que, como un espectáculo nos presentan un relato que conmueve y en el que nada es lo que parece. Para poner algún ejemplo que haga esta situación comprensible para el lector se puede escoger el mito del Paraíso; es de una riqueza simbólica extraordinaria.

El relato que leemos en el Génesis no es el original. Hay uno anterior con el que claramente se relaciona. En la *"Epopeya de Gilgamesh"* sumeria, el héroe va en busca de la planta que le dé la eternidad. En el cambio de un Dios femenino de estos relatos antiguos al Dios masculino de la Biblia se manifiesta el enorme cambio histórico que supuso pasar de una civilización matriarcal a la fuertemente patriarcal del pueblo judío. A la diosa Madre

Tierra la sustituye el tronante dios Celeste Yahvé. La diosa queda relegada a simple mujer, Eva, que mantendrá unas riquísimas relaciones simbólicas con la fecundidad, el demonio y la Virgen María. Habrá que volver sobre estos aspectos más adelante al hablar de un símbolo crucial en la Alquimia, el de la Cuaternidad.

Y hay más, mucho más, en el relato de la caída del Hombre.

Mientras que en la interpretación anterior está referida a un choque de civilizaciones, a una interferencia entre pueblos distintos, se encuentran también implicaciones individuales, del propio desarrollo personal a lo largo de la vida. Cuando los padres primeros prueban el fruto del árbol prohibido adquieren la sabiduría, y este aspecto queda bien resaltado en el relato: «Vio, pues, la mujer que el árbol era bueno para comerse, hermoso a la vista y deseable para alcanzar por él la sabiduría»[7]. Por otro lado, la naturaleza de la falta hay que suponerla sexual por la referencia inmediata a la concienciación de su estado de desnudez. Es decir, es dable suponer una doble "maduración" de la personalidad de los padres primeros, biológica y en la del conocimiento. Ya no precisaban de la *matrix* primera, del cuidado que como infantes les prestó Dios, la vida ya no les vendría dada, sino más bien tendrían que creársela. Más que expulsados del Paraíso, ellos lo dejaron. Igual como la vuelta a la inocencia de la infancia es imposible, también en el mito las puertas del Paraíso quedan guardadas por un querubín.

De una forma semejante podemos tratar el relato de Caín y Abel. Éste último representa en realidad a unos pueblos y una civilización, a todo el mundo espiritual en el que estaban inmersos los que se dedicaban al campo y al pastoreo. En cambio, es llamativo lo que dice la Biblia de los descendientes de Caín[8].

---

[7] Génesis, 3, 6.
[8] Génesis 5, 7-24.

Entre ellos se encuentra Jubal, «el padre de cuantos tocan la cítara y la flauta», y Tubalcaín, «forjador de instrumentos cortantes de bronce y de hierro». Ellos eran los representantes de la Edad es del Bronce y el Hierro, los que "matarían" a la civilización agrícola.

Con estos dos ejemplos queda claro que los mitos expresan siempre aspectos de la historia de la Humanidad. Pero una historia que expresa, antes que cosas pasadas, ante todo hechos "vividos". Son retazos históricos del alma colectiva, pero superpuesta a la evolución psicológica individual de los hombres que los crearon. Conforme iba profundizando en la naturaleza de los mitos iba quedándome cada vez más persuadido de que la Historia es también presente, que lo pasado continúa. Que, a nivel individual, continúo siendo lo que he sido. Y lo que es todavía más maravilloso, que en nuestro interior hay un alma colectiva que asume en sí la historia de toda la Humanidad. Modernamente, la Psicología (JUNG) ha llamado a este componente el inconsciente colectivo, pero fue experimentada antes por todos los hombres. Especialmente por los místicos[9] , los profetas y los poetas. Todo ello muy relacionado con los sueños, pues éstos son el único portillo del que disponemos todos los hombres para asomarnos a ese mundo oscuro que tenemos en nuestro interior.

LA IMPLICACIÓN ACTUAL DE LOS MITOS

Pronto se me planteó una cuestión. Si los mitos eran cosa del pasado o si continuaban todavía actuantes. Sus formas, quiero decir, su manera de expresarse, los personajes que habíamos heredado en las representaciones míticas, parecían en este mundo

----

[9] La experiencia del estado místico, tan importante en su comprensión para estar preparados a entender la iniciación alquímica, es una especie de "vivencia consciente" de esa alma colectiva.

racionalista en el que nos encontramos como trasnochadas. El hombre moderno ha perdido la clave para entender el mensaje mítico. Se relegan estos relatos a cosas para "cuentos de niños". Actualmente el símbolo se ha sustituido por el concepto. El aprendizaje intuitivo por la demostración. Para el hombre moderno la única realidad es la "consciente", demostrable por teoremas, verificable por la experimentación[10].

Pues bien, aunque el lenguaje de los antiguos mitos no fuera actual, sus motivaciones, su significado profundo seguían vigentes. Eran perfectamente aplicables a situaciones presentes. Es un hecho que, al presentarlos con personajes y circunstancias de este siglo, por ejemplo, en el cine, siguen conmoviendo.

Unas veces muestran una situación anímica que es consustancial con la naturaleza humana. Así ocurre con el mito de Prometeo. Fue un Titán que se rebeló contra el dios supremo Zeus, robando el fuego para entregarlo a los hombres; enseñó también a ellos una serie de cosas muy útiles para su subsistencia; y el dios se vengó atándolo a una roca del Cáucaso mediante cadenas; todos los días un águila corroía su hígado, que volvía a crecer cada mañana. Expresa de forma inigualable la angustia existencial del hombre, la rebeldía contra el destino y la falta de conformidad con su situación.

Otras veces se han conservado las formas, aunque hayan cambiado los personajes. Muchos signos litúrgicos cristianos son continuación de otros paganos. El uso de los cirios y la celebración de la fiesta de la Candelaria recuerda las procesiones de los

---

[10] Entendida aquí la experimentación como externa, objetiva, cuya realidad es independiente del experimentador. Se olvida otra realidad, no menos "real" que la anterior, la psicológica. Ésta es, no obstante, la primeramente aprendida, ya que el primer conocimiento es el de la existencia de "uno mismo", de nuestra entidad psicológica.

cultos a la diosa Madre Deméter.

En el caso del relato de Lilith, la primera mujer de Adán, y su comparación con Eva, se presta a un profundo estudio psicológico dentro de las concepciones psicológicas modernas. Vendría a ser, en la nomenclatura jungniana el animus de la mujer[11] , que determinaría un carácter voluntarioso, dominante e impertinente.

Los mitos, pues, son expresiones simbólicas de nuestro inconsciente colectivo, del alma colectiva, que, de forma simbólica, hablan a ese animus-anima interior que los recoge intuitivamente. Símbolos que se nos muestran espontáneamente en los sueños. Manifestación de revelaciones. Vía no racional de entendimiento. Visión de la Verdad como espectáculo, los mitos son necesarios para nuestro reequilibrio psíquico. En el mundo actual existe una hipertrofia de nuestro yo-consciente racional, con negación de otras instancias más profundas. Que, sin embargo, están siempre actuantes y, al olvidarlas, se manifiestan a través de trastornos de la personalidad y neurosis diversas.

La Alquimia pretendía, en cambio, una integración del hombre en su totalidad, un equilibrado desarrollo personal. Pero, dado que por entonces el nivel de concienciación era mucho menor, su lenguaje no fue nunca claro, convirtiéndose en una verdadera "ciencia ocultista" con expresiones crípticas, en ocasiones literalmente insoportables.

La parcela de nuestro total psiquismo que se muestra como consciente es como la punta de un iceberg, como una isla que

---

[11] Para Jung nuestro psiquismo global, formado por el yo-consciente y el inconsciente forman conjuntamente la totalidad llamada por él el simismo. Esta totalidad del ser sería hermafrodita. Así, la mujer tendría oculto en su subconsciente un componente masculino que llamó "ánimus", mientras que en el hombre habría un componente femenino llamado "ánima".

emerge de la superficie marina mientras la entera cordillera está en las profundidades. Pero esa punta, esa isla fue mucho más pequeña hace unos siglos, y lo sigue siendo en muchos pueblos infradesarrollados actuales. A veces pretendemos comprender ciertos sucesos de estas sociedades (los recientes sucesos del África de los Grandes Lagos) con nuestra mentalidad occidental y nos resultan inexplicables, ignorando el gran poder que mantiene el alma colectiva en ellas, con un nivel de conciencia más bajo.

A propósito de esto es interesante transcribir unos comentarios de NIETZSCHE[12] :

> Cuando soñamos repetimos una vez más la tarea de la humanidad anterior...Pues bien, yo creo que, así como hoy el hombre razona en el sueño, razonaba también la humanidad durante la vigilia a través de muchos milenios; la primera causa que se le presentaba al espíritu para explicar alguna cosa necesitada de explicación le bastaba y pasaba por verdad. En el sueño continúa obrando sobre nosotros ese viejísimo trozo de la existencia humana, pues es el fundamento sobre el cual la razón superior se desarrolló y se desarrolla aún en cada hombre: el sueño nos transporta a estados lejanos de la civilización humana y pone en nuestras manos un medio para comprenderla mejor.

La Humanidad antigua soñaba despierta y los mitos eran su forma privilegiada de expresión. Nos parecen sin sentido porque hemos olvidado sus claves. Su unidad semántica era el símbolo, pura metáfora, en el que a nuestros ojos actuales nada es lo que

---

[12] De la obra Humano, demasiado humano, Y, 12 y 13.

parece. De la naturaleza se toman las imágenes, pero todas referidas a nuestras vivencias interiores: el Árbol de la Vida cuyo fruto da la eternidad; la Paloma como manifestación del Espíritu; el Árbol del Bien y del Mal o de la Sabiduría. El viaje a las profundidades del mar de Jonás donde es tragado por el monstruo, para expresar la profunda angustia del profeta, el hundimiento en los abismos del inconsciente, "su bajada a los infiernos"; la misma situación que narraba S. JUAN DE LA CRUZ en su *"Noche oscura"*.

El alquimista utilizaba también un lenguaje semejante. En su quehacer hablaba y manipulaba las substancias naturales, pero en realidad estaba obrando sobre su propio psiquismo. Se daba perfecta cuenta que su ser total era mucho más de lo que se le presentaba ante sí. Que cada cual era de una complejidad extraordinaria y desconocida. Por eso se podían escribir frases como las siguientes de SOLOMÓN TRISMOSIN[13] , expresadas en su enrevesado lenguaje, pero que indicaban ya la complejidad de nuestro psiquismo:

Estudia, pues, qué eres, de lo cual eres una parte.

Lo que tú estudias, aprendes y es, es realmente lo que eres.

Todo cuanto está fuera de ti, está también dentro de ti.

Así escribió Trimosín.

Es decir, lo que conoces de ti es una parte de tu ser total. Y lo que está fuera de ti, la Historia común, es también parte de ti.

La significación de cualquier símbolo es tan compleja que puede indicar simultáneamente una cosa y su contraria. Ejemplo

---

[13] Aureum Vellus, 1598.

es el simbolismo lunar. La Luna (la Luna Nueva) es símbolo de muerte porque al fin de su ciclo se oscurece y desaparece a la vista; pero es también signo de resurrección pues, como Ave Fénix, revive en forma de Luna en cuarto creciente.

La serpiente es símbolo de muerte, pero también de eternidad, pues, al cambiar de piel, parece que revive una y otra vez. Cuando adquiere la forma alada de dragón adopta una significación doble, más aún triple: en sus alas representa al ángel caído (Lucifer); es también señal de fecundidad, ya que en las civilizaciones patriarcales es equivalente a la diosa Madre, de la que toda naturaleza es nacida; es manifestación asimismo de las fuerzas del mal. Y no termina aquí su complejísima simbología. Como señal de fecundidad se relaciona profundamente con la Mujer. Ésta, como símbolo, está entrelazada constantemente en los relatos míticos con el Dragón. Es un palmario ejemplo el Libro de la Apocalipsis: en él puede leerse como ejemplo (XII, 1-3):

> Apareció en el cielo una señal grande, una mujer envuelta en el sol, con la luna debajo de sus pies, y sobre la cabeza una corona de doce estrellas, y estando encinta, gritaba con los dolores del parto y las ansias de parir. Apareció en el cielo otra señal, y vi un gran dragón de color de fuego, que tenía siete cabezas y diez cuernos, y sobre la cabeza siete coronas.

Es difícil encontrar otro texto que, en tan pocas palabras, reúna tantos símbolos: la mujer parturienta, el dragón, la luna, el sol, el cielo, las doce estrellas, el número siete, el color de fuego.

En resumen, había adquirido la convicción de que los pueblos de la antigüedad utilizaban relatos míticos para expresar sucesos históricos que afectaban a grandes comunidades, o para exponer determinadas vivencias que afectaban profundamente a su psiquismo. Todas esas vivencias, en el curso del tiempo y con un mayor desarrollo del nivel de conciencia de los pueblos, han pasado a un nivel inconsciente, inaccesible en estado de vigilia, manifestado en el curso de los sueños con una simbología semejante a los mitos conocidos.

....

Pero ello no aclaraba una cuestión pendiente, el hecho de que en el mundo occidental se hubiera bifurcado su civilización en dos formas paralelas, la oficial y la secreta, la publicada libremente y la ocultista. La solución empezó a serme posible cuando cayó en mis manos un corto escrito, un fragmento de un filósofo presocrático, ANAXIMANDRO,...

CAPÍTULO II

La culpa original

No iba buscando algo que se refiera expresamente a la Alquimia. Por entonces pretendía aclararme a mí mismo cómo el mundo indoeuropeo pudo dar lugar a dos civilizaciones tan dispares como la Occidental y la Hindú. Como es sobradamente sabido, los pueblos que poblaron las estepas por encima del Cáucaso invadieron durante milenios los terrenos continentales a su alrededor. En sucesivas oleadas, se iban distribuyendo en forma de abanico, desde las tierras escandinavas, pasando por el sur de Europa y el Oriente Medio, hasta el subcontinente indio.

¿Qué pudo ocurrir para que una misma ascendencia diera lugar a formas de vida tan aparentemente opuestas como las indicadas arriba? ¿Por qué divergieron? Cuando cayeron en mis manos unas simples palabras, apenas un pequeño fragmento que ha quedado de un *"Tratado sobre la Naturaleza"* de ANAXIMANDRO quedé sumamente intrigado sobre su significado. Su interpretación daría lugar a conclusiones sorprendentes. Decía así:

«Allí donde está la génesis de las cosas que existen, allí mismo tienen éstas que destruirse por necesidad.

Pues ellas tienen que cumplir mutuamente expiación y penitencia por su injusticia conforme al orden del tiempo».

Hay un sentimiento de culpabilidad en su inconsciente colectivo, en la interioridad de cada uno de nosotros. Ello hace que la sensación de angustia, de remordimiento forme parte de nuestro ser. Esa falta de conformidad con nosotros mismos, esa desazón que nos mueve al cambio, a marchar siempre adelante, nos obligan a salir de nosotros mismos, a volcarnos al exterior, a conquistar el mundo, a crear uno nuevo en el que finalmente estemos en paz. No hace falta actualmente ser creyente cristiano para "sentir" que nacimos con un pecado original que, aunque perdonado con la Redención, sufrimos sus consecuencias a lo largo de nuestra existencia. Veremos ahora como este sentimiento de culpa estuvo estrechamente relacionado con el parto doloroso de una civilización, la nuestra.

Pero, ¿de dónde viene esta creencia? ¿es puramente religiosa, o ésta tiene una fuente primera? Su adecuado conocimiento nos puede proporcionar claves fundamentales para la comprensión de la cultura occidental. Para ello es necesario remontarse a unos miles de años atrás...

El hombre salido del Neolítico estaba completamente inmerso en la Naturaleza. No era individuo, sino más bien una de las manifestaciones múltiples de un Mundo-Naturaleza único. Todo lo alrededor era inmenso, infinito, sobrehumano, "divino". Él no era más que una minúscula gota en un vasto mar presentado en miríadas de formas. El Mundo era un Caos creador de formas, un Vacío repleto de existencias, una Divinidad que impregnaba a todos los seres, también a él, que tantas veces se sentía poseído. Está incluido en Una Múltiple Totalidad.

La Naturaleza no era comprendida, ni pensada, sólo era vivida. Su experiencia no era un pensamiento, era una contemplación. Éste era el significado primero de la palabra griega *theoría*... Existía un contacto místico en el que el hombre se sentía poseído por el infinito indefinido circundante. Éste era su casa, su madre, el lugar, incómodo, en el que siempre tenía asiento. En donde morir no era partir sino volver al seno materno. Los enterramientos eran la matriz donde de nuevo los acogía la Madre Tierra. Allí permanecerían, haciendo germinar las semillas y brotar las flores. Su Mundo era creador por sí mismo. Del caos abisal habían surgido todos los seres como un milagro, y a él retornarían. Mentalidad que aún hoy mantiene el mundo oriental, que conserva la idea de un Mundo Cíclico que, tras una suprema destrucción, es de nuevo creado.

La visión -contemplación- del hombre neolítico es la que todo se mueve en ciclos. El curso de las estaciones es una imagen resumida de la creación-destrucción del Mundo, de nacimiento-muerte. Las orgías matriarcales del Año Nuevo eran un simulacro de vuelta a los orígenes para renacer como hombres nuevos. Su fertilidad no era separable de la de los campos. Por eso cada acto agrícola era una liturgia, cada agricultor un hierofante[14]. Su vivencia era esencialmente *panteísta*[15] *y no humanizada*. Su Mundo era una Totalidad no-dual, es decir, no partible, pero tampoco única porque la variedad era su manifestación.

Esa Unidad Múltiple, esa Totalidad multiforme en la que los opuestos eran compatibles se manifestaba en numerosos mitos y palabras simbólicas. Y ejemplos de ello es la naturaleza del dios supremo indoeuropeo, Varuna, y el de una concepción estrechamente relacionada con él, el maya. Varuna reina sobre los dioses y los hombres, tiene los atributos de los dioses celestes, cosmócrata, omnisciente e infalible. Por un lado, enemigo del demonio Vritra, el dragón-serpiente, por otro lado, comparte mucho de sus atributos: las magias de transformación de tipo demoníaco; los dos se relacionan con "las aguas estancadas", retenidas, la noche (lo no manifestado). Y en el *Mahabarata*[16] se le cita como

---

[14] Sacerdote en los cultos paganos.

[15] *Panteísta:* concepción religiosa en la que se confunde a Dios con la Naturaleza, que no sería más que una emanación de la propia deidad.

[16] Libro sagrado de la Religión hindú.

25

una reputada serpiente. Es decir, el dios y el demonio aparecen como una unidad inseparable de opuestos.

En cuanto al concepto de *maya*, tan habitual en el espíritu hindú, es un complejo de sentidos. Se cree que la palabra deriva de la raíz *may*, "cambiar". En el *Rigveda*[17] significa "cambio destructor, demoníaco, pero asimismo alteración de alteración". Hay una maya mala, la de Vritra, el mago y engañador, que puede retener el curso del sol o retener las aguas. Hay también una maya buena, que incluso se subdivide en: "maya del combate", propia del dios guerrero Indra al medir sus fuerzas con los demonios, y "la maya creadora de las formas y de los seres", propia de Varuna. Finalmente, la palabra maya terminará significando ilusión, cambio irreal; la vida misma no dejará de ser una mera ilusión. La vida verdadera no se presentará hasta que el alma individual -Atman- se una al alma universal -Bhrama-. Se repite, pues, la idea de una inmensidad de formas en la Unidad.

Dentro de este marco, en el I milenio a.C., se dieron una serie de circunstancias en el Este del Mediterráneo, en lo que sería después el mundo griego, que habrían de cambiar el curso histórico. Las sucesivas invasiones desperdigaron a las tribus indoeuropeas por una geografía fragmentada. De esta manera, los pueblos helenos se extendieron desde el sur de la Península Italiana y Sicilia, la Península helénica, las Islas Cícladas, Creta, hasta las costas de Anatolia, Siria septentrional y la costa Palestina.

Ello dio lugar al nacimiento de un sistema social y político basado en las polis, la ciudad. Su sistema político era totalmente anómalo en aquellos tiempos; los griegos no formaban un imperio bajo una autoridad absoluta, sino que estaban fragmentados en una serie de ciudades, cuyo tamaño consideraban como ideal para el adecuado gobierno. Su filosofía, su modo de entender la vida derivaron de una circunstancia puramente política y social.

---

[17] Id.

La ciudad era administrada por los propios ciudadanos -se descartaba, por supuesto, a los siervos-, que se sentían más individuos que miembros de una tribu. El concepto que hoy tenemos de persona nace de aquellos tiempos. Pero es curioso considerar que la etimología de la palabra indica un significado precisamente inverso. El vocablo persona, latino, deriva de per sonare, "hablar a través de una máscara, referido (posiblemente por influencia etrusca) a la actuación de los actores en el teatro; era la máscara la que identificaba a cada personaje de la trama. Etimológicamente, pues, la palabra no expresa individualidad; al contrario, indica que cada cual es un simple engranaje, con un determinado cometido, dentro de la comunidad tribal.

Por otro lado, los griegos fueron unos empedernidos parlanchines. La palabra, el logos, terminó siendo el instrumento crucial para comprender y dominar a la Naturaleza. Con el paso del tiempo el lenguaje irá adquiriendo más autonomía, de forma que todo el Racionalismo de los siglos siguientes, hasta ahora mismo, derivará del valor ontológico que el griego dio a la palabra. Y ha configurado de tal modo nuestro pensamiento occidental que nociones que consideramos tan básicas, tan evidentes, como la configuración de la frase en sujeto y predicado, supusieron una aportación cultural fundamental, ausente en otras civilizaciones.

En la costa de Anatolia existió la ciudad de Mileto. Desde el siglo VIII a.C. hasta su destrucción por los persas en el 494 a.C. fue un foco cultural de enorme importancia, cuna del pensamiento, sede de los filósofos presocráticos -THALES, ANAXIMANDRO, ANAXÍMENES, PARMÉNIDES-. El conocimiento de su concepción del mundo tiene una extraordinaria importancia porque fueron el germen del humanismo griego; el inicio de la "herejía" griega, en la que por primera vez el hombre se separa de la no dualidad, del Todo del que forma parte; fueron estos pensadores los que sufrieron el desgarramiento vital de saberse seres independientes.

ANAXIMANDRO abandona por primera vez la poesía, propia de las Teogonías míticas, para sustituirla por la prosa, lenguaje adecuado para el naturalista. Su concepción del mundo como cosmos, que equivale a orden, deriva de la concepción de polis como convivencia ordenada de ciudadanos. Todo lo que con el tiempo vendrá en llamarse ley natural no tiene su origen en la aceptación de algo que es esencialmente constitutivo de la Realidad, sino que deriva de la "ley jurídica" propia de la ciudad, que se transfiere por semejanza a otro tipo de orden, del político al natural[18] . Su visión del mundo ya no será la astrológica de origen mesopotámico; su mundo será "geométrico" (en el sentido de medible), científico, ordenado y contemplable.

Para ANAXIMANDRO el cosmos, nosotros también, procede de un principio que llama *apeiron*, el infinito, lo inconcreto, lo indefinible. Aquello que tiene todas las potencialidades, lo manifestable en miles de formas. Origen y fin de todas las cosas. Este *apeiron* es similar al Caos de los mitos cosmogénicos, tal como se aprecia en el Génesis. El ser se separa de su origen, desgarra el Todo primordial, fragmenta la no-dualidad entre el ego (yo) y "lo otro", crea la dialéctica de la antinomia donde había armonía. Y el filósofo lo vivencia intensamente como culpa; porque el ser quiere renunciar a lo que realmente es, y quiere ser lo que no es. Al dejar de ser indefinido, al concretizarse en una individualidad, se desgaja de la infinitud y se convierte en un ser finito, culpable por el hecho de serlo. Actitud que, como expresa en la cita de su Tratado de la Naturaleza que he indicado al comienzo del capítulo, merece castigo, muerte, expiación; ha de volver al final a su principio. "Conforme al orden del Tiempo" dice ANAXIMANDRO, porque a partir de ese momento, del que él es protagonista, cambió el sentido de ese tiempo. Muere el tiempo circular, el eterno

---

[18] Una situación psíquica parecida tendrá lugar entre los alquimistas, que proyectarán su estructura anímica sobre el mundo natural, en gran manera desconocido.

retorno, la cíclica reencarnación de las cosas; y nace el tiempo lineal, el tiempo lógico, racional. Esa necesidad de progreso indefinido que siente el hombre occidental. Hijos son su espíritu científico y su capacidad creativa. A partir de los presocráticos el hombre se separa de la naturaleza y se enfrenta a ella; de ahí su culpa, su pecado; se produce la paradoja de renunciar a sí mismo para autoafirmarse. Pero en ese caminar solitario siente la llamada permanente del Principio, del caos, la entropía[19] que diríamos hoy. Hay en lo más profundo de Occidente un resquemor de conciencia por haberse enfrentado a la Naturaleza, de la que forma parte.

En Oriente, sin embargo, el hombre no se siente culpable por serlo (por ser hombre). Lo que sí es un ser deficiente. E incluso en la literatura védica se indica expresamente por qué: primero, porque está propenso a cometer errores; segundo, porque está dominado por la ilusión, estima que su vida es auténticamente real cuando sólo es una manifestación devaluada de Krisna; tercero, tiende a engañar a otros, aparentando lo que no es; y, finalmente todos sus sentidos son imperfectos, dándole una imagen alterada de la Realidad.

Los griegos tuvieron perfecta conciencia de la omnipresencia de ese infinito indefinido que también llamaron destino. Éste sólo es comprensible en el ámbito de la no-dualidad primitiva, en la que el hombre no es individuo. De ahí la idea de reminiscencia, tan querida en Oriente; cada hombre sería la manifestación temporal de un alma permanente, integrada en la Totalidad, que sería eterna. La relación con el destino por parte del hombre queda bien ejemplarizada en dos momentos de la literatura griega.

---

[19] La entropía es un concepto de la Física moderna. Se quiere indicar la tendencia de todos los elementos de la Realidad hacia el equilibrio, la desestructuración y la nivelación de todos los gradientes de energía.

En el mundo de la *Ilíada*[20], los protagonistas aceptan calladamente los designios del destino, sin protestar por muy inmisericorde que éste sea. En la Tragedia griega, sin embargo, el héroe se enfrenta claramente con su suerte. Quiere liberarse de ese destino, pero finalmente siempre perece, generalmente por un error del que no es culpable; su culpabilidad consiste realmente en ser un héroe. Bien lo expresa SÓFOCLES en su "Edipo en Colono": "El no haber nacido supera toda estimación". La aparición del concepto filosófico del Ser, tan bien concretizado por PARMÉNIDES, es para el griego una tragedia, mientras que para el hindú es simplemente una ilusión -maya-; para éste todo el mundo es ilusorio: "Cuando llega el día todos los diversos seres proceden de lo indiferenciado, a éste retornan cuando llega la noche" (palabras de Khrisna en la Bhagavad-Gita). La separación del Todo es una tragedia, mientras que la inmersión en el mismo es el fundamento del pensamiento místico.

Por el mismo tiempo en que ANAXIMANDRO escribía su Tratado de la Naturaleza se redactaban los primeros capítulos del *Génesis*[21] . Y la concepción bíblica del pecado original formará a partir de entonces una unidad inextricable con el sentido de culpabilidad innato propio del mundo griego. Estas dos tradiciones constituirán el germen del pensamiento de Occidente, en el que el sentimiento de la culpabilidad primera será al tiempo una fuente de angustia y un motor de crecimiento.

El pueblo judío procedía de las tierras mesopotámicas y sus relatos de la creación del mundo y el hombre se basan en los mitos cosmogónicos babilónicos. Dice el primer capítulo del Génesis:

---

[20] Es la epopeya griega más antigua, escrita en verso, atribuida a Homero. Cuenta el cerco y la destrucción de Troya.
[21] Primer libro de la Biblia, que se inicia con la Creación del Mundo.

> Al principio creó Dios los cielos y la tierra. La tierra
> estaba confusa y vacía y las tinieblas cubrían la faz
> del abismo, pero el espíritu de Dios se cernía sobre
> la superficie de las aguas.

Aquí, como en el mito indoeuropeo, se parte de una situación caótica, vacía, abisal. Pero este caos no tiene poder creador, es Dios quien crea las cosas de la nada en este vacío. Su dependencia de la divinidad hace que el judío, en cierta forma, no se vea perdido, ya que tiene un punto de referencia. Ello no obsta para que se encuentre desconcertado ante los designios de Yahvé, siempre incomprensibles. El relato de Job nos hablará claramente de la indigencia humana, de su fragilidad. Y será el Eclesiastés el que hablará de forma machacona de nuestra finitud, de que la vida no es más que "vanidad de vanidades".

La concepción de la relación entre Dios y la criatura es totalmente distinta en el Génesis con relación a los Vedas. En el primero la divinidad es totalmente distinta de la naturaleza; ésta no es emanación de la divinidad y la Iglesia ha procurado siempre marcar claramente la distinción.

En las mitologías sobre el Paraíso los frutos de los árboles o sus bebidas dan a los dioses su condición de eternidad y sabiduría. En la Ilíada se dice que en el Olimpo el principio vital de los dioses se mantiene porque no comen pan ni beben vino sino néctar y ambrosía. En el poema cananeo de Aghat, al héroe se le promete que comerá con Baal[22] y gozará de la inmortalidad si entrega el arco divino que tiene en su poder. Naturalmente, este alimento paradisíaco se le prohíbe al hombre, pues es hecho aceptado que todo aquél que come con otro entra de algún

---

[22] Baal es el dios cananeo de la fecundidad y la primavera; baja a los infiernos cada invierno.

modo en comunidad con él. Proserpina[23], tras ser raptada por Plutón, no podrá ser liberada definitivamente de los infiernos, a pesar de los deseos de Zeus, porque antes había aceptado el manjar que le había ofrecido el dios del Averno.

En el Paraíso había dos árboles. El de la Vida y el del Bien y el Mal. Éste último, tarado como el origen de nuestros males, es en realidad el árbol de la verdad y la sabiduría. Al expresar con su nombre los dos extremos indica la extensión de todo el conocimiento. De la Sabiduría dice el Libro de los Proverbios III, 13:

> Bienaventurado el que alcanza la Sabiduría y adquiere inteligencia; porque es su adquisición mejor que la plata. Y es de más provecho que el oro puro. Es más preciosa que las perlas y no hay tesoro que la iguale; de su boca brota la justicia y lleva en la lengua la ley y la misericordia. Es árbol de vida para quien la consigue, quien la abraza es bienaventurado.

Sorprendentemente, en el Génesis el hombre es castigado por adquirir la Sabiduría, por hacerse semejante en esto a Dios. Lo cierto es que hay que interpretar que, en lugar de ser expulsado, es él el que se aleja del Paraíso, del seno materno, del inconsciente colectivo; el que se coloca frente a la Naturaleza para comprenderla. Queda sólo, "desnudo", sin más arma que la Sabiduría. La idea de separación y desgarramiento es similar a la que expresaba ANAXIMANDRO. Y la vuelta atrás, hacia el Este, lugar del Paraíso, queda vedada porque un querubín guarda la entrada. Y al hombre occidental -nunca podrá ser llamado de mejor manera- no le quedará más opción que buscar el Paraíso por

---

[23] Hija de Deméter, diosa de la Agricultura. Plutón es el dios de los infiernos. Zeus es el dios supremo para los griegos, equivalente al Júpiter romano.

el Oeste. Colón buscó Oriente navegando hacia la puesta del Sol. También el hombre moderno está descubriendo que más allá de la Razón, tras agotar el camino que se inició en la ciudad de Mileto, está la Totalidad no-dual, que vislumbra no con la oscuridad de antaño, sino con la claridad de nuevas luces.

La "caída" del hombre tiene lugar en el Paraíso, lugar mítico no exclusivo de los pueblos semitas. También los budistas hablan sobre la "Tierra de la Felicidad": «Adornada con árboles de joyas, frecuentada por toda clase de pájaros de suaves trinos, donde corrientes de aguas frías y calientes pasan entre campos de verdor»[24].

Pero si bien casi todos los pueblos lo situaban hacia el Este, en cambio los griegos lo sitúan en el Oeste, en las Islas Afortunadas[25] , como si vislumbraran metafóricamente el camino de sus herederos.

¿Qué dicen las leyendas, las tradiciones de los pueblos sobre el Manjar del Paraíso? Es él el que confiere a los dioses sus atributos: inmortalidad, sabiduría... Es decir, los árboles son necesarios para los dioses, necesitan de su Paraíso y son celosos de su exclusividad. En el Génesis III,22, cuando Dios expulsa a Adán y Eva, puede leerse:

Díjose Yahvé Dios: he aquí el hombre hecho como
uno de nosotros, conocedor del bien y el mal; que
no vaya ahora a tender su mano al árbol de la vida
y, comiendo de él, viva para siempre.

---

[24] Sukhavatiyuha, 15-19; CONCE, E: *"Buddhist Scriptures"*.
[25] HESÍODO: *"Los Trabajos y los días"*.

Sin embargo, en el relato bíblico hay una importante innovación: Dios no depende del Jardín sino que es tal antes de que el jardín exista. Resumiendo, en la tradición griega y en la bíblica se presenta el pecado original como una rebelión del hombre, precisamente por atreverse a serlo. Pero, en el fondo, existe un problema más hondo, el dilema terrible de la explicación del Mal.

Para el oriental, en cambio, no existe culpabilidad sino responsabilidad. Lo que ellos llaman karma. Cada acto humano conlleva siempre consecuencias, buenas o malas, que se asumirán, bien en la vida presente o en sucesivas reencarnaciones. Esta relación acto-consecuencia mantiene el equilibrio de la Naturaleza, adquiriendo un sentido global, en el que todas las cosas, positivas o negativas, se compensan entre sí. En su idea de la sucesión de los Mundos, sin destrucción previa no podrá haber creación; la acción de Bhrama supone la anterior de Siva.

Para el griego la conciencia de culpabilidad y angustia queda bien expresada en el mito de Prometeo. El ser hombre se consideró siempre como una rebelión contra los dioses. El mítico titán se enfrenta con Zeus al osar robarle el fuego que permitirá a los hombres salir de su condición inferior. También les enseñará numerosos oficios y artes. Y, como otros que osaron enfrentarse a la divinidad -Beleferonte, Adán...- terminará siendo castigado: un águila corroerá permanentemente sus entrañas en la alta montaña, en la roca a la que le sujetó el dios herrero Hefesto con fuertes cadenas. Y seguirá odiando y esperanzado hasta el momento que venga aquél que derrotará a Zeus.

....

Con lo antedicho me parecía claro el motivo de la escisión de las dos "civilizaciones". Nacía con la individuación un pensamiento racional que, entre otras cosas cambiaría el sentido del tiempo. En los pueblos agrícolas matriarcales tenía vigencia el

Mito del Eterno Retorno. La vida empezaba cada año siguiendo los ciclos agrícolas. La Fiesta de Año Nuevo era verdaderamente escatológico; en ella la tribu volvía psicológicamente a sus principios; en medio de la orgía sufrían una especie de hipnosis en la que bajaba profundamente el nivel de conciencia y se hundían metafóricamente en el "caos primitivo" del que habían salido todas las formas.

La sociedad agrícola era estable, rígida, el tiempo no pasaba, simplemente se reciclaba. Por tanto, no tenía Historia; quiero decir, que la persona no se sentía como formando parte de un proceso de cambio. Es todo lo contrario que surgió con la nueva "herejía" surgida en la Edad de los Metales, cuando los filósofos presocráticos quisieron conocer el Mundo para transformarlo. A partir de entonces el Tiempo ya no volvió a ser cíclico; sería ahora lineal, en continuo progreso, un tiempo realmente histórico; el hombre fue consciente por primera vez de que ya nada sería como antes, que con su actividad estaba creando un Mundo progresivamente distinto.

Al Pensamiento que concebía al hombre como forma integrante de la Naturaleza como una forma más de ella, sintiéndose en perpetua comunicación con todos los demás seres, se ha convenido en llamarlo Pensamiento místico. En cambio, a aquella forma de ser en la que el individuo se enfrenta a la Naturaleza para conocerla, dominarla e incluso crearla, se le ha llamado Pensamiento racional; sus máximos cultivadores han sido los filósofos y los científicos.

Los filósofos presocráticos, aunque iniciaron el camino racional, estaban en buena parte todavía inmersos en el Pensamiento mítico. El equilibrio de la balanza se alcanzó en dos filósofos posteriores, PITÁGORAS Y PLATÓN. El primero hizo importantes aportaciones matemáticas, pero también creó la mística simbólica de los números. Y la gigantesca figura del segundo si, por un

35

lado, con su concepción del alma racional y las disquisiciones filosóficas de sus Diálogos marcó un camino al nuevo pensamiento racional, por otro, con su Teoría de las Ideas, señalaría la ruta que seguiría todo el pensamiento ocultista. Habré de dedicar tiempo para explayarme en esta famosa teoría que tiene perfecta vigencia actual. Es curioso observar cómo los modernos físicos teóricos se dividen en adversarios y seguidores de PLATÓN (por ej., HAWKING y PENROSE). Inmediatamente después de PLATÓN, ARISTÓTELES se decantó ya definitivamente dentro del espíritu científico racional.

Pero la mentalidad mística persistió en la sombra y dio frutos sorprendentes a través de los siglos. Vamos a verlo en el siguiente capítulo.

EN UN LUGAR DE SUMER

Parecía que había conseguido llegar al punto final en la búsqueda de los orígenes de esta creencia. Pero de nuevo la lectura de dos versos de un poema antiguo abrió nuevas luces. ¡Estoy asombrado de lo que puede dar de sí la poesía! Sobre todo, si son personas geniales quien la escriben. El relato del hallazgo y desciframiento del escrito a que me refiero son emocionantes.

Se encontraba escrito en unas tabillas de arcilla, algunas rotas, extraídas en las excavaciones arqueológicas de la ciudad de Nippur, la capital religiosa del reino de Sumer. Este pueblo habitó el sur de Mesopotamia (el actual Irak) durante los milenios IV y III a.C. Fueron la civilización más antigua conocida, incluso un poco anterior a la egipcia. La impronta de su cultura fue tal, que marcó las ideas y las creencias de los pueblos que la sobrevivieron en todo el Oriente Próximo.

Para el pueblo sumerio todas las desdichas que atormentaban al hombre eran consecuencia de sus propios pecados y de las ofensas que habían hecho a sus dioses, aunque ellos ignoraran esas faltas. Era algo como decir que todo sufrimiento era merecido. Una forma de enfrentarse al problema del mal. Los hindúes pretendieron resolverlo aplicando la concepción del *Karma*, ya indicada, pero los sumerios, al no querer aceptar que los daños y las enfermedades son fruto del azar, que veían que no tenía lógica alguna, quisieron resolverlo (sus sabios, por supuesto, no la gente común) mediante el recurso de la omnipresente culpabilidad humana. Pero hubo algunos pensadores que consideraron la injusticia del dolor inmerecido. Y aquí entra nuestro poema.

La recogida de las tablillas fue efectuada por la primera expedición enviada a Nippur por la Universidad de Pensilvania[26]. Las tabletas sin descifrar fueron repartidas entre el Museo de Estambul y el de la Universidad de Pensilvania. Fue necesario que un eminente asiriólogo, Samuel Kramer, tuviese la oportunidad de trabajar en ambos centros culturales, y la sagacidad de comprobar que unos fragmentos de tablillas en uno de ellos eran porciones de otras encontradas en el otro. Esto ocurría durante los años 1951-52. Así los cuatro fragmentos de Pensilvania fueron completados con los dos de Estambul. Y fue en el año 1954 cuando se pudo ultimar su traducción. El poema es un clarísimo antecedente del *"Libro de Job"* del Antiguo Testamento. En él, el protagonista se queja amargamente de sus miserias, y de la injusticia de las mismas, pues siempre ha sido un hombre justo; clama a su dios (un dios personal), pero de ninguna forma se rebela contra él. A continuación, reproduzco un fragmento muy expresivo, cuyo final es revelador:

---

[26] KRAMER, SAMUEL NOAH. La historia empieza en Sumer, pg 136 y ss. Ed. Orbis, S.A. Barcelona. 1985.

37

Dios mío, yo permaneceré ante Ti Y te diré..., mi palabra es un gemido. Te hablaré de esto, y me lamentaré de la amargura de mi camino. Deploraré la confusión de... ¡Ah! No permitas que la madre que me dio a luz interrumpa su lamentación por mí ante Ti. ¡No permitas que mi hermana emita un alegre cántico! ¡Que explique, llorando, mis desdichas ante Ti! ¡Que mi esposa exprese con dolor mis sufrimientos! ¡Que el sochantre[27] deplore su amargo destino!

Dios mío, el día brilla luminoso sobre la tierra; para mí el día es negro.

El día brillante, el día bueno tiene... como el... Las lágrimas, la tristeza, la angustia y la desesperación se han alojado en el fondo de mí.

Se me engulle el sufrimiento como un ser escogido únicamente para las lágrimas. La mala suerte me tiene en sus manos, se lleva el aliento de mi vida. La fiebre maligna baña mi cuerpo...

Dios mío, oh, Tú, padre que me has engendrado, levanta mi rostro. Como una vaca inocente, en compasión... el gemido, ¿Cuánto tiempo me abandonarás, me dejarás sin protección?

Igual que un buey... ¿Cuánto tiempo me dejarás sin gobierno?

Dicen, los sabios valientes, que la palabra virtuosa es sin ambages;

«*Jamás niño sin pecado salió de mujer.*

Jamás existió un adolescente inocente desde los más remotos tiempos.»

---

[27] Director del coro en los oficios divinos.

En los últimos versos se asocia la presencia de pecado al hecho del nacimiento. En ello guarda cierta similitud con el relato del Génesis, en el que el castigo por la transgresión de los primeros padres queda también referida al parto. Retengamos, pues, estos dos aspectos que revelan la tradición del pensamiento antiguo, la asociación del nacimiento con el dolor y la culpabilidad. Y esta mentalidad surgió en el pueblo sumerio mil años antes que se redactara el primer libro de la Biblia y Anaximandro desarrollara su filosofía.

Ello ya indica que las fuentes del sentimiento de culpabilidad por el hecho de ser humano son muy amplias, con raíces muy profundas en la naturaleza humana, ya que ha afectado a los pueblos indoeuropeos occidentales, a algunos semitas (entre ellos, el judío) y al mucho más antiguo pueblo sumerio, que existió durante dos milenios (IV y III a.C.), pero cuya civilización persistió durante los milenios siguientes por todo el Oriente Medio.

Para este pueblo los males, desdichas, enfermedades de los hombres eran consecuencia de sus pecados, de su mala conducta, incluso cuando ellos no fueran conscientes de ello. El argumento era que, ya que existía el mal, el responsable no podía ser otro que el mismo hombre. Ante el hecho irrefutable de la presencia del mal en el mundo, a estas gentes se les presentaron dos posibilidades. O bien el mundo era un puro azar, en el que el bien y el mal se presentaban sin motivo, sin estar condicionados por la virtud o el demérito de los hombres; o bien el mal era debido a las ofensas efectuadas a los dioses. Ante lo ilógico y absurdo de la primera opción, optaron por la segunda, a pesar de la injusticia, al menos aparente, de muchos casos.

Pero llegó un momento en que alguien en el pueblo sumerio fue plenamente consciente de la injusticia para el inocente, del castigo al justo. Y expresa libremente su angustia ante su dios (el dios personal de cada casa sumeria), al que, con todo, presta acatamiento y respeto. Lo sigue glorificando, pues es el único camino de salida posible.

Si consideramos desde el punto de vista psicológico estas creencias, caemos en la cuenta que el parto equivale simbólicamente a la expulsión del Paraíso (y éste al tiempo en el que el feto está durante meses flotando en el líquido amniótico oyendo el latido del corazón de la madre). Siguiendo con este nivel de equivalencias, el pecado del hombre es anterior a su expulsión. Y la bondad preternatural de la que hablan algunos textos teológicos con la existencia beatífica en el útero materno.

Y esa expulsión del Paraíso, ya lo indica el Génesis, será con dolor; un dolor compartido, pues no será sólo de la madre, sino que adquirirá intensidad y significación vivencial en grado sumo para el que está naciendo. Y esta experiencia, el inconsciente nunca la olvidará.

Vemos, pues, que la aceptación de la culpabilidad del hombre por el hecho de haber nacido era una realidad en el inconsciente colectivo 2000 a. C. Del pueblo de Sumer pasó al de Akkad, al asirio, al casita, al hurrita, al arameo...al judío y después al cristianismo. El islam, al contrario, no sigue esta creencia.

Sin embargo, dentro de la tradición bíblica, la opinión no es unánime. En el *"Libro del profeta Ezequiel, XVIII, 20"* se lee: «El hijo no llevará el pecado del padre, ni el padre el pecado del hijo». En cuanto al Evangelio, no parece que Jesús se apoyara en esa doctrina de culpabilidad cuando dice en *"Mateo, XIX, 14"*: «Dejar a los niños venir a mí; porque de los tales es el reino de los cielos». Si buscamos las palabras "pecado original" en los Evangelios, no se encuentran. Si buscamos la palabra "Adán", sólo se encuentra una vez, en *"Lucas III, 28"*, cuando indica la genealogía de Jesús. La palabra "Eva" también está ausente. Caso distinto son las *"Cartas de S. Pablo"* (A los Romanos, I Corintios y I Timoteo) donde sí se compara la figura de Adán con la de Cristo, en la que éste resuelve el problema creado por el primero. Así que esta doctrina es de S. Pablo, y que ha marcado la de la Iglesia posterior.

LAS MATRICES PERINATALES

Hasta aquí me he referido al problema de la culpabilidad humana buscando en sus más antiguas fuentes escritas. Pero, en estos tiempos, los progresos de la Psicología han permitido investigar el problema a nivel de las profundidades del alma, en lo más arcano de su biografía, el momento de su nacimiento, e incluso más allá. Viniendo a reunirse todos los caminos del conocimiento en un mismo punto, las circunstancias especialísimas del parto. Aquí, el nuevo paradigma de la Psicología Transpersonal ha permitido crear puentes con las religiones-filosofías del Extremo Oriente, no viendo ya de forma tan ajena nociones como la del *Karma*.

Para que podamos vislumbrar el alcance de los nuevos campos que se abren y que permiten explicar con nuevas luces el sentimiento angustioso de culpabilidad, es necesario dar algunas nociones básicas, resaltando sobre todo los trabajos de STANISLAV GROF sobre las matrices perinatales. Desde mediados del siglo XX se ha abierto una visión insospechada sobre el alma humana, descubriéndose mundos insospechados. Al romper el corsé impuesto por la ciencia clásica newtoniana, se ha roto la cárcel de una visión puramente material, y nos permite ahora contemplar paisajes sin límites.

Se ha aprendido que nuestra Consciencia ya no está limitada espacialmente por nuestro cerebro, sino que forma parte del tejido del Universo. Hace ya bastantes años que el astrónomo JA-

41

MES JEAN[28] escribió que el Universo de la Física actual se parece más a un gran pensamiento que a una gran súper-máquina. Pero, muchos siglos antes la Filosofía Hermética ya indicó que la *«Creación era el pensamiento de Dios»*.

Fue en el año 1956 cuando en la ciudad de Praga, el investigador Stanislav Grof recibió una pequeña cantidad de un producto sintetizado por el Laboratorio Sandoz. Se trataba del LSD-25, una droga potentísima que alteraba el nivel de consciencia. Y lo probó en sí mismo. El choque espiritual que sufrió con su propio inconsciente cambiaría para siempre su vida, tanto personal como profesional[29]; le acometieron luces centelleantes, una luz sobrenatural y su mismo ser salió de su cuerpo y su consciencia adquirió dimensiones cósmicas. Una experiencia semejante a la que han contado muchos místicos en sus éxtasis.

Encontró algo muy interesante: mientras que los sujetos a los que se les administraba dosis medias o bajas de la droga revivían experiencias de su infancia y adolescencia, cuando se daban dosis más altas o se repetían las sesiones, se llegaba a experimentar vivencias que trascendían esos tiempos. Experimentaban la muerte y el renacimiento psicológico, la Humanidad y el Cosmos como un todo. Y lo más interesante para el tema que estamos tratando, se puede revivir la experiencia del nacimiento. Actualmente se puede conseguir estas experiencias sin necesidad de utilizar drogas. Voy a resumir cómo describe Grof lo que él llama las matrices perinatales.

Este autor vio que las experiencias perinatales se podían agrupar en cuatro grupos que se correspondían con los cuatros períodos que atraviesa la vida del niño en su comienzo. Esas experiencias tienen asociados significados simbólicos que se mantendrán vigentes a lo largo de la vida. Como asimismo

---

[28] JAMES JEAN. *"The Mysterious Universe"*. 1934,
[29] STANISLAV GROF. *"La Mente holotrópica"*. Ed. Kairós. 1999.

condicionarán el modo de enfermar psíquico posterior. Los simbolismos guardan relación con instancias del inconsciente colectivo: arquetipos como los de la diosa Madre, el infierno, el paraíso, aspectos filogenéticos de la especie...

En palabras de GROF[30]:

> Las matrices perinatales pueden conformar la percepción que tenemos del mundo, influir profundamente en nuestro comportamiento diario y contribuir a desarrollar diversos trastornos emocionales y psicosomáticos. A una escala colectiva podemos encontrar ecos de las matrices perinatales en las religiones, el arte, la mitología, las filosofías y en varias formas de psicología y psicopatologías sociales y políticas.

La descripción que sigue a continuación se basa en los relatos de las mismas personas que lo han experimentado[31].

1ª MATRIZ

Existencia anterior al comienzo del parto. Se vivencia un "mundo amniótico". Cuando se revive, la experiencia que relatan es:

-El feto no tiene constancia de límites, no diferencia interior de exterior.

-Sensación de flotar en el mar, identificado como criatura

---

[30]STANISLAV GROF. La Psicología del Futuro,pg. 63. Ed. La liebre de Marzo. 2000.
[31] Ib, Pgs 66 y ss.

acuática.

-Es una experiencia positiva, asociada a visiones arquetípicas de la Madre Naturaleza, con vivencias de belleza y seguridad.

-Si durante esta fase ocurrieron fenómenos patológicos, se pueden vivenciar ambientes de oscuridad, de amenaza o sentimientos de estar envenenados. En este caso se pueden asociar a imágenes demoníacas extraídas del inconsciente colectivo o imágenes apocalípticas.

2ª MATRIZ

Corresponde al comienzo del parto, con la presencia de contracciones uterinas sin dilatación del cuello.

-Sensación de ser engullido por un tornado, asociado a veces con imágenes de monstruos.

-Frecuentes son las sensaciones de ser engullido a las profundidades, a los infiernos, acompañado de gran ansiedad.

-La contracción uterina en esta fase choca con un cuello cerrado, al tiempo que produce anoxia fetal. De ahí las sensaciones claustrofóbicas, dolor físico y psíquico, y exasperación. Esta sensación de abandono es la que se describe en textos espirituales como "Noche Oscura del Alma".

3ª MATRIZ

Esta fase corresponde al período de expulsión, en el que, si bien siguen las contracciones, se nota la existencia de una puerta de salida pues puede avanzar mientras el cuello se dilata. Es una fase de gran riqueza psicológica.

-Se viven escenas de esfuerzos titánicos. Secuencias sadomasoquistas agresivas, experiencias sexuales, escenas en que inter viene el fuego.

-Los que experimentan esta fase en las sesiones de respiración holotrópica[32] pueden notar sensaciones de corrientes eléctricas que recorren su cuerpo, pudiendo identificarse con terremotos, volcanes...

-En cuanto a las vivencias sadomasoquistas, pueden sentir crueldades de grandes proporciones, crímenes, torturas...

4ª MATRIZ

Corresponde a la expulsión y la ruptura del canal umbilical.

-Se vive la liberación y el encuentro con la luz, pudiéndose recordar detalles concretos. Supone experimentar una muerte y un renacimiento espirituales. Se vive la muerte de una vida anterior, nos hacemos conscientes para siempre de nuestra vulnerabilidad. Muere un yo antiguo y nace un *"sí mismo"* nuevo. Es una experiencia semejante a aquellas que se pueden producir en la edad adulta cuando algún suceso fuertemente traumatizante aniquila todos nuestros sistemas de valores anteriores. Cuando un desastre moral, emocional e intelectual nos abate. Pero enseguida de esta experiencia de aniquilación surgen las visiones de luz de gran belleza y se nos abre una nueva esperanza.

-Se vive una sensación de estar bendecido; son frecuentes los encuentros con el arquetipo de la Diosa Madre. Surgen emociones positivas y se siente como un arrebato extático[33].

-Estas sensaciones de liberación, de dicha ante una luz nueva, no se presentan si el parto ha sido mediante anestesia.

---

[32] Se refiere al tipo de respiración (hiperventilación) que utiliza Grof para inducir estados no ordinarios de consciencia.
[33] STANISLAV GROF. *"La Mente holotrópica"*. Pag. 166.

45

Todo esto parece muy complejo, pero creo que no hace falta ser un experto para comprender las nociones que se han esbozado. Las extraordinarias experiencias del nacimiento modulan de alguna forma toda nuestra vida. Los que han sido sometidos a sesiones psicodélicas y han podido revivir esos momentos relatan muy a menudo que las circunstancias en que tuvieron lugar determinaron de alguna forma la calidad de su vida. Como si esa experiencia primera fuera el subsuelo sobre el que se han asentado los sentimientos básicos de la vida de cada uno, su relación con los demás y su capacidad de resolver conflictos.

Esa experiencia básica, olvidada por la consciencia, pero actuante a nivel del subconsciente, es modulada por la historia biográfica de cada cual. Cuando durante ella vivenciamos sucesos que emocionalmente son semejantes a los indicados en las matrices señaladas, éstas cobran vigencia y somos muchas veces arrebatadas de angustias, depresiones, y otras veces optimismo, que parecen inexplicables. El paradigma médico tradicional atribuye toda la parte activa del parto a la madre, y supone que el niño no es consciente del mismo y no siente dolor. La neurofisiología niega que pueda existir memoria del suceso por la falta de maduración de la corteza cerebral. Pero la investigación moderna está demostrando cada vez más de forma irrebatible la sensibilidad del feto durante toda su existencia prenatal. Y no hay porqué extrañarse, pues se han encontrado señales de primitiva memoria hasta en seres unicelulares. Cuando se consigue por medios médico-terapéuticos revivir la experiencia, los que lo han conseguido mediante las técnicas con LSD, o bien con hiperventilación y música acompañante, desde un punto de vista personal lo sienten como una epopeya digna de un héroe.

Dije anteriormente que ese recuerdo no alcanza la consciencia, pero no es exactamente así, pues sí llega al mundo de los sueños. Muchos de los cuales presentan acaeceres, esfuerzos y luchas que coinciden simbólicamente con alguna de las matrices perinatales. E incluso inspirar a artistas y escritores. Poniendo un ej., el autor del *"Libro del Apocalipsis"* bíblico (no es seguro que fuera S. Juan) fue arrollado su espíritu por una inflación masiva del subconsciente, claramente relacionado con la matriz perinatal 3, y condicionado por las desgarradoras experiencias biográficas de la persecución del emperador romano Nerón. Otro ejemplo es un síndrome psicosomático muy común, el de la *angustia,* que es una consecuencia lógica del proceso del nacimiento, por la tensión máxima física y emocional del mismo. Ya fue sugerida esta asociación por SIGMUND FREUD, aunque no profundizó en su estudio, siendo su "herético" discípulo OTTO RANK quien ya elaboró una teoría más desarrollada, marcando el nacimiento como la fuente de toda futura angustia; la investigación moderna, con la provocación de estados no ordinarios de consciencia, lo ha confirmado plenamente.

No resulta tan clara la asociación de la *culpabilidad* con las experiencias durante el parto. Los psiquiatras, cuando han atendido pacientes con sentimientos muy altos de culpabilidad, suelen encontrar hechos biográficos que aparentemente justifican esa culpabilidad, como, por ej., reproche frecuentes de los padres e incluso referencias al parto («si supieras lo mucho que sufrí para que nacieras, te portarías mejor»)[34]. Sin embargo, la responsabilidad de estos sucesos biográficos sólo representa una capa superficial, pues hay una culpabilidad primordial que estaba almacenada y que esos hechos han permitido que se manifieste. Una culpabilidad metafísica, reflejada en relatos míticos como el de la Biblia.

---

[34] GROF, S. Psicología transpersonal, pg. 153. Ed. Kairos. 1988.

Algunas personas que han sido sometidas a terapia con LSD interpretan la sensación de la culpabilidad con el nacimiento, y consideran las fuerzas desencadenadas durante el parto como agresivas y poseídas de una maldad intrínseca, siendo la angustia durante la expulsión el castigo merecido. Otros han opinado que la culpabilidad se debe al sufrimiento causado a la madre. Independiente de cómo cada uno haya interpretado su experiencia, es claro el hecho que el sufrimiento está ligado al nacimiento, y que, en este sentido, puede verse involucrada una responsabilidad no buscada, pero que, como en la tragedia griega, conlleva un castigo.

Llegado a este momento de la exposición se podría preguntar: ¿si el sufrimiento que conlleva el parto es universal, por qué el sentimiento de culpabilidad afecta preferentemente al hombre occidental? Y la respuesta ya se ha dado anteriormente y está relacionado con el problema del mal. O bien éste depende de un puro azar y está incluido en el juego de la existencia, en el que el mal y el bien están equilibrados, y toda acción tiene una consecuencia, independiente de la responsabilidad del actor (la postura de los pueblos de Extremo Oriente, con su concepción de Karma). Oh bien, tras lo absurdo que ello parece a muchos, sólo cabe hacer responsable al actor del sufrimiento, al hombre por haber nacido. Todos sabemos de gentes que ante una grave enfermedad se preguntan: «¿En qué me he equivocado? ¿Qué es lo que he hecho para merecer esto?» El grado, pues, de culpabilidad inconsciente es proporcional al sufrimiento inconsciente, siendo la primera un intento fallido de racionalizar lo absurdo del sufrimiento.

CAPÍTULO III

Los antecedentes de la Cábala

La Alquimia alcanzó su esplendor tal como la conocemos en la Edad Media y en el Renacimiento. Ello no quiere decir que no existieran alquimistas mucho antes; la postura vital de imbricar el perfeccionamiento personal junto al estudio de la Naturaleza es algo antiquísimo y se encuentra en muchos pueblos. De ahí que sea interesante para llegar a una buena comprensión de la Alquimia el que me remonte a tiempos lejanos.

La corriente de conocimiento ocultista interferirá más adelante con dos religiones: el judaísmo y el cristianismo. El pueblo judío producirá un fruto si cabe más complejo que la misma Alquimia, la Cábala, de la que no me ocuparé aquí, pero que tiene muchos puntos de relación con la misma. Fue en el mundo cristiano donde tuvo más cultivadores la Alquimia y donde condicionará de alguna forma nuestra forma de pensar y, más todavía, nuestra forma de soñar.

FILOSOFÍA Y RELIGIÓN INDOSTÁNICAS

El problema del origen del Mundo, como a todos los pueblos, atormentó a los que escribieron los Vedas. En el Himno 129 del *X Libro del Rigveda*, el famoso *Himno de la Creación*, se pregunta el autor «qué había cuando no existía ni la nada ni el ser, cuando no existía ni la muerte ni la inmortalidad, cuando el día y la noche no se habían separado todavía. ¿Quién es el que sabe, quién podría decirnos de donde nació la Creación? Los dioses son posteriores»[35].

Más adelante, el poema adelanta una respuesta: el que todo surgió de un oscuro e indiferenciado oleaje, un intento de hacer aparecer algo de la nada; concepto similar a la creación bíblica, a la materia indeterminada e ilimitada de ANAXIMANDRO o al Abismo de la Teogonía de HESÍODO.

Y en el *Rigveda* se nombra el gran misterio del gran Dios desconocido, más elevado que los comunes dioses de la tradición. Le llaman Prajapati, padre del Universo; su imagen se va inconcretizándose, conceptualizándose; a veces se le confunde con el Tiempo o con la Fertilidad de la Naturaleza. Pero su caracterización más típica es identificarlo con lo brahmánico, lo neutro; equivalente a la oración, al sacrificio, a la palabra mágica. El nombre es idéntico al Ser, y la Palabra también existe desde el principio. Pero no es como el Logos griego algo racional, sino que lo propio suyo es el carácter mágico. Por ello, su evocación (del Dios Supremo) por los sacerdotes tiene un poder por sí mismo, independientemente de la disposición de ánimo. Así se puede observar en el Mahabarata cómo los hombres santos tienen poder sobre los dioses al invocar su nombre.

Lo brahmánico, lo neutro, lo indefinido, lo penetra todo. Frente a él están las cosas particulares, las que tienen "nombre y figura". Lo brahmánico se diferencia de lo particular, pero no como una cosa se diferencia de la otra, sino que está junto a ella, impregnándolo todo.

---

[35]E.VON ASTER. "Historia de la Filosofía". Barcelona. 1935.
DEUSSEN. "Historia de la Filosofía". Leipzig. 1895.
O. STRAUSS. "Indische Philosophie". Munich. 1927.

Junto al concepto de lo brahmánico se encuentra otra entidad, el Atman, "el uno mismo", la mismicidad. Lógicamente el Yo tiene a la Divinidad, pero no mirándola hacia fuera, sino introyectándose dentro de sí, donde, profundizando al máximo, en cuya técnica la religiosidad india ha llegado al preciosismo, se acaba sumergiéndose en lo brahmánico, de donde se procedía. La auténtica realidad no estaría fuera sino en nuestra interioridad.

Posterior al *Rigveda*, en los *Upanisadas*, aparece otra noción fundamental de la filosofía-religión india: "la transmigración de las almas". Cada cual, según haya sido su vida, la integridad o lo improcedente de la misma, se reencarnará tras la muerte, su Atman tomará otro cuerpo y llevará otra vida más feliz o más desgraciada, tal haya sido su comportamiento anterior. Pero esta reencarnación no sería por la acción de ningún dios sino por una especie de necesidad natural, como un premio o castigo inevitables. Sin embargo, esta serie ininterrumpida de reencarnaciones es algo así como la inutilidad del trabajo de Sísifo[36] -subir indefinidamente la roca a la cumbre para que se desplome de nuevo a la hondonada-, una "desdichada infinitud" en palabras de HEGEL, que hace anhelar una redención. Pero para el hindú la redención no se produce por la expiación de la culpa, ni por la misericordia de Dios como ocurre en el Cristianismo. La redención es obra del propio hombre si consigue fundir su Atman en lo brahmánico. No se alcanza por el sacrificio sino por la sabiduría. En esto se asemejaría al modo de pensar griego, aunque es un saber distinto. Para el socrático, la razón, el conocimiento, se confunden con la

---

[36] Sísifo es una figura mitológica, hijo del dios Eolo (el Viento), uno más entre los hijos de los dioses en sus uniones con los humanos. Fue el prototipo de bribón astuto que, tras escapar de muchos castigos debido a su astucia, fue finalmente castigado por los *Jueces de los Muertos* a arrastrar una piedra gigantesca a la cumbre de una colina para dejarla rodar por la vertiente opuesta. Pero, cada vez que se acercaba a la cumbre, el peso de la piedra le obligaba a soltarla cayendo de nuevo a donde la había cogido. Repitiéndose así indefinidamente.

virtud; para el hindú es una especie de saber intuitivo -místico- que nos hace ver a cada uno como formando parte del Todo.

Esta doctrina evolucionará posteriormente a la filosofía Sankya, mucho más tardía, en la que la redención no se producirá por el sumergirse del Atman en lo brahmánico, sino por una separación del espíritu de la materia a la que está unida por un a modo de erotismo; al adquirir el conocimiento de su situación, de esa especie de confusión con la materia inferior, y se separe de ella, alcanzará la redención. En esta doctrina, como en el budismo, se prescinde de Dios. No obstante, la aparición tardía de estas doctrinas (siglos IV y V d. C) hace que no influyeran en las ideas alquímicas y cabalísticas, cosa que sí ocurrió con el panteísmo de los Uspanisadas.

Es interesante considerar también la concepción del sacrificio de los hindúes. Todo sacrificio es en cierta forma una revitalización de un momento primordial en la Historia del Universo. Es un volver al principio, un retorno a los comienzos, una recreación. En este, el sacrificio tiene un rito estereotipado, preciso, y que tiene poder por sí mismo[37] : es de carácter mágico. De ahí el gran poder del sacerdote que domina con precisión cada palabra, cada gesto; poder, incluso, sobre los mismos dioses.

LA MAGIA EGIPCIA

Alrededor del Nilo tuvieron su mayor auge las creencias mágicas. Dice PLUTARCO en su *"Isis y Osiris"*: «Las Esfinges que los egipcios han colocado ante sus templos significan que la ciencia de su doctrina es enigmática...». La ciencia "del más allá" tuvo su cuna en Egipto e impregnó a todos los pueblos mediterráneos.

---

[37] Se dice que la Gramática nació en la india por la necesidad de ¨no equivocarse al pronunciar los ensalmos", que tenían que estar sometidos a unas reglas muy rígidas.

Hasta cuenta el Talmud judío que Cristo se había iniciado en los misterios de Egipto. Los alquimistas han querido ser herederos de la ciencia de Hermes, y los ocultistas modernos de los secretos de este pueblo.

En él la Magia y Religión van unidas. El sacerdote es asimismo el mago. Sus actos tienen valor por la materialidad de los mismos. Los signos no precisan de su significación para actuar, adquieren poder propio y ligarán de forma definitiva a los dioses a los que se dirigen. A una determinada fórmula mágica el dios debe responder de manera adecuada[38]. ¡Y que cuide de no hacer trampa! Hay crueles sortilegios que pueden alcanzar a los dioses: Si no traéis la barca hacia él, arrancará los bucles de vuestras cabezas como si fueran capullos que florecen a la orilla de un lago". Al no satisfacer a un muerto sobre el que se ha vertido la magia, el mago podrá invocar al rayo para que caiga sobre el brazo del dios que sostiene las bóvedas celestes.

El difunto que tenía la suerte de ser sometido a determinados ritos, de ser embalsamado según las reglas, de disponer de amuletos, ya no le supondría la muerte algo temible, y la vida del "mas allá" sería muy agradable. Era en el magnífico Libro de los Muertos donde estaban todas las fórmulas; a veces se enterraba con el difunto.

Un aspecto interesantísimo de la religión egipcia era el valor mágico de la palabra[39]. Nada existe antes de ser hablado. Para que los seres existieran tenían que ser lanzados por Thot -personificación de la lengua- de dentro a fuera. "La lengua -se lee en jeroglíficos- crea todo lo que se ama y todo lo que se detesta; crea la totalidad de las cosas. Nada existe antes de haber recibido su nombre en voz alta". De aquí la importancia de conocer el nombre de las personas; forma parte integrante del ka -el doble

---

[38] A. ERMAN. *"La religión de los egipcios"*. Paris. 1932
[39] L de GERIN-RICARD. *"Historia del Ocultismo"*. Caralt. Barcelona. 1975.

psíquico del alma- y, a su llamada, todas sus potencias se conmueven. Al conocer el nombre se adquiere poder sobre la persona, se la puede bendecir o maldecir, someterla a sortilegios; el saber el verdadero nombre de los dioses -sólo en poder de los sacerdotes- supone el poder relacionarse con los mismos y condicionar su conducta para con los hombres. El conocimiento de las formas litúrgicas llegaba al preciosismo de conocer no sólo las sílabas, sino el tono y la armonía de la voz para que las invocaciones alcanzaran el fin deseado.

De Egipto la Magia se extendió a otros pueblos, con variantes en cada uno de ellos. En su desarrollo habría que distinguir dos tipos:

a) Magia negra o goética, que viene a ser un trato con el demonio.

b) Magia blanca, que sería un modo de física recreativa (ejemplo de ella fue la famosa estatua de Memnón). Referencia a ella se encuentra en el cap. VII del Éxodo: «Llama el faraón a sus sabios y hechiceros, los cuales, por medio de encantamientos y palabras arcanas, hicieron algunas cosas semejantes a las que Moisés había hecho».

Estas creencias mágicas se enlazaron estrechamente con las astrológicas, pero fue otro pueblo el verdadero creador de estas últimas, como paso a considerar.

LA ASTROLOGÍA CALDEA

También a orillas del Tigris y el Éufrates la misión del sacerdote -o hechicero, o aurúspice, o adivino, que todo lo era- tuvo un papel muy importante. Aquí su nombre era el de Mago, derivado de "magusk", palabra equivalente en sentido a sacerdote. Su ciencia procedía de 2 fuentes:

a) Del Sabeísmo caldeo, religión propia de los Sabeos, adoradores de los astros, especialmente del Sol y la Luna.

b) Del Mazdeísmo, de origen persa, concepción dualista de la creación del mundo.

Existía en Babilonia una escuela de ciencias[40] con especialidades tales como los *kaschim*, doctores en religión; los *hartumim*, que conjuraban maleficios; los *gazrim*, conocedores de los secretos de los astros; los *hakamim*, doctores en el arte de curar; los *asafim*, adivinos.

Como poseedores de saberes esotéricos usaban la antigua lengua sumeria, ya muerta. Su poder fue enorme, no habiendo decisión importante de los reyes en que previamente no se les consultase. Incluso llegaron al trono, como el mago Belesis. Su sucesor, también mago, Nabonasar, dio un gran impulso a la ciencia astronómica-astrológica.

La Astrología es una derivación anómala, heterodoxa, esotérica de la Astronomía. Como la Magia, estaba inspirada por un pensamiento a la vez panteísta[41], naturalista -detrás de cada elemento natural había un dios- y fatalista. Escribía DIODORO DE SICILIA: «Al decir de los caldeos, los astros imperan soberanamente en el buen y el mal destino de los hombres. Los fenómenos celestes son señales de felicidad o desdicha para las naciones». Y añadía FILÓN: «Los caldeos fueron los primeros en pensar que es del sol y de las estrellas de los que depende el bien y el mal de cada uno».

La Torre de Babel, construida a la manera de un Zigurat, pretendía ser un gran Observatorio para desvelar los secretos del Cielo. Los Zigurats tenían siete pisos (por los siete planetas) -

---

[40] La misma referencia 28.

[41] Las doctrinas panteístas consideran al Mundo como una emanación de Dios.

cuenta la descripción de HERÓDOTO-; cada piso, de seis metros de altura, estaba pintado de un color distinto: el 1º de blanco, el 2º de negro, el 3º de rojo, el 4º de azul, el 5º de bermellón, el 6º de gris y el 7º de oro, el color del Sol. En la cumbre se situaba un observatorio donde se confeccionaban las tablas astrológicas[42]. De aquí surgió el Zodíaco: durante el año el Sol tiene doce estancias, subdivididas cada una de ellas en tres partes presididas por estrellas o dioses consejeros.

DIODORO decía:

> Por debajo de la órbita de los cinco planetas, dicen los caldeos, están colocados treinta y seis astros llamados dioses consejeros. De estos dioses, la mitad habita encima, la otra mitad debajo de la tierra, para vigilar las cosas humanas y las cosas celestiales. Y cada diez días es enviado uno de ellos en calidad de mensajero de la región superior a la inferior; otro pasa de ésta a aquélla por un invariable intercambio. Además, hay doce señores de los dioses, cada uno de los cuales preside un mes y un signo del zodíaco.
>
> El Sol, la Luna y los cinco planetas pasan por esos signos llevando a cabo el Sol su rotación en el espacio d un año, y la Luna la suya en el espacio de un mes. Cada planeta tiene su órbita particular y difieren entre sí por la velocidad y el tiempo de su rotación.
>
> Estos astros influyen mucho sobre el nacimiento de los hombres y deciden de su destino, bueno o malo, por lo cual los observadores leen el porvenir en ellos. Así, según dicen, han hecho predicciones

---

[42] F. LENORMANT. *"La adivinación entre los caldeos"*. París. 1875-

a un gran número de reyes, entre otros al vencedor de Darío, Alejandro, y a los reyes Antígono y Seleuco Nicanos, predicciones que parecen haberse realizado todas en la fecha y lugar señalados. Predicen también a los particulares las cosas que les van a suceder, y eso con tal precisión, que los que han hecho la prueba han quedado sorprendidos de admiración y tienen la ciencia de esos astrólogos como algo divino. Fuera del círculo zodiacal distinguen veinticuatro estrellas, la mitad de ellas en la parte boreal del cielo y la otra mitad en la parte austral; las que se ven están dedicadas a los vivos y las que no se ven asignadas a los muertos, y ellos llaman a esos astros Jueces del Universo.

El Sol, la Luna y los cinco planetas marcaban el destino. Se agrupaban en tres categorías:

a) El Sol, la Luna y Mercurio tenían una influencia ambigua, buena o mala según las circunstancias.

b) Saturno y Marte, realmente dioses malhechores, eran llamados "grande y pequeña desgracia" por los mendaítas.

c) Júpiter y Venus, los bienhechores, "la grande y la pequeña fortuna".

Comentaba DIODORO que «el Sol, colocado en el centro del sistema, tomaba con cada hora, con cada día, con cada mes un carácter diferente, según que estuviese bajo la influencia de tal o cual planeta, los cuales tenían también su hora, su día y su mes determinado, y su signo del Zodíaco».

Cada hora del día estaba consagrada a un planeta. Asimismo, cada día de la semana; y los doce meses del año no son sino las doce estancias del Sol en su curso -los signos del Zodíaco-.

Igualmente, los Zigurats disponían, aparte el observatorio, de una "cámara de los sueños". En 1854, E. TAYLOR, cónsul británico en Basora, descubrió los restos del Zigurat de Ur (la cuna de Abraham), construido por Nobonid en 553 a. C; en este templo, dedicado a Bel Marduck, existía un recinto donde la "mujer terrestre del dios Sol" explicaba los oráculos que en sueños le había transmitido su esposo.

La creencia en los sueños estuvo muy extendida en los pueblos de la antigüedad y, como veremos después, el pueblo judío presentó ejemplos abundantes de la misma.

EL OCULTISMO JUDÍO

Este pueblo no fue precisamente el padre de la Astrología ni de la Magia, pero no pudo librarse de sus influencias desde los comienzos de su historia. No obstante, las características de su religión, su arritualismo[43], propio de su nacimiento en un pueblo nómada, su falta de formalismo que choca abiertamente con las prácticas mágicas, su relación mística con Yahvé, que requiere más un corazón puro que unas prácticas litúrgicas, le hacía poco propicio al asentamiento de las creencias que se han venido apellidando como ocultistas. Por ello sorprende más la aparición en este pueblo de la heterodoxia cabalística.

Los libros sagrados presentan ejemplos de normas condenatorias de los actos mágicos y adivinatorios. Así en LEVÍTICO XX,6 se dice: «Si alguno acudiere a los que evocan a los muertos y a los que adivinan, prostituyéndose ante ellos, YO me volveré contra él y lo exterminaré de en medio de su pueblo». Y un poco más adelante, en el versículo XX, 27: «Todo hombre o mujer que evoque a los muertos y se dé a la adivinación, será muerto, lapi-

---

[43] DESNOYERS. "Historia del pueblo hebreo". Edt. A.Picard. 1930.

dado; caiga sobre ellos su sangre». En otro lugar[44]:

> No haya en medio de ti quien haga pasar por el fuego a su hijo o a su hija, ni quien se dé a la adivinación, ni a la magia, ni a hechicerías y encantamientos; ni quien consulte encantadores, ni a espíritus, ni a adivinos, ni pregunte a los muertos. Es abominación ante Yahvé cualquiera que esto hace...».

Pero las prohibiciones no pudieron extirpar las prácticas mágicas y adivinatorias. Situado el pueblo de Israel en una encrucijada de caminos, donde todos los pueblos antiguos se entremezclaban -egipcios, caldeos, cananeos, fenicios, sirios...-, no podía permanecer inmune a la influencia de estos pueblos.

EL EFOD, LOS URIM Y TUMMIN

Es éste un ejemplo de práctica mágica en el pueblo de Israel y del que la Biblia presenta abundantes citas[45].

El Efod era el traje sacerdotal para las ceremonias y cuya disposición viene prolijamente descrita en EXODO XXVIII. Sobre el

---

[44] Deuteronomio, XVIII, 10-12
[45] EXODO, XXVIII, 6-8 Y 15-30.
I SAMUEL II,18; XXII,18; XXIII,9; XXX,7; XIV,38; XXVIII,6.
II SAMUEL vi,14; II, 1.
LEVÍTICO VIII, 7-8.
JUECES VIII,27; XVIII,17.
OSEAS III,4
DEUTERONOMIO XXXIII,8.
ECLESIASTÉS XXXIII, 3.
NÚMEROS XXVII,21.
NEHEMÍAS VII,65.

pectoral, encerrados en un cofrecillo, colgaban dos piedras preciosas, el urim y el tummin, que servían como oráculo para conocer la voluntad de Yahvé. Se utilizaban de forma parecida a dados; se hacía una pregunta a Dios y, según la piedra que se extrajera, la respuesta era positiva o negativa. En LEVÍTICO, VIII, 7-8 se lee: «Vistió a Arón la túnica, se la ciñó, le vistió la sobreveste y el efod, que le ciñó con el cinturón del efod, atándoselo; le puso el pectoral con los urim y tummin».

En I SAMUEL, XXIII, David supo el mal designio que contra él tramaba Saúl y dijo al sacerdote Abiator: «Trae el Efod»; y luego preguntó: «Yahvé, Dios de Israel: tu siervo sabe que Saúl se dispone a venir a Queila para destruir la ciudad por causa mía. ¿Bajará contra ella Saúl como a tu siervo le han dicho? Yahvé, Dios de Israel, dígnate descubrírselo a tu siervo». Yahvé respondió: «Te entregarán». Entonces se levantó David con su gente, unos seiscientos hombres, y saliendo de Queila, iban y venían a la ventura.

Muy conocido es el episodio de la guerra de Saúl con los filisteos (I SAMUEL, XIV). Este rey hizo una promesa de ayuno en nombre de su pueblo. En el versículo 36 y siguientes se lee:

> Saúl dijo: "Vamos a salir a perseguir a los filisteos durante la noche, a destrozarlos hasta que luzca el día, sin dejar uno solo con vida". Y le dijeron: "Haz cuanto bien te parezca". Y él dijo al sacerdote:

> "Acércate"; y consultó a Dios: "¿He de bajar en persecución del enemigo? ¿Los entregarás en manos de Israel?".

> Pero Yahvé no dio aquel día respuesta. Saúl dijo: "Acercaos aquí todos los jefes del pueblo y buscad a ver por quién haya sido cometido el pecado; pues por vida de Yahvé, el salvador de Israel, que si hu-

biera sido por Jonatán, mi hijo, sin remisión morirá". Nadie del pueblo osó responderle. Dijo, pues, a todo Israel: "Poneos todos vosotros de un lado, y yo y mi hijo nos pondremos del otro". El pueblo contestó: "Haz como bien te parezca". Saúl dijo: "Yahvé, Dios de Israel, ¿cómo es que no respondes hoy a tu siervo? Si en mí o en Jonatán, mi hijo, está este pecado, Yahvé, Dios de Israel, da urim; y si está la iniquidad en el pueblo, da tummin". Así pudo descubrirse que el culpable era Jonatán.

LOS TERAFIM[46]

Eran probablemente estatuillas de madera a las que rendían culto los judíos, como reminiscencias de las prácticas de Egipto - las estatuas parlantes, cuestión misteriosa, pendiente todavía de investigación-. Era un culto idolátrico. Se lee en JUECES:

Habiendo, pues, devuelto él a su madre el dinero, tomó su madre 200 siclos y se los dio a un orífice, y éste hizo una imagen tallada y chapeada, que quedó en casa de Mica; y así un hombre como Mica vino a tener una casa de Dios. Habiendo, pues, devuelto él a su madre el dinero, tomó su madre 200 siclos y se los dio a un orífice, y éste hizo una imagen tallada y chapeada, que quedó en casa de Mica; y así un hombre como Mica vino a tener una casa de Dios.

Hízose también un efod y unos terafim y llenó la mano de uno de sus hijos para que hiciera de sacer-

---

[46] JUECES XVII,4; XVIII,14-24.
OSEAS III,4.
GÉNESIS XXXI,19-34.

dote... Más adelante, tras serle robados estos objetos por los hijos de Dan, Mica exclama: "Mi dios, el
que yo he hecho, me lo habéis quitado junto con el
sacerdote, y os marcháis. ¿Qué me queda entonces?".

Cuando la huida de Jacob y Raquel de Labán (GÉNESIS, XXXI)
se llevan sus terafim, probablemente para que no pueda consul-
tarlos y saber por dónde habían huido. En OSEAS[47] hay una cita
que hay que referir a los terafim y a una supuesta varita mágica:
«Mi pueblo pregunta al leño y su bastón le hace revelaciones,
porque el espíritu de fornicación le ha descarriado y fornicaron,
alejándose de Dios».

OTROS ASPECTOS MÁGICOS EN EL PUEBLO DE ISRAEL

Se pueden citar otras contaminaciones de este tipo, alguna
tan importante como la evocación de los muertos, expuesta es-
tremecedoramente con la evocación de Samuel por la sacerdoti-
sa de Endor, a petición de Saúl[48]. La importancia de la revelación
por los sueños está expuesta a lo largo de la Biblia[49], bien que

---

[47] OSEAS, IV, 4.
[48] I SAMUEL, XXVIII, 12-29
[49] NÚMEROS XII,6
GÉNESIS XX,3; XXVIII,12; XXXI,24.
I REYES III,5
ECLESIÁSTICO V,6; XXXIV, 1-7;
MATEO 1,20; II,12.
DEUTERONOMIO XIII,1; XVIII,10.
JEREMÍAS XXIII,27
LEVÍTICO XIX,20
JOB XX,8.

también previene contra los mismos; en ECLESIÁSTICO, XXXIV,2 dice:

> Como quien quiere agarrar las sombras o perseguir al viento, así es el que se apoya en sueños, y continúa con clarividencia psicológica: El que sueña es como el que se pone en frente de sí, frente a su rostro tiene la imagen del espejo; para insistir más abajo: Cosa vana son la adivinación, los agüeros y los sueños; lo que esperas, eso es lo que sueñas.

Los tiempos de Salomón, con sus buenas relaciones con Hiram, su suegro, rey de Tiro, y con los etíopes, egipcios, etc, fueron ocasión de la asimilación de costumbres paganas. Y qué decir de las leyendas que rodean el Templo de Salomón; citaré solamente a las columnas Yakin y Boaz, situadas al norte y al sur del Templo, recogidas luego en la simbología masónica.

Más adelante, cuando se redacte la Mishna hacia el año 180 d. C. -puesta por escrito de las tradiciones orales de lo revelado por Yahvé a Moisés-, la magia adquirirá más importancia, apareciendo numerosas fórmulas de invocaciones y exorcismos. Y en la spora serán los judíos los activos diseminadores de los secretos de Egipto y Caldea.

LOS ÓRFICOS[50]

A mediados del siglo VI a.C. invadió el mundo heleno una ideología religiosa que era ajena al pensamiento griego, tal como se muestra en las obras homéricas. Venía impregnado de misticismo, los éxtasis eran frecuentes en sus actos de culto, y las

---

[50]ERNS VON ASTER. "Historia de la Filosofía". De. Labor. 1935, pg 64.

creencias en la metempsicosis y las sucesivas reencarnaciones traían la inspiración de los pueblos orientales. Ello supuso una mayor espiritualización del pensamiento griego, y las ideas sobre el alma que se irían desarrollando después tendrían su origen en el orfismo.

Los filósofos de la segunda generación -PITÁGORAS, HERÁ-CLITO, PARMÉNIDES...- procuran helenizar estas concepciones, pero el pensamiento que surgió suponía una clara diferenciación del materialismo de un THALES, ANAXIMANDRO o ANAXÍMENES. El lenguaje, al tener que expresar realidades místicas, vivencia-les, se convirtió en simbólico y las ideas panteístas ganaron adep-tos. Pero, al mismo tiempo, se purificó la idea de la Deidad, alcanzando elevadas cotas en un PARMÉNIDES, por ej. Ellos en-lazarían, a través de PLATÓN, con la filosofía cristiana.

PITÁGORAS

Nacido en Samos, desarrolló casi toda su actividad en la Magna Grecia[51] . La liga que creó en Crotona ejerció una gran ac-tividad filosófica, científica y política. Creyente en la reencarna-ción, buscó afanosamente las formas de superar el ciclo interminable de transmigraciones. La constitución del Universo venía expresada por un símbolo, en este caso el número. Sus ac-tividades científicas y artísticas se centraron en las Matemáticas y en la Música. Parece ser que fue el descubridor de la ley de los sonidos armónicos. Encontró, al medir la longitud de las cuerdas que producían los distintos sonidos, que guardaban entre sí una relación entera, es decir, que al dividir una longitud por otra no daba lugar a números decimales.

---

[51] El sur de la Italia actual.

La Aritmética tiene en él a su creador. Su escuela clasifica a los números en pares e impares, cuadráticos, pentagonales, etc. El mundo estaría formado por infinitos números, y la relación entre los constituyentes de dicho mundo estaría fundada en razones numéricas enteras. Hasta que surgió el dilema de las razones irracionales, entre dimensiones cuyo cociente no podía ser un número entero -la diagonal y el lado del cuadrado, la circunferencia y su diámetro-; más adelante sería ZENÓN, con sus famosas paradojas, quien daría la puntilla a las ideas pitagóricas.

Sus sucesores, especialmente ARQUITAS DE TARENTO (siglo IV a.C.) desarrollan sus pensamientos y la Geometría se convirtió en una constituyente del Universo, como el Fuego o el Agua. Pero lo más valioso quizá fueron sus aportaciones a la Astronomía: la esfericidad de la Tierra, que ésta no es el centro del Universo, sino que, como los demás planetas, gira alrededor del fuego central (que no sería el sol); las distancias entre los diferentes astros guardaban la misma razón que la de las armonías musicales.

HERÁCLITO

Dio una gran originalidad a las influencias órficas. Fue llamado el oscuro por sus sentencias de múltiples sentidos. Decía que el principio (arche) de todo es un símbolo, el Fuego, no en el sentido de algo permanente, sino, al contrario, mudable, inestable. En la Naturaleza todo es cambio, nada permanece, nunca nos bañamos en el mismo río. Todo vendría a ser como un enorme circuito en movimiento en que todas las cosas retornan; aquí se aprecia bien la idea órfica de las reencarnaciones.

Pero el conjunto no es caótico, en él impera un sentido, una inteligencia, un Logos. Aparece por primera vez esta palabra como prototipo de racionalidad. Y esa razón del Todo se encuentra también en ese mundo que, en sí mismo, consiste el propio

65

hombre, cuya razón de cambio y de sentido lo da su propia alma, símbolo igualmente del Universo.

PARMÉNIDES

En la ciudad griega de Elea, en la Italia meridional, vino al mundo otro gran pensador del período presocrático. Su visión de la divinidad está muy desarrollada, opuesta a la demasiado humana mostrada en los escritos de HOMERO y HESÍODO. Para él hay un solo Dios, el mayor entre los dioses y los hombres, que ni en su figura ni en su pensar se parece a los mortales. Todo ojos, todo oídos, todo pensamiento, gobierna sin cansarse todas las cosas con el pensamiento de su espíritu. Es una mirada a la divinidad precursora de la platónica y de la cristiana posterior. A este Ser Uno, incambiable, imperecedero, sin procedencia de otro ser, lo simboliza en la figura de la Esfera. Su concepción del Ser, fundamento del Mundo, es monoteísta con tintes panteístas. Similar a la actual sobre la estructura del mundo físico: el Mundo es comprensible como una esfera de más de tres dimensiones. Si por un lado se oponía a HERÁCLITO, ya que el Ser inmóvil es opuesto a la idea de este filósofo de que todo es fluir, por otro, en su concepción esférica, está de acuerdo con el eterno retorno de las reencarnaciones de los órficos.

PLATÓN[52]

La Filosofía antigua encuentra un punto de plenitud con este gran pensador, 400 a.C. En él tienen continuación muchos conceptos órficos. Aquí señalaré muy sucintamente algunas cuestio-

---

[52] A. EQUILLEE. "La Filosofía de Platón". Biblioteca de Jurisprudencia, Filosofía e Historia.

nes que han servido también de plataformas al pensamiento que desembocó en la Alquimia y la Cábala.

Una de ellas es la del Conocimiento. El alma, sumida en un principio en la oscuridad, empieza a ver la luz a través de las sensaciones que nos llegan de los sentidos. De ellas, divergentes, dispares, extrae unos conceptos generales. De sus relaciones particulares induce unas relaciones generales. La inducción, pues, sería la capacidad creadora de la ciencia. La deducción de relaciones particulares a partir de una ley general sería un método secundario. Pero la aportación original de PLATÓN no está en lo antedicho; cuando observamos, por ej., formas geométricas circulares o triangulares, el alma intuye la Idea de Círculo o Triángulo. Ésta es, en un sentido, universal, infinita, pues abarca a todos los círculos o triángulos existentes o posibles; y, al tiempo, es única, pura, distinguible de las demás. El alma la acepta, no por inducción o deducción, sino por intuición, que es una visión frontal, como ante un espejo, de la Verdad misma.

Esta aceptación de los conceptos evidentes, sin necesidad de razonamiento, ocurre simplemente porque el alma los recuerda. Conoce lo que ya sabía. ¿Cuándo, dónde? Para PLATÓN es un problema secundario: en una vida anterior, en la presente, fuera del tiempo... Pero en el mundo de las Ideas, del cual el alma procede y que tenía olvidado. Las sensaciones le han permitido entreabrir la penumbra al añorar ese mundo de luz perdido, de la Belleza, del Bien y de todos los valores eternos. Y ese suspirar por la patria perdida no es más que un acto de Amor.

La concepción platónica de los números.

Se ha dicho que PLATÓN fue un pitagórico, aunque la concepción de los números que tenía el ateniense era bien distinta de la del hijo de Samos. Para PITÁGORAS los números, abstrac-

67

ción matemática, son fundamentalmente cantidad. Para PLA-
TÓN son cualidad. El número como cantidad es algo indeterminado, intercambiable, algo que para definir hay que relacionar
siempre con otra cosa (dos casas, veinte árboles...); por eso lo
llamaba PLATÓN   la diada indeterminada; puede ser mayor o
menor, ser analizado y encontrar en su contenido otros números.
Pero ello es completamente distinto a la Idea del número, a la
cualidad en cuya referencia adquiere entidad el número material, indeterminado.

La Idea, por ej., del 5 tiene cualidad por sí misma, es algo más
que sus componentes, y es objeto del pensamiento. Lo caracte-
rístico de la Idea del número es la Unidad frente a la multiplicidad
de su entorno material (al referirse a las cosas contadas).

Pero, en esta interpretación, PLATÓN avanzó más, e incluso
exageró en su simbolismo. Son muy curiosos los conceptos vertidos por PLATÓN en su *"Tratado del Alma"*. Decía: «se ha definido lo viviente en sí conforme a la idea de lo Uno y a las de la 1ª
longitud, de la 1ª latitud y la 1ª profundidad, y las demás cosas
de un modo análogo».

Lo Viviente en sí, representado por el Universo concebido
por Dios, era simbolizado por la década pitagórica o, mejor aún,
por el conjunto de los cuatro primeros números, la *tetractys* (1 +
2 + 3 + 4 = 10). Lo Uno, origen de lo existente, al unirse a la Idea
del Dios, determina la longitud. Ésta, en conjunción con otro
punto fuera de ella, la Idea del Tres, conforma una superficie. Y,
al unirse a otro punto, La Idea del Cuatro, fuera del plano antedicho, se constituye la dimensión en profundidad (el volumen),
compendio inteligible de lo existente.

Escribía:

De otro modo la inteligencia (intuitiva) es el uno; la
ciencia (discursiva, matemática y lógica) es el dos,
porque sólo por un camino se llega a la unidad; el

número de la superficie (el tres) es la opinión; el de lo sólido (cuatro) es la sensación.

Porque los números son las Ideas mismas y los principios de los seres. Las cosas existen por los elementos; por otra parte, son discernidas unas por la inteligencia, otras por la ciencia, otras por la opinión, otras por la sensación. Los números son las Ideas de las cosas.

Por la intuición nuestro pensamiento se enfrenta directamente con la Verdad, como en un espejo, relación en que el sujeto y el objeto se confunden[53]. Por la ciencia la Realidad es analizada de modo racional, rectilíneo, discursivo y lógico (lo que más adelante llamará ARISTÓTELES paso de la potencia al acto). Mediante la opinión, el pensamiento discurre superficialmente sobre las cosas sin profundizar en ellas. Por la sensación, se adquiere ya una visión completa, integrada pero grosera, de toda la Realidad. Es a la vez una visión completa e imperfecta, es sintética y, a la vez, confusa; se aprecia la unidad de la mezcla, no la de la simplicidad. Ésta sólo se logra con la década (1+2+3+4), símbolo de lo Viviente en sí y resumen unificado de la intuición, la ciencia, la opinión y la sensación.

También encontramos en PLATÓN las implicaciones simbólicas del número 3. PLATÓN había presentado en cierto modo el misterio de la Trinidad cristiano. Sin embargo, en él está expuesta de una forma vaga, siendo los neoplatónicos los que la desarrollarían más tarde, concretándose en la trinidad de PLOTINO: el Bien, la Inteligencia y el Alma. Para PLATÓN el Bien era lo Uno, coincidente con el ser, lo real. La Inteligencia sería superior al Alma ya que indica: Dios puso la Inteligencia en el Alma y el Alma

---

[53] Esta concepción estará en la base de muchas actitudes místicas posteriores.

en el cuerpo. Pero no hay conceptos claros sobre la existencia de tres dioses ni la de tres personas, más bien de tres potencias de Dios; tampoco distingue claramente el Alma de Dios de la del Mundo.

Influencias órficas en PLATÓN

Cuando elabora su Idea del Estado, no acepta la concepción sofística del "progreso indefinido". Para él, la cualidad esencial es la "estabilidad", la conservación del equilibrio. Su concepción histórica se basa en las ideas órficas de los retornos y las reencarnaciones. El curso histórico no es progresivo sino interrumpido periódicamente por catástrofes (ej., los diluvios), por lo que se convierte en una tarea de Sísifo, con eternas reencarnaciones. El movimiento circular es símbolo del acontecer histórico, copia a su vez del mundo intemporal de las Ideas. Todo el acontecer del Mundo "recuerda" su origen, y, así, la "pluralidad" nos habla de la "unidad" de que procede, lo "informe" de lo que tiene estructura "formal", el "caos" nos hace recordar "el cosmos" (orden).

Este camino hacia abajo tiene lugar por grados intermedios, el primero de los cuales es el mundo de los astros, origen del tiempo, en su eterno movimiento circular al que se ha de adaptar el decurso histórico.

La divinidad para PLATÓN

La Ideas para él son esencialmente unas formas distintas y separadas del mundo sensible, unas potencias del Bien, perfecciones sacadas de ese conjunto inagotable de ellas que constituye lo Perfecto, el Ser real, el Bien, Dios. Serían realidades antes que ser pensamientos, y lo serían desde la eternidad. Más adelante, los neoplatónicos desviarían algo estas teorías y harían de las Ideas los pensamientos de Dios.

Dice PLATÓN (*"Timeo"*):

El mundo es semejante a un Ser del que los otros seres, tomados individualmente y por géneros, fuesen partes, y que compendiase todos los seres inteligibles, como el mundo comprende a nosotros mismos y a todos los seres visibles. Exento de envidia, Dios quiso que todas las cosas fuesen en lo posible, semejantes a sí mismo. Y en otro lugar, semejantes a la Ideas, al Viviente inteligible. Lo que nos hace deducir la concordancia del Bien con Dios.

Al explicar la Creación implica tres especies de ser: lo que es producido -el mundo-, aquello en que es producido -la materia- y aquello de donde y a semejanza de lo cual es producido. Y en el "Banquete" explica que el amor tiene por padre el Bien, rico en Ideas, mientras que la madre es la materia, pobre en ellas.

LOS NEOPLATÓNICOS[54]

Las ideas de PITÁGORAS y PLATÓN resurgieron unos siglos más tarde en el mundo romano, cuando las concepciones racionales sobre el mundo no consiguieron colmar el vacío creado al abandonar las visiones religiosas, espiritualistas. Hacen crisis el Epicureísmo, el Escepticismo y el Estoicismo, y renace una nueva metafísica inspirada en los dos primeros grandes filósofos. Cobra adeptos la idea de que el mundo de la Naturaleza está guiado por fuerzas espirituales; se recuerda también la transmigración de las almas; aparece una visión dualista compuesta por Dios y la Materia, Bien y Mal, cubriendo el vacío intermedio con una cohorte demoníaca.

Pero, además, y es importante en el tema que se está tratando, se creyó en la posibilidad de actuar mágicamente sobre la

---

[54] M. WUNDT. "Plotinus". Leipzig. 1919.

Naturaleza, de influir sobre las fuerzas espirituales que la rigen a través de la fuerza de la misma esencia propia del hombre.

Al conocimiento por la percepción y las conclusiones razonadas de SÓCRATES se une el conseguido por la intuición y el sentimiento. La convicción de que el hombre está íntimamente relacionado a lo más profundo de las cosas que le rodean y con la Trascendencia.

En el año 20 a.C. nació en la gran Alejandría, emporio de civilización de aquel entonces, un judío llamado FILÓN que, imbuido de la filosofía griega y fiel creyente de su religión nacional, expresó una visión sincrética de la Biblia y del Pensamiento griego. Esto a pesar de la disparidad de las visiones del mundo de ambas fuentes, pero no hay que olvidar que la Civilización Occidental es hija de los mismos padres. Su concepción de la divinidad tiene tintes panteístas cuando afirma que las Ideas de Platón son las del Pensamiento de Dios, del Logos divino y, como tales, fuerzas que actúan en el Universo. Pretendió, incluso, que PLATÓN fue un seguidor de MOISÉS.

Los personajes de las Escrituras, aun siendo reales, son al tiempo símbolos de las ideas divinas, metáforas del Pensamiento de Dios. Así como las Ideas platónicas se concretizan en cada cosa, el mundo es la palabra escrita de Dios, parábola de lo trascendente, símbolo de la realidad oculta. Teniendo presente esta visión resulta más comprensible la introducción del Evangelio de S. Juan cuando habla del Logos de Dios que se hizo hombre en Cristo Jesús.

Pensaba también FILÓN que en el alma había un principio irracional que procedía de espíritus inferiores[55] que procedía de

---

[55] Es sorprendente lo actual que suena esta concepción. FILÓN ya entrevió lo fundamental de la Psicología profunda de nuestro tiempo, la enorme importancia del aspecto irracional de la personalidad, y que condiciona profundamente nuestra conducta

espíritus inferiores. Por lo que promovía la purificación con el fin de liberar el espíritu de la materia a través de sucesivas transformaciones; el orden vendría por la sabiduría, la *sophía*, y con la ayuda de los buenos espíritus -los ángeles de la Escritura-. Para ello recomendaba una vida ascética; sus seguidores posteriores llegaron a formar la secta hebraica de los Therapeutas.

....

En el año 204 nació en Egipto PLOTINO, que fue el compilador de la filosofía neoplatónica. Sus libros fueron publicados por su discípulo PORFIRIO, y conocidos como las Enéadas -debido a estar dispuestos en grupos de nueve-. Profundamente antimaterialista, para él lo verdaderamente existente y lo que actúa sobre las cosas es de naturaleza espiritual. Da forma y existencia a todo lo corporal. El alma es lo que da existencia al cuerpo. Las Ideas superiores eran su Trinidad: el Bien, la Inteligencia y el Alma.

Para el Neoplatonismo, pues, Dios es todo en todo, todo ser es al mismo tiempo divino. Mientras que para el criistianismo todo existe por Dios mediante su Voluntad; Dios no aparece en las cosas, se revela en ellas.

....

Por el año 500 aparecieron en Siria tres libros: *"De los nombres divinos"*, *"De la Jerarquía celeste"*, *"De la Jerarquía eclesiástica"*. Ejercieron una enorme influencia en la filosofía, la mística y la constitución social de la Edad Media. Por entonces fueron atribuidos a un tal "DIONISIO AEROPAGITA", convertido por S. PABLO; de aquí que se haya convenido en llamarle el PSEUDO DIONISIO.

En estos escritos se aprecia una gran influencia de PROCLO, y tratan de conciliar dos concepciones distintas sobre el origen del mundo: la creación del mismo por Dios y la producida por emanación al estilo neoplatónico. Dios crearía el mundo, pero se derramaría sobre él en forma de triadas, siendo la estructura del mundo como una imagen de la Trinidad. Lo terreno imitaría lo divino, y la estructura social a la de la jerarquía celeste. Quedaba, pues sancionada la división de la sociedad en clases: el clero, la aristocracia y el pueblo llano.   Y nada menos que por mandato divino.

EL GNOSTICISMO[56]

Este movimiento ya no supuso una lucha entre el Paganismo y el cristianismo, pues se presentó como una herejía dentro de este último. Era un conjunto de especulaciones teosóficas. Sus seguidores aspiraban a la ciencia perfecta, no basada en el razonamiento, sino en una antigua revelación conseguida a través de la tradición apostólica o por comunicación sobrenatural de carácter esotérico, y sólo conocida por los iniciados. Otra característica era la acusada tendencia al misticismo, predicando la interpretación libre de la Escritura.

El origen de los seres sería de carácter emanatista, siendo el universo una prolongación degradada de las propiedades divinas. Era, pues, claro su panteísmo. El problema del mal en el mundo lo resolvían mediante su dualismo. Dios, principio de lo bueno, está frente al mundo, no creado por él, sino por un Demiurgo, subordinado que rompió con su Creador. No se identificaba el Dios del Antiguo Testamento con el del Nuevo. Yahvé sería un dios cruel, asimilado al Demiurgo. El Dios del Nuevo Testamento sería el del Amor y el Redentor. De aquí deducían que el mal y las desgracias serían atribuidos al Demiurgo, pero no a la

---

[56] MENÉNDEZ Y PELAYO. "Historia de los Heterodoxos españoles". Cap. II.

culpa humana. La Redención salvaría al mundo, pero no de la culpa; la superación de ésta no estaría mediada por redención alguna, se alcanzaría por el conocimiento de la Verdad Oculta. Negaban la humanidad de Jesucristo, cuyo cuerpo no pasaría de ser un fantasma.

El mal estaría "hipostasiado" en cada hombre, en cuyo interior se desarrollaría la lucha cósmica entre el Bien y el Mal, entre la Luz y las Tinieblas; campo de batalla de este mundo y el trascendente. Para la gnosis de BASILIDES o VALENTIN lo que ocurre en el hombre es una sombra de la lucha supratemporal, una cosmogonía psicológica en que las fuerzas hipostasiadas (las emanadas de la Divinidad, los eones) libran una batalla cósmica. La victoria se conseguiría no con amor y humildad, sino con el conocimiento intuitivo (gnosis) de todos los misterios revelados por Cristo e interpretados por los iniciados; la presión de la luz vencería a las tinieblas. Se opone al cristianismo por su pretensión de la existencia de una autoredención a través del conocimiento intuitivo que es asimismo interpretación de las Escrituras y de las Leyes del Cosmos físico y psíquico.

En el campo de la moral hubo gnósticos que estimularon el ascetismo y la maceración de la carne para vencer la parte material del ser; tal fueron los seguidores de MARCIÓN DE SINOPE que, por su condenación radical del matrimonio, se agostaron a sí mismos. Otros, en cambio, pensaban que siendo todo puro para los que habían llegado a la gnosis, poco importaban los descarríos de la carne; tal los priscilianistas[57]. Por lo demás, sus doctrinas respiraban un fuerte sincretismo de múltiples creencias: cristianismo, estoicismo, epicureísmo, seguidores de Platón y de los dogmas egipcios, persas, judaicos e hindúes...

---

[57] PRISCILIANO fue español, obispo de Ávila, pero desarrolló su proselitismo principalmente en Galicia.

Los gnósticos distinguen dos tiempos en la creación: formación del mundo material e infusión del alma viviente. Pintan a Jesús lleno de defectos[58]. Había gnósticos que pensaban que estaba dotado de un cuerpo psíquico (el que fue sacrificado en la cruz), sometido al influjo de las pasiones. Mientras que otros le suponían revestido de un manto de semillas *pneumáticas*, primicias de aquéllos que iban a ser salvos por Él. Quienes suponían que el auténtico Salvador no descendió sobre Jesús hasta el momento del Bautismo y se separó de Él en el momento de la Pasión.

Es interesante también indicar que para el gnóstico el Alfabeto -como para el cabalista- tenía un significado simbólico. La "A" se consideraba la primera de las emanaciones sucesivas de Dios. Sirva como ejemplo el diálogo entre Jesús y Zaqueo en el Evangelio Apócrifo del Pseudo Tomás[59].

El gnosticismo sirio era una suma de doctrinas persas: la reforma mazdeísta modificada por el parsismo. En cuanto a las doctrinas gnósticas desarrolladas en Egipto, se intenta una simbiosis entre la religión de sus padres y el cristianismo. Su dios oculto es

---

[58]A. SANTOS OTERO. "Los Evangelios apócrifos". Biblioteca de autores cristianos.

[59] «Y le dijo todas las letras con gran esmero y claridad desde la Alfa hasta la Omega. Mas Jesús fijó su vista en el rabino Zaqueo y le dijo: "¿Cómo te atreves a explicar a los demás la Beta, si ignoras tú mismo la naturaleza de la Alfa? ¡Hipócrita!, explica primero la A, si la sabes, y luego te creeremos cuanto digas en relación con la B". Después comenzó a interrogar al maestro acerca de la primera letra, mas éste no pudo responderle.

Entonces dijo a Zaqueo en presencia de todos: "Escucha, maestro, la constitución de la primera letra y fíjate como tiene líneas y trazos medianos, a los que ves unidos transversalmente, conjuntos, elevados, divergentes. Los trazos que tiene la A son de tres signos: homogéneos, equilibrados y proporcionados"».

Ammón. Y las distintas deidades se distribuyen en Triadas y Tétradas. Para ellos el dios Neith es Enonoia -Logos-; conservaron a Horus y los símbolos Kumphis y Ptita, así como algunas leyendas de Hermes -identificado con su Christos-.

Fueron muchos los gnósticos. SIMÓN DE SAMARIA decía que la justificación procedía de la Gracia y no de las buenas obras. CERINTO negaba la divinidad de Cristo y colocaba el Juicio Final en el milenario.

Para BASÍLIDES (s. II d.C.) los 7 atributos del Padre Ignoto serían: el entendimiento, el verbo, la prudencia, el buen juicio, la sabiduría, la fuerza y la justicia. A esta primera serie o corona añade otra y otra hasta completar 365 inteligencias -el Abracas-. Posteriormente la representación material de dicho Abracas se convertiría en un amuleto.

El mundo visible es lugar de expiación y pelea. El Pneuma, emanación de la luz divina, peregrina por los diversos grados de la existencia hylica (material), dirigida por las celestes inteligencias, hasta purificarse del todo y volver al foco de donde ha procedido. Pero no sería posible si el Padre no hubiera revelado al mundo su primera emanación, el Nous, que se unió al hombre Jesús al ser bautizado por el Precursor (S. Juan Bautista, para BASÍLIDES el último profeta del Demiurgo).   VALENTÍN (año 136) también se explaya a gusto en sus ideas emanantistas. En lo alto está el Padre y la Inteligencia de Él emanada. De ambos surgirá el Entendimiento y la Verdad, los cuales darían lugar al segundo Logos y a Zoe -el Verbo y la Vida-, y de éstos surgirían Anthropos y Ecclesia -el hombre y la Iglesia-. Así quedaría constituida la Ogdoada o 1ª Generación. La 2ª Generación es la Década. La 3ª la Dodécada, en la que está incluida la "Sophía".

La *Sophía* -Sabiduría-, intensamente atraída por llegar a conocer el Abismo, vaga descarriada por el espacio, separada de su primigenia excelencia. Durante ese camino de extravío produjo un eón inferior, Sophía Axamoth, que clamaba tristemente al verse separada del Pleroma -la Plenitud del Ser y a un tiempo el conjunto de las Personas divinas-; y preguntaba a su madre: "¿por qué me has creado?". Este eón daría lugar a otros eones (el Alma del Mundo, el Demiurgo, etc). Sophía sólo se redimiría al acordarse de ella el Padre y enviarle a Horus en su busca.

EL MANIQUEÍSMO

Las sectas maniqueas, contemporáneas del gnosticismo, suponían la existencia de dos entes eternos: Dios, príncipe del Espíritu, y Satanás, príncipe de la Materia. Éste, distinto del Ángel caído, sería el genio de la Materia, e incluso se identificaría con ella misma.

La Historia sería la lucha permanente de los atributos -eones- de Dios con los de Satanás, desarrollada en el interior del hombre.

Para los maniqueos la serie de emanaciones a partir de Dios serían de forma sucesiva: La madre de la vida.......... el primer hombre... el Alma del mundo. De esta última brotarían por un lado el ánima de la materia, que la fecunda y produce la creación; por otro lado la parte restante -el Redentor, el Christos-, que torna a las celestes regiones.

PRISCILIANO

PRISCILIANO (siglo IV) fue seguidor de los Evangelios Apócrifos, partidario de la libre interpretación de las Escrituras. Antitrinitario. Habla de la Materia Universal, contemporánea de Dios, y con la que se modelaron las almas. El mal en el mundo es consecuencia de algo ajeno al hombre (¿rebeldía de los ángeles caídos?). Para él la Demonología es muy extensa. La creación es obra del demonio. Su ideología es esencialmente gnóstica, expresada en sus escritos como el "Himno a Jesucristo"[60] y en su predicación: la caída y la ascensión del alma, el dualismo cósmico, el significado críptico de la Biblia que harán suyo los cabalistas, la revelación restringida a los iniciados. Profesaba un fatalismo sideral (influjo de las estrellas) y un esencial pesimismo. Negaba la resurrección de los cuerpos. También se encuentran en él elementos mágicos y astrológicos. Aceptó como cierta la transmigración de las almas -la metempsícosis- e incluso la invocación a los muertos -nigromancia- fue practicada por él. Consagraba con uva y leche. En resumen, un verdadero batiburrillo sincrético apoyado en una personalidad extraordinaria.

EL SUFISMO[61]

Éstas ideas gnósticas, sincretistas, rebrotaron de nuevo en la España muslim. En el siglo IX ya surgieron profetas que recorrían

---

[60] "Quiero desatar y quiero ser desatado.
Quiero salvar y quiero ser salvado.
Quiero cantar: cantad todos.
Quiero llorar: golpead vuestros pechos.
Quiero adornar y quiero ser adornado.
Soy lámpara para tí, que me ves.
Soy puerta para tí, que llamas a ella.
Tú ves lo que hago. No lo menciones.
La palabra engañó a todos, pero yo no fui
completamente engañado."

[61] SÁNCHEZ DRAGÓ, F. "Gargoris y Habidis", trabajo III, pg. 66, 67.
URBANO R. "Mohidin y Raimundo Lulio", en Sofía. 1905.
ASÍN PALACIOS, M. "El Islam cristianizado". Estudio del sufismo a través de las obras de Abenarabi de Murcia. Madrid. 1931.
SHAH, IDRIES. "The way of de Sufi". Londres. 1968.
ASÍN PALACIOS, M. "Abenmasarra y su escuela". Madrid. 1914.
WATT, MONTGOMERY. "Historia de la España musulmana". Madrid. 1970.

los campos semidesérticos del Levante llevando una doctrina heterodoxa de amor a la Naturaleza. Y el cordobés MOSLEMA BENACALSIM (siglo X) visitó todos los centros esotéricos del Próximo Oriente; más adelante, quedó ciego, aunque inundado de una luz interior y, al regresar a España, se dedicó a la enseñanza. De él partieron sucesivas generaciones de ascetas que dieron lugar al nacimiento del Sufismo.

Nos dice FERID EL DIN ATTAR en su *"Libro de los Consejos"* que el Islam español se llenó de ascetas peregrinos que surcaban sus campos; "hombres y mujeres se lanzaban al camino para predicar y enseñar desde él sus verdades místicas". De muchos desconocemos el nombre, otros se llamaban SAD EL JAIR en Valencia; en la aljama almeriense se oyó a ABDERRAMÁN DE PERA; en Orihuela a ABEN ZOOCA; en Murcia a ABEN SABIN y ABEN LLUD; ABEN HASSAN se llamaba el que escribió el famoso *"Sir al-asrar"* -Secretum Secretorum-, en Sevilla predicaba ABUD HABAS, maestro de MOHIDIN ABENARAMI...Y el gran ABEN MASARRA del que después hablaré.

El sufismo es la desviación heterodoxa, esotérica, del islam, propagado por los derviches que se sentían herederos de Pitágoras, Platón y Trimegisto. A través de ritos orgiásticos, dice MIGUEL ASÍN, fuerzan la aparición del éxtasis. Del egipcio DHUNNUN (siglo IX) se suponen estas palabras: «Sufí es aquél cuyo lenguaje coincide con su conducta. Sufí es quien manifiesta el silencio y renuncia a todos los lazos con el mundo».

En el siglo XII escribía MOHIDIN ABENARABI, sufí murciano, panteísta:

> Tres formas asumen el conocimiento. La primera es
> sólo información y acopio de hechos con objeto de

CILVETTI, A.L. "Introducción a la mística española". Madrid. 1974.

alcanzar mediante ellos los niveles hiperbóreos de la Inteligencia. La segunda estriba en comprender tanto las emociones como ciertos estados de ánimo a través de los cuales el hombre percibe conscientemente algo sublime que todavía no sabe aprovechar. La tercera se llama Conocimiento de la Realidad; es el último estadio. En él los mortales aciertan a separar lo verdadero de lo falso, a distinguir lo justo de lo injusto, y a traspasar con la mirada los límites del pensamiento y de los sentidos. Científicos y estudiosos se encierran en la fase inicial del conocimiento: es la vida intelectual. Los aficionados a emociones y a la acumulación de experiencias se sirven de la segunda etapa: es la vida sentimental. Un tercer grupo de personas recurre contemporánea o alternativamente a los dos instrumentos citados. Sólo el verdadero sufí alcanza el estadio superior.

Como los gnósticos, eran panteístas, y la Realidad divina descendía por escaños sucesivos hasta el mundo. Y el fin del hombre era volver a su origen, desencarnándose, separándose del mundo para acudir a la luz divina.

Para MIGUEL ASÍN, los sufistas fueron directos imitadores del monacato cristiano. Tras la conquista del norte africano por el islam, entraron en contacto con los ascetas coptos. Imbuidos de su ejemplaridad, y bajo las influencias de las ideas neoplatónicas y gnósticas, llevaron su misticismo a los herederos de BASÍLIDES y PRISCILIANO. No en balde se ha comparado al sufí con el místico cristiano. Además, los sufíes, como practicantes de un señalado sincretismo religioso, eran muchos de ellos seguidores de la doctrina de Jesucristo; incluso una rama de ellos, los Isavíes, deben su nombre al del Nazareno -Isa en muslim-. Serán de estas corrientes subterráneas del pensamiento medieval de donde

81

surgirán múltiples herederos: órdenes de caballería, la herejía del adopcionismo, las leyendas sobre el Grial, las de la Dama Negra, etc.

En tiempos de Abderramán III surgió en Córdoba un filósofo que dejó marcada huella, ABEN MASARRA. Precoz en sus enseñanzas, y quizá por ello molestado por sus paisanos, a los 17 años encontró en el exilio campo para su busca de la Verdad. Recorrió centros esotéricos del Oriente Medio y volvió desconocido a su Córdoba. Silencioso, apartado de todo, no dejó nada escrito, pero sí una pléyade de discípulos. Cuenta CILVETTI que la escuela de Ibn Masarra se mantuvo más de un siglo y, cuando fue perseguida por Almanzor, desde finales del siglo X, conservó su unidad en torno a un jefe religioso. Al fin degeneró en el cisma de Ismail de Pechina (Almería), precipitándose hacia un anarquismo comunista y libertario en lo político, económico y moral. Fue en Almería donde tuvo lugar el único grito de protesta contra los alfaquíes ortodoxos por la excomunión y el posterior auto de fe de los libros de ALGAZEL, anatemizados como obras impías y entregados a las llamas (ASÍN).

La doctrina de MASARRA, de un claro sincretismo, tuvo un ilustre sucesor en el murciano MOHIDIN ABENRABI. Éste sí dejó obra escrita, nada menos que 400 títulos, dos de ellos, el *Fotuhat* y el *Foseis*, se siguen editando en los países árabes (recientemente también en su patria natal, Murcia), siendo actual fuente de inspiración religiosa junto con el *"Diván"* del también español BENALFARID y *"Las disquisiciones"* de ALGAZEL. Durante una grave enfermedad entró en éxtasis y conoció la verdadera realidad en contraste con la irrealidad a la todos llaman mundo real. Tuvo numerosas visiones. Viajó a la Meca, terminando sus días en Damasco donde vertió los últimos frutos de la su sabiduría, ese saber oculto que desde siglos va y viene de Oriente a España como en un círculo. Al conocer a los sufíes orientales no pudo reprimir su desprecio hacia su forma de actuar, «sólo en los bienes de aquí abajo encuentran su deleite: en el fondo de sus corazones tienen el mundo por tan gran cosa que no creen que haya sobre él nada digno de ser buscado» (*"Epístola de la Santidad"*). Sin embargo, en los sufíes de Al-Andalus había exaltado fervor, desdén por el mundo, espíritu de pobreza, sinceridad de conducta, confianza en la bondad divina, sentimiento de hermandad, sencillez. Los escolásticos llamarían a MOHIDIN el Doctor Maximus.

....

Cuando esta tradición esotérica, gnóstica y mística llegó al mundo occidental ya avanzada su Edad Media produjo dos frutos heterodoxos. Uno en el pueblo judío, La Cábala. Otro en las sociedades cristianas, La Alquimia. Pero retomemos el hilo de lo que fue mi pensamiento hace años...

Después de haber estudiado todas las formas de pensamiento que resumidamente he expuesto anteriormente, me acordé de un libro que hacía tiempo había leído. Se trataba de la obra *"Fausto"* de GOETHE. En la primera lectura apenas pude entender nada de su segunda parte. En la segunda lectura, detenida, pensé en hincarle el diente, descubrir su clave oculta, ya que, en efecto, era una obra para iniciados. Por entonces no sabía que era posiblemente la mejor obra alquímica escrita, aunque yo estaba ignorante de ello. Hice un pequeño estudio sobre la misma que luego reseñaré.

Mucho más adelante me sentí atraído por la belleza de otra obra maravillosa, *"El Cantar de los Cantares"* del Antiguo Testamento. Tampoco sabía la implicación alquímica de este misterioso escrito. Escribí unos comentarios sobre el mismo que pasaré a transcribir primero ya que es la obra más antigua. Después me ocuparé de Fausto.

<h1 style="text-align:center">CAPÍTULO IV</h1>

El "Cantar de los Cantares"

"¡Levántate ya, amada mía, hermosa mía, y ven! Que ya se ha pasado el invierno y han cesado las lluvias. Ya se muestran en la tierra los brotes floridos, ya ha llegado el tiempo de la poda y se deja oír en nuestra tierra el arrullo de la tórtola. Ya ha echado la higuera sus brotes, ya las viñas en flor esparcen su aroma. ¡Levántate, amada mía, hermosa mía, y ven!"

Cuando, en un ambiente relajado, leemos detenidamente el más hermoso libro del Antiguo Testamento, el *"Cantar de los Cantares"*, quedamos sobrecogidos por la mezcla de belleza y misterio. Nos conmueve la delicada forma de expresión, el sublime amor que subyace en todo el Cantar. Pero nos impresiona sobre todo por un "no se sabe qué". En él nada es lo que parece. Ni el Esposo es tal, ni el sentido de la Esposa le cede en esoterismo. Emplean un lenguaje pastoril, mientras semejan ser reyes. Muestran una atracción extraña, donde a los supremos deliquios de amor sigue una especie de huida del Esposo, siempre seguido y buscado por la Esposa.

Atribuido a Salomón, fue escrito cientos de años después. Pero utiliza el recuerdo idealizado de un rey sabio, que tiene por primera esposa amante a la hija de un faraón, al tiempo que subyuga a un personaje simbólico, a la reina de Saba.

Aceptar la literalidad del Cantar es como pretender explicar la alquimia con las ideas cartesianas. El Cantar no se explica, se siente, conmueve, y es para cada cual una fuente de inspiración, que da el agua que cada uno necesita. Como todas las obras geniales, dice más que lo que quiere decir.

Quizá fue S. Juan de la Cruz quien más sintió la veta mística del poema bíblico. E indica que la Esposa es el Alma en busca de Dios. Pero cuando se lee el *"Cántico Espiritual"*, cuando nos deleitamos en la Noche Oscura de la *"Subida al Monte Carmelo"*, vemos que S. Juan dice mucho más en sus versos que en sus comentarios explicativos. La belleza del "Cantar de los Cantares" o del "Cántico Espiritual" se gusta sin explicación, es un placer que conmueve, aunque apenas se entiende, porque el pozo del que surgen las palabras está en lo más íntimo de nuestra Historia olvidada.

Pero el estar apoyado el Cantar bíblico, como referencia, en una época heroica de la historia de Israel, tal vez profundizando en ésta podamos vislumbrar parte de los secretos ocultos en este maravilloso poema de amor.

....

Corría el primer milenio a. C. cuando Salomón, gracias a las intrigas de su madre Betsabé, había podido suceder a su padre David. No habían sido los tiempos de éste ricos en justicia y paz, sino en lucha, temor y crueldad. Rey de un pequeño pueblo recién llegado de los desiertos del Sinaí, portador con él de su Dios Jehová. No dios de un lugar sino de un pueblo; celoso de la adoración de sus fieles y protector sin trabas de los intereses del pueblo israelita. Ensanchó éste su dominio por medio de crueles guerras contra pueblos matriarcales. Su dios celeste, manifestado por el rayo y el trueno en las alturas del Sinaí, se enfrentó a los antiguos cultos matriarcales de las Astarté, Isis o Isthar.

La lucha de pueblos y credos fue terrible. Los edomitas varones fueron todos exterminados por Joab, el lugarteniente del rey David. Y cuando fue sometido el pueblo de Ammón, al otro lado del Jordán, el carro real tirado por briosos corceles y con cuchillas en las ruedas se paseó al galope sobre los prisioneros amontonados. La fidelidad de David a Jehová le incitó, pues, a la guerra, al exterminio y a la no mezcla con las poblaciones cananeas; sólo los filisteos, los que habitaban lo que hoy se llama franja de Gaza, mantuvieron con Israel una relación de competencia y equilibrio; incluso David admiró su arte de la guerra y se valió de algunos de ellos como mercenarios; vale la pena recordar que el pueblo filisteo (phylisteus) fue el que dio nombre a la tierra de Palestina.

El culto matriarcal tenía profundas raíces en el extremo oriental del Mediterráneo. Ya en Jericó, 8000 a.C., existía la civilización agrícola, creadora del respeto a la naturaleza, del culto a la diosa Madre Tierra, fecundada por el esperma de los Cielos. Unión que permitía el renacimiento de las plantas al descomponerse las semillas. ¿Por qué el hombre, al morir y ser de nuevo arropado por su madre, no podía renacer a una vida nueva?

Es un simbolismo que recorre toda la literatura sagrada: Jesús indica que el hombre había de volver al vientre de su madre para llegar a ser renovado. El culto a las cavernas, úteros de la Madre Tierra. También Abel, representando con su muerte a la civilización agraria que se eclipsaba por la naciente edad técnica de los metales, fue enterrado bajo el surco.

Cada actividad agraria era una hierofanía, el agricultor un sacerdote que ofrecía sacrificios. El hombre estaba plenamente integrado en la naturaleza. La fecundidad de la tierra guardaba estrecha relación con la fecundidad humana. La unión de los cuerpos sobre los campos de cultivo era una garantía de la rica cosecha. Ningún fruto era dable conseguir sin sacrificio; la sangre humana, los holocaustos animales, eran el precio a pagar por la

87

fecundidad. Y las relaciones sexuales de las sacerdotisas de los templos matriarcales tenían la misma finalidad.

La vida de la sociedad matriarcal era una eterna vuelta a los principios, como la rueda del tiempo atmosférico; su mentalidad respondía al mito del Eterno Retorno. Y las celebraciones del Año Nuevo, con sus célebres orgías, no eran sino una inmersión en la totalidad de la naturaleza, perder la individualidad y renacer con fuerzas nuevas.

David era el prototipo de un pueblo que tenía por protector a un dios celestial, que se hacía ver entre el rayo y la tormenta, cuyas apariciones preferidas tenían lugar en las cumbres de las montañas. Israel era un pueblo que tenía el privilegio de tener un dios propio de sí, no de un lugar. Nómadas desde hacía muchos siglos, desde que Abraham dejó la ciudad de Ur, cabe el Éufrates, llevaron consigo sus dioses lares que, con el tiempo, se transformarían, en ese progreso de su visión religiosa, en el dios supremo Yahvé, aunque no el Dios único. Dios celoso de su poder y de la adoración de su pueblo, fiel cumplidor de los compromisos.

Siendo dios de un pueblo nómada, no podía lógicamente tener templo alguno. El Arca que contenía las Tablas de Moisés iba llevada con el pueblo y habitaba bajo sus tiendas en el desierto.

Cuando Saúl llegó a Canaán el conflicto estaba servido. Había que convivir con pueblos -Edom, Moab, Filistea...- con una visión del mundo y de la Divinidad completamente distinta. Pero, además, Israel no iba de paso; estaba decidido a quedarse en la Tierra Prometida, es decir, se iba a convertir en sedentario. Y aquí nació un nuevo conflicto, éste dentro del mismo pueblo invasor. El sedentarismo, el cultivo de la tierra, no podían encajar en sus estructuras mentales, un auténtico problema del inconsciente colectivo.

El pueblo de Israel siempre estuvo tentado por el culto matriarcal personificado especialmente por la diosa Astarté; y lo aceptó individualmente en muchas ocasiones. Los profetas se encargarían posteriormente de prevenir a sus gentes contra la contaminación, siendo los auténticos inspiradores de un progreso religioso extraordinario. Que llevaría a Yahvé de ser un dios entre tantos, cruel y justiciero, al Yahvé como Dios único de todos los pueblos, revelado especialmente al pueblo elegido, misericordioso antes que justo.

Pero eso ocurrió mucho después. Mil años a.C., Salomón se enfrentó, al dirigir a unas gentes todavía primitivas, a los dos problemas: la convivencia con los otros pueblos de Palestina y al drama íntimo de su propio pueblo; probablemente también a su íntimo drama personal. Y entonces ocurre algo inesperado, un reinado pacífico que duraría unos cuarenta años, algo que en principio parece inexplicable tras los años de continuas luchas de los reinados de Saúl y David.

Además, se construye el Templo. Yahvé tiene por fin casa propia. Su lugar de asiento, Jerusalén, se convierte por consiguiente en ciudad sagrada. Y, a partir de entonces, toda la vida de Israel girará alrededor del lugar santo; tras la primera destrucción, el mayor anhelo de los desterrados fue el volver para reconstruirlo. El Arca, hasta entonces nómada, quedaría enterrada bajo el altar de los sacrificios, sólo accesible para el sumo sacerdote; ya no fue vista más por el pueblo.

Se ha indicado (RENAN) que los pueblos no judíos fueron esclavizados por Salomón, de los que se extraían sucesivas levas para la construcción del Templo. Quizá, pero es raro que los pueblos oprimidos no se hubieran rebelado en un espacio de tiempo tan largo. Más bien hay que pensar que hubo una especie de convivencia de múltiples credos religiosos, una mutua tolerancia. No es seguro que la madre de Salomón, Betsabé, fuera israelita y mucho menos una fundamentalista. Su influencia sobre David y su habilidad para las intrigas palaciegas hacen pensar que la influencia que ejerció sobre su hijo, confirmada por el trato reverente que éste la profesaba, contribuyó al desarrollo de una época de estabilidad.

El harén de Salomón, según cuenta la Biblia (I Reyes, 11), era enorme: setecientas mujeres de sangre real y trescientas concubinas. Sus numerosas esposas extranjeras influyeron de algún modo en su aceptación de cultos extraños junto al de Yahvé. Se puede leer en el Libro I de los Reyes (11,5): "y se fue Salomón tras Astarté, diosa de los sidonios, y tras de Milcom, abominación de los amonitas; construyó cerca de Jerusalén templos en los que se adoraba a distintos dioses".

También en el Templo de Yahvé se celebraron ceremonias orgiásticas en honor a la diosa Anat. En el templo de Hierápolis -con estructura y mobiliario parecidos al de Salomón- se celebraba anualmente una orgía entre fieles varones y los sacerdotes del perro, vestidos con ropas femeninas; muchachas solteras actuaban como prostitutas del templo. Pues bien, de la realidad de estas prácticas en Israel hablan las prohibiciones de Deuteronomio XXII,5: «No llevará la mujer vestidos de hombre, ni el hombre vestidos de mujer, porque el que tal hace es abominación a Yahvé, tu dios»; y en XXIII, 17,18: «Que no haya prostitutas de entre las hijas de Israel, ni prostitutos de entre los hijos de Israel. No lleves a la casa de Yahvé ni la merced de una ramera ni el precio de un perro (sacerdote del perro) para cumplir un voto...».

En II Reyes XXIII, refiriéndose a los hechos de Josías, rey de Judá, se dice:

> El rey mandó...que sacaran del Templo de Yahvé todos los enseres que habían sido hechos para Baal, para Asera (diosa Anat) ... y los quemó fuera de Jerusalén...Expulsó a los sacerdotes de los ídolos...Sacó la Asera fuera de la casa de Yahvé...y la quemó...Derribó los lugares de prostitución idolátrica del Templo de Yahvé...Profanó el rey los altos que había al oriente de Jerusalén, al mediodía del

monte de los Olivos, que Salomón, rey de Israel, había erigido a Astarté..., a Camos...y a Milcom.

Y se pueden dar más citas. Salomón introdujo el culto de Moloc y Kemas, a los que se sacrificaban niños en el valle de Tofar (Gehena) -II Reyes XIII, 10; Miqueas VI, 7; Jeremías (VII, 31; XIX, 5,6; XXXII, 35); Ezquiel (XVI,20; XX,26); Deuteronomio XXII,31; Levítico (XVIII,21; XXII, 2ss); Éxodo XXXIV,20-. La superación de esta práctica queda escenificada en el relato del sacrificio de Isaac por Abraham.

Todo parece indicar que Salomón adoptó simultáneamente todos los cultos, sedentarizó a Yahvé al construirle un templo; construcción, como ya se ha indicado, ajena a la tradición. Para llevar a cabo su empresa recurrió al vecino rey de Tiro, adorador de la diosa Madre, Éste le envió la madera de cedro del Líbano y, expresamente lo indica la Biblia, a Hiram, el forjador, el herrero, para vestir de utensilios al Templo.

Pero la figura del herrero ya llega acompañada por un fuerte simbolismo ligado a la Madre Tierra. La primera relación que el hombre tuvo con el hierro fue con el de origen meteórico, por lo que se le llamó también la piedra del Cielo (*siderus*). Por eso las hachas de doble hoja simbolizaban al rayo y al dios celeste. Más adelante aprendió a extraer los metales a partir de los minerales. Eran considerados componentes -hijos- de la Tierra. La obra de fundición, mediante la cual el herrero extraía el metal, era considerada como un embarazo acelerado. El mineral sería similar a un feto en el seno de la Madre Tierra que maduraba de forma lentísima. El herrero, convertido en hierofante, conocedor de los saberes esotéricos, efectuaba la actividad sagrada de la fundición y purificación del metal.

Su prestigio era grande. Tenía su traducción en el Olimpo, en

91

el dios herrero Hefesto, el mismo que ató con cadenas a Prometeo a una roca del Cáucaso. Era respetado, temido y, en ocasiones, perseguido. Su actividad entraba en el entramado cultural de la Diosa Madre. Fue el precursor de las prácticas alquímicas posteriores. Éstas tuvieron mucho del simbolismo y secretismo que rodeó siempre la actividad del herrero primitivo; y, como él, desarrolló su actividad en soledad. La participación tan destacada de Hiram en la construcción del Templo habla en favor del sincretismo religioso que tuvo lugar en tiempos de Salomón. A su entrada hizo construir dos columnas, Jakim y Boaz, que simbolizaban los dos principios creadores, el Celeste y el Terráqueo.

Hay otros relatos que unen a Salomón con la sociedad matriarcal. Uno es el de la recepción prestada a la reina de Saba, que quedaría deslumbrada ante su sabiduría. Existen relatos midráticos indicando que la reina de Saba era una encarnación de Lilit, forma satanizada de la Diosa Madre. Sus largos vestidos ocultaban los pies, dispuestos en forma de hoja de trébol -pata de pato- distingo del demonio; un ardid de Salomón, al conducirla a una habitación con suelo de espejos permitió que la reina, al confundir el cristal con agua, levantara las faldas y descubriera los pies.

La fama de sabio del rey se extendió por todo el mundo conocido y perduró por siglos. El Corán (II,60; VI,84; XXI, 78-82; XXVII, 17-28; XXXIV, 11,13; XXXVIII, 29,38) se hace eco de su saber y de sus poderes mágicos. Sus buenas relaciones diplomáticas con el pueblo fenicio, con el hitita, con los filisteos y con el mismo Egipto hace suponer que, con la excusa de la construcción del Templo y de la residencia real, se reunieran sabios de todo el mundo conocido. Auxiliado por los fenicios, creó una flota que llegó a las tierras de Ofir (la India), de la que traerían no sólo mercancías sino también conocimientos. Y parece igualmente que comerció con Tarsis (el sur de la Península Ibérica), trayendo productos de sus minas (Tarsos alcanzó un importante nivel cultural; cuenta Estrabón que tenía sus leyes escritas en 5000 versos).

Es, pues, probable, que alrededor de Salomón se formara algo parecido a lo que posteriormente pasara con la Biblioteca de Alejandría: una extraordinaria reunión de sabios y sacerdotes de todos los saberes y cultos. De aquí nacería un cuerpo de iniciados que transmitirían sus saberes ocultos y darían unos frutos tan hermosos como inexplicables: el Faro de Alejandría, las catedrales góticas, los estudios alquímicos, la Cábala...

Y volviendo ahora de nuevo al Cantar de los Cantares, a ese canto de amor que habla al inconsciente y permite experiencias distintas a cada lector. El Esposo es un rey, y bien puede representar al mismo Dios. La Esposa ha sido interpretada como la personificación de la Iglesia; para S. Juan de la Cruz es el Alma anhelante de unión con Dios.

Pero también puede ser la personificación de la Diosa Madre en busca de un reencuentro del cielo y la Tierra, de la Unidad última de los dos cultos, ya soñada en los tiempos de Salomón. Igualmente, el Cantar podría ser la premonición de los desposorios de la Virgen madre María con Dios, de esa unión de Dios con la más hermosa representación de la Creación, esa "diosa" madre que acepta con humildad la oferta del Ángel Gabriel. De la que nacerá el Fruto que aunará bajo su Amor, justificados, a todos los hombres, de todas las creencias. De esta manera continuarán siempre unidas las dos grandes tradiciones religiosas que han acompañado siempre a la Humanidad, la matriarcal y la patriarcal; y, por fin, la mano tendida por la Tierra fecunda alcanzará al Cielo.

. . . .

Así terminé mis consideraciones sobre el Cantar de los Cantares. Pero unos años después me di cuenta de un aspecto apenas entrevisto en la interpretación que he expuesto. El libro era a su manera un tratado de Alquimia, quizá el más importante libro de Alquimia de la Antigüedad. Es pronto, a este nivel de la

obra que estoy escribiendo, comprender todos los aspectos simbólicos; más adelante, al exponer todo el simbolismo alquímico,
será más comprensible. Pero se pueden adelantar algunos comentarios introductorios que pueden servir como preámbulo.

Destaca de forma palmaria el esoterismo del Cantar, característica común a todos los escritos y prácticas alquímicas. Nada
es lo que parece: hay unas bodas que no lo son, siete encuentros
que indican por su número la complitud, la perfección que lleva
implícita el signo 7; el rey y la reina no son tales, y las expresiones
de tan alto carácter erótico no representan a ningún amor físico.

Desde la más remota antigüedad conocida, el saber no se
consideró nunca para que lo poseyeran las masas; fue siempre
cosa de iniciados, de personas escogidas a las que se les daba una
dura formación y que estaban comprometidos al secreto. Conocimiento y religión fueron coincidentes durante muchos siglos,
por lo que la obligatoriedad del secreto era sagrada, mandato divino. Ejemplo de ello es lo poco que sabemos de los Misterios de
Eleusis, especie de ejercicios espirituales de la antigua Grecia en
honor de Démeter, que suponían una verdadera iniciación mística. O la ciencia egipcia, sólo reservada a la casta sacerdotal, que
fue la auténtica poseedora del poder en la tierra de los faraones.
El hecho de que se tuviera una clara conciencia del poder que
suponía el saber, hizo aconsejable que los poseedores del mismo
tuvieran una preparación moral especialísima, con el fin de que
usaran del poder con prudencia.

Desde siempre hasta muy recientemente ha habido dos culturas que han vivido yuxtapuestas. La cultura exotérica, la manifestada, la conocida por la mayoría; a nivel religioso, la exégesis
oficial de los libros sagrados, sea la Biblia o el Corán. Y junto a ella
la cultura esotérica, la transmitida sólo por los iniciados, cuyos
escritos están siempre dispuestos en clave oculta, traducible sólo
por los elegidos, su lengua es la gótica. Se escribe en letras o en

figuras: así es dable observar a las catedrales góticas que son libros abiertos que expresan en figuras todos los arcanos de la Alquimia. Es la cultura que construyó las pirámides, el Templo de Salomón, el Faro de Alejandría y las catedrales. La que inspiró la filosofía de PITÁGORAS y la teoría de las Ideas de PLATÓN. La asumida por todos los filósofos gnósticos y neoplatónicos. La que inspiró a la Alquimia. La que dio nacimiento a la Cábala, interpretación secreta de los textos bíblicos que buscaba el mensaje oculto de Dios y el conocer su verdadero nombre. La que heredaron los Templarios y, después, los Masones.

Otro símbolo que heredará la Alquimia como fundamental es el del Rey y la Reina. Su intrincado significado ha podido ser esclarecido de forma satisfactoria por el moderno psicoanálisis. En realidad, son la misma persona y representan dos aspectos de la personalidad humana. Indican la duplicidad masculino-femenina de nuestro psiquismo, lo que JUNG llamó el animus/a. La perfección se alcanza en el feliz desposorio (adecuada integración) de esas dos partes opuestas que, a pesar de ello, forman un único ser. Esas "relaciones" alcanzarán, al desarrollarse plenamente el pensamiento alquímico, una enorme complejidad, en la que "la muerte" de los reyes es condición imprescindible para alcanzar la perfección. En este punto el Cantar revela un primitivismo en el desarrollo de esta forma de pensamiento y de comprensión del desarrollo personal; en él la historia acaba en la boda, en la Alquimia posterior será la primera estancia del camino. Tampoco en la obra que estoy comentando aparece todavía otro componente esencial de la Alquimia, y es la referencia metafórica de los problemas anímicos que ésta traduce en las transformaciones del mineral trabajado en el laboratorio del alquimista. Cada modificación que la materia sufrirá en la retorta traducirá una realidad psíquica del que con amor trabaja con ella.

Los símbolos siete y boda suponen perfección, acabamiento, situación perfecta, sublimación. En sentido psicológico, perfección personal, integración armónica de todos los componentes de nuestro ser. El siete era el número de los planetas conocidos en la antigua Babilonia, la ciudad de los Magos, los conocedores de las estrellas. Los zigurats de Mesopotamia eran torres de siete pisos, cada uno pintado de un color, representando a cada uno de los planetas; en el último, dedicado al sol, se situaba el observatorio astronómico. Era lógico que los días de la Creación, incluido el de descanso, fueran siete. Por ello también los días de la semana recuerdan los días de la Creación de forma indefinida, como una expresión más del mito del Eterno Retorno propio de la civilización agrícola. Y nuestra TERESA DE JESÚS recurrirá a la metáfora de los siete Moradas del alma al mostrarnos el camino de la perfección.

Y en cuanto a la boda es asimismo utilizada simbólicamente en la tradición de los místicos, como indicativo de la unión del alma con Dios, de la Virgen madre esposada con este mismo Dios. Siempre indicando meta de perfección.

Finalmente se puede hacer notar también el erotismo del Cantar. Por un lado, es una constante de casi toda la literatura mística y en las doctrinas esotéricas. Pretenden expresar de una forma muy gráfica, mediante imágenes plásticas, una realidad muy distinta, la propia interior, la que surge de las experiencias nacidas de la inmersión en el propio subconsciente y las que vienen referidas a la relación del hombre con la Trascendencia, con Dios. En la Antigüedad la relación dioses-hombres se representaban muchas veces como relaciones eróticas: son archiconocidas las aventuras amorosas en los mitos griegos del dios supremo Zeus con mujeres humanas (por ej., el rapto de Europa). O la proliferación de imágenes eróticas en la imaginería hindú.

Paso ahora a comentar otra gran obra alquímica, escrita también en clave esotérica, que completa la preparación antes de enfrentarse a la difícil, y casi incomprensible simbología alquímica.

CAPÍTULO V

El viaje de Fausto

"Es un loco, cuyo frenesí le arrastra muy ejos, sin que la conciencia ilumine más que muy débilmente su pensamiento. Exige al Cielo sus más hermosas estrellas y a la Tierra sus mayores goces. No hay nada que baste a satisfacerle, y sufre constantemente su agitado corazón."

(FAUSTO, de Goethe. Prólogo en el Cielo.
Diálogo de Dios con Mefistófeles).

En las palabras anteescritas ¿no nos vemos retratados cada uno de nosotros? ¿Acaso no es una característica básica del hombre la inquietud y la insatisfacción?

Inquietos porque no estamos, sino que somos.

Insatisfechos porque no nos bastamos, por incompletos.

Constituimos permanentemente un suceso en un proceso. Un acto en una aventura. Vivir la vida es hacerse y hacerla, por lo que la quietud es fruta prohibida. El ser no es el "estar", sino el "hacer". La vida es inquietud porque es acto, y se la juzga por sus obras.

Pero cada obra, cada instante de nuestro vivir, nos coloca en un grado de creación siempre incompleto, situándonos en la postura del caminante que no vislumbra nunca el final de su camino.

Y razón tiene Mefistófeles, por desgracia, al decir que nuestro frenesí nos arrastra muy lejos, sin que la conciencia ilumine suficientemente el pensamiento. El genio de GOETHE vislumbró la importancia del mundo inconsciente mucho antes que FREUD. Asombra el comprobar que ignoramos gran parte de nuestras motivaciones; que, inevitablemente, somos más inconscientes que responsables. Toda la obra "FAUSTO" se puede interpretar como un viaje a lo hondo del inconsciente.

El conocimiento de esta parte fundamental, sostén de nuestro ser, fue intuida antes por los cultivadores del arte que por los psicoanalistas. Estos dieron marchamo científico al descubrimiento previo hecho por el movimiento cultural romántico. La inclinación de éste por el cultivo de la individualidad y las motivaciones pasionales humanas, junto con su profunda atracción por la Naturaleza, con la íntima empatía del paisaje y la situación sentimental del que la vivencia como parte integrante de la misma, hizo profundizar en el estudio psicológico de los personajes de invención, y captaron un profundo abismo en nuestro interior: la presencia de la "Bestia", usualmente quieta, pero con intermitentes y temibles apariciones por encima del umbral de la conciencia. Son dignas de destacarse en este sentido las obras de LUDWIG TIECK, STHENDAL, HENRY JAMES y GUSTAV MEYRINK.

Pero esta visión primordial de nuestro ser ya fue intuida por EL PASTOR DE HERMES, por DANTE, en la visión dionisíaca de NIETZSCHE, en las obras de WAGNER, en la *"Hypnerotomachia"* de FRANCISCO COLONNA[62].

---

[62] LINDA FIERZ-DAVID. Der Liebestraunsdes Poliphilo. 1947.
C.G. JUNG. Gestaltungen desünbervussten. Zurich. Raschen Verlag. 1950.

Fue fuente de inspiración para los profetas. Es la que movía a S. AGUSTIN[63] a escribir:

> ...ascendemos aún más interiormente cogitando, hablando y mirando Tu obra, y venimos a nuestras mentes y las trascendemos para alcanzar la región de la abundancia inagotable, donde tú, Israel, paces en eterno pábulo de verdad, y ahí está la sabiduría de la vida....

Pero el camino que lleva a vivir el inconsciente está lleno de precipicios, en el que es fácil perderse por sendas de horror; los grandes dementes y genocidas siguieron y siguen esa senda equivocada, pues si no se lleva mucho tiento puede caerse en un abismo infernal. Como se lee en ISAIAS (XXXIII, 14): «¿Quién de vosotros podrá habitar en el fuego consumidor? ¿Quién de vosotros habitar en el sempiterno ardor?»

El   primitivo vivía casi permanentemente en ese   mundo universal, en tiempo y multitud de pueblos, para el que constituían una realidad cotidiana. Nosotros, los modernos, lo hemos ocultado, viviendo aparentemente en un claro mundo consciente, mientras que lo que acecha debajo está tapado por el miedo Y es el poeta el que preferentemente vislumbra esa otra realidad, por su especial sensibilidad que traduce en imágenes metafóricas las verdades universales, las que remueven en todos sentimientos escondidos.

El poeta es el profeta de cada tiempo que nos grita la verdad que tememos oír, pero que nos ayuda a ser nosotros mismos, a ser lo que realmente podemos ser. Voz que al parecer clama en el desierto, pero que da frutos. El gran poeta, como vocero "del hombre primordial", dice como intérprete siempre más que lo

---

[63] S. AGUSTÍN. *Confesiones. Libro XIX, cap. X.*

que quiere decir. Cada oyente encuentra fuentes de claridad que nunca sospechó el autor; la gran obra supera al creador que pasa a ser en parte creado por su propia obra. Y para expresar la grandiosidad de las vivencias que siente se tiene que acoger a un conjunto de imágenes y simbolismos de significado ilimitado. DANTE tiene que caminar por el Infierno, el Purgatorio y el Cielo. Y GOETHE tiene que recurrir a las noches de Walpurgis, a la magia, al mundo de los fantasmas que nunca existieron y al Olimpo griego.

La obra *"Fausto"* de GOETHE es la de un romántico pero con formato de obra clásica, impregnada y rebosante de la enorme cultura humanística de su autor. El protagonista ve con tristeza que su ansia de saber no podrá verse colmada porque sus años ya son muchos. Y pacta con el Diablo para que le proporcione la posibilidad de vivir la vida en la totalidad en que puede ser vivida, en la plenitud de las experiencias que puede proporcionar. Inconsciente, se lanza en una loca aventura; y su corazón, ahora rejuvenecido, sentirá todas las emociones hasta terminar al fin agotado.

Comienza su obra GOETHE con estas hermosas palabras (pg. 27)[64] :

De nuevo sombras vacilantes os aproximáis a mi turbada vista. ¿Os retendré esta vez? ¿Volverá mi corazón a experimentar aquel delirio? ...Sois las imágenes de hermosos días y con vosotras vienen muchas sombras amadas.

Resurgen el primer amor y la primera amistad. Vuelve el dolor y, en el curso azaroso de la vida, se alza la voz que nombra todo cuanto quisimos,

---

[64] Los números de página transcritos entre paréntesis corresponden a la edición de Fausto del Círculo de Amigos de la Historia.

todo aquello en que fuimos engañados persiguiendo la fortuna, las alegres horas, las que se han ido antes que yo...

El inspirado siente despertar en sí lo que parecía muerto y estaba dormido. Se siente agobiado de sombras que siguen presentes. Tiene la impresión de pertenecer a otro mundo distinto. Se le vuelven casi incomprensibles las obras de los hombres que le rodean por su superficialidad, por su falta de sentido. Contempla al mundo en que está como el que mira desde una colina, y siente que no es el suyo. Tiene miedo de abrir la puerta del camino que lleva a su verdadera patria; vive la angustia de perderse en los horrores del infierno. Atisba una luz entre la niebla, sabe que es la de su hogar, pero no encuentra la senda de vuelta. Y sufre en lo profundo de su ser el drama del desterrado.

Pero cuando expresa con su obra creadora esa íntima tragedia salen de su boca o de su mano verdades universales que van más allá de su intención. Son esa oscura luz que todos ansiamos ver y que nos trasmite el espejo del poeta, del profeta o el genio.

Pero la calma de ese desgarramiento interior sólo podrá llegar si es capaz de mirar con amor al mundo en que está. Porque, aunque éste camine como ciego, lleva en sí oculta la Verdad Absoluta. Cada flor, cada mariposa, la sonrisa del niño, el amor de la esposa, todos tienen a Dios tras sí. No hay que pretender salvar a nadie, ni imponer nuestra verdad, sólo amar, amar...También a nuestro propio dolor.

Y se alcanzará la sublimación a través de los demás. Se descubrirá que el camino más corto es el más torcido, alcanzaremos la claridad abrazando lo que parecía más oscuro, aprendiendo a quitar la pátina que ocultaba el espejo escondido.

Mientras que pretender hundirse en el propio interior sin una lámpara es arriesgarse a perder la consciencia y naufragar en un mar de fantasmas, en el que la mente se pierde, se aliena, sale fuera de sí, sin una boya en que sujetarse, siendo arrastrada por un vértigo infernal. Es preferible alumbrar, con la poca luz que dispongamos, poco a poco, las sombras que van aflorando y convertirlas en compañeras.

Durante un paseo por el campo, en la fiesta de la aldea, dice Fausto, interpelando al discípulo Wagner:

> El alma aspira a subir siempre más, a seguir ade-lante; la alondra canta para nosotros en el espa-cio azul, el águila nos da ejemplo volando sobre las montañas, lo mismo que la grulla cuando mar-cha gozosa al lugar donde nació" (pag. 59). Es una fuerza que brota de nuestro más profundo interior, que nos empuja a seguir adelante. Pero esta fuerza tiene una paradójica realidad: a la vez que nos em-puja, nos aferra a lo más bajo de nuestro ser. "Yo llevo en mi pecho dos almas, ambas forcejean. La una me aferra al mundo; la otra me eleva a las re-giones puras de goces sublimes (pág. 60).

Esa profunda energía, metabólica y psíquica, es una continua aportación a nuestra estructura viviente, y que obliga a ésta a ir poco a poco complejizándose. Hablando en términos científicos evolucionistas, es la que hace que nuestra "entropía" -capacidad de igualación energética con nuestro medio circundante- sea cada vez más pequeña. Esa continua aportación de energía externa es la que ha determinado la aparición de la vida en el curso evolutivo. Para posteriormente, y de forma cada vez más acelerada, dará lugar a la más alta creatividad humana.

Pero esta fuerza tiene asimismo un componente de inercia, de atracción a los orígenes. Es una tentación permanente a mirar hacia atrás, y en ocasiones regresar. Es una actitud que se puede ejemplarizar en la vuelta a los lares de los antiguos "luchadores"; del sabio que marchó a conquistar el mundo y que, en sus años otoñales, regresa a la tierra que le vio nacer, a su Madre Tierra en busca del calor que ha perdido; es el momento de la recapitulación. Y también el caso de los que, más jóvenes, adoptan una postura de "pasotismo", dejando que el Tiempo y la Historia pasen a su lado mientras ellos quedan quietos, sin ánimos de ocupar aquél o modificar ésta.

En ese profundo abismo anida, dije, la Bestia, esa ansia loca de destrucción. En lo más hondo de la Vida acecha la Muerte. De vez en cuando se libera de su prisión y hace ver el negro fondo de nuestro ser. Locura momentánea, en ocasiones lleva a sociedades enteras a la guerra. Este jinete apocalíptico arrastra todo a su paso, sembrando destrucción y muerte, pisoteando dignidad, honor, inocencia y libertad. Hasta que éstas, tras una repetida batalla de Armagedón, vuelven a encerrar a la Bestia en su antro y un nuevo horizonte de luz y esperanza renace una vez más.

Es terrible comprobar que el Dragón no es nunca vencido definitivamente, que siempre estará al acecho. Y cuando se libere de nuevo no mostrará su horrenda faz, sino que dirá hablar en nombre de Dios, de la dignidad humana, de la libertad, de la patria... ; mientras alberga la intención de anegar en sangre lo más noble de nosotros mismos, con el más absoluto desprecio por la vida, la de los enemigos y la de sus propias huestes.

Le dice Mefistófeles a Fausto (pag. 66-67):

> Intento destruir el mundo grosero, en beneficio de la Nada...Pero todo acaba recuperándose, quedando tranquilos al fin, el mar y la tierra. En cuanto a los hombres, he perdido a muchos y los he enterrado a todos...El aire, el agua y la tierra, donde se halla lo húmedo, lo cálido y lo frío, y proliferan los

gérmenes de vida, no me pertenece. Nada tendría
sino fuera enteramente mío el fuego". A lo que responde Fausto:" Eres, pues, la potencia que se
opone a toda fuerza creadora y vital...siniestro hijo
del Caos.

Pone Fausto el dedo en la llaga, ya que el Bien se confunde
con la Creación y la Vida. La buena muerte no será nunca la destrucción de la vida, sino la consumación de una existencia creadora, la que ha tenido la posibilidad de ser ella misma. Y para
serlo ha de vivir siempre alerta, temiendo constantemente re-
caer en el Caos, mar del que salimos y nos sigue impregnando.
Por ello la Bondad no es un estado; más bien una disposición a
abrirse camino permanente hacia el bien.

Para prevenir esa posible vuelta al Caos es preciso aumentar
el conocimiento de la esencia histórica de la Vida. Que ésta es un
proceso, no la cristalización de un momento. Dice el ofuscado
Fausto en su diálogo con el Diablo (pag. 73): «No me inquieta el
más allá. Este mundo es el que deseo. Es éste el sol que me alum-
bra y en este mundo radica toda la posibilidad de mis goces. Si
algún día esto termina, ¿qué me importa que ocurra?».

Con arreglo a esta visión miope estaríamos condenados a re-
petir la historia eternamente, a revivirla una y otra vez, al carecer
de memoria. Es la misma visión que tuvieron los pueblos agrícolas, en los que el ciclo anual se repetiría ininterrumpida-
mente, no sólo en la Naturaleza, sino en su vida individual, en la
que cada liturgia del Año Nuevo sería un nuevo nacimiento.

Sin embargo, la Vida es evolutiva, lo que quiere decir que es
cambiante en el curso del tiempo, y hacia la creación de
estructuras y relaciones vitales cada vez más complejas. Que la
Historia debe consistir en recorrer una cuesta hacia los Cielos;
camino entre precipicios en los que se puede caer, pero para le-
vantarse de nuevo y seguir. ¿No podrá alguna vez la memoria

histórica evitar las grandes caídas? ¿Podrán las guerras ser un simple recuerdo y no un amargo presente? El futuro ¿se escapa de nuestras manos o, de algún modo, podemos prefigurarlo y abrirlo a los mejores horizontes?

La consideración detenida del proceso evolutivo en el que estamos inmersos[65] no abriga sino dudas hacia esa posibilidad. Cada vez resulta m s evidente que los cambios históricos no son determinados por los hombres considerados individualmente, sino por las sociedades, por los grupos humanos dotados de afinidades entre sus miembros que, de manera más o menos espontánea, se han ido formando en el devenir histórico. La punta de lanza de la Evolución ya no es el hombre, son las sociedades humanas.

Pero estas entidades, como tales, no tienen consciencia de sí mismas, sus actuaciones están motivadas por fuerzas esencialmente emotivas, no racionales, en las que afloran pulsiones nacidas del inconsciente colectivo, acumulado por cientos de generaciones. Ejemplo palpable son los movimientos de masas que se están registrando en el mundo islámico, arrastradas por consideraciones puramente emotivas, "viscerales", con una acentuación del fundamentalismo religioso y el odio antisemita; mientras por debajo se oculta un mar de discrepancias. Movimientos poco racionales y, por ello, de difícil comprensión e impredecible comportamiento. Reagudizados en la reciente guerra iraquí, constituyen un factor de enorme incertidumbre, en el que las actuaciones individuales de los dirigentes son poco decisivas. El peligro, pues, de vuelta al Caos, es evidente; trance "catastrófico" en la nomenclatura evolucionista, abierto a posibilidades ignotas.

---

[65] ERVIN LAZLO. Evolución. La gran síntesis. Espasa Calpe.1987.

Porque el hombre no se mueve únicamente por saberes; también por pasiones e inquietudes que, como he indicado, son en sí irracionales. Dice Fausto (pag. 75):

> La sabiduría no me ha dado la tranquilidad. Quiero sentir la pasión ardiente y saciarla; alzar el velo a todas las maravillas; entregarme a los torbellinos del mundo, aun cuando alternen la suerte próspera y la adversa, pero con el resultado de la incesante actividad, que es como verdaderamente se realiza el hombre.

¡Realizarse el hombre! Ser auténticamente para lo que se es capaz. Conseguirse. Llegar a ser el mismo.

Por supuesto que no se conseguir sólo con conocimiento. No hay nada que sea verdaderamente humano si falta el sentimiento, la emoción. Estas capacidades psíquicas son las que nos hacen sentirnos vivos, integrados en la vida de los demás. Y es que, aparte nuestro racionalismo, hay otra forma de acercarse a la Verdad. Más que camino es un atajo, una visión intuitiva, convincente, que vincula nuestro hacer en algo Trascendente. Conduce a certezas no explicables pero vivibles; que se comunican más por la conducta, por la forma de vivir que por la palabra. La manera del buen vivir se adquiere mejor por el ejemplo que por el consejo.

Saber y sentimiento son las caras opuestas de la misma moneda. Que si se desbordan terminarán en el orgullo y en la pasión; en una caída al Caos. Decía el filósofo SCIACCA que el hombre peca cuando sale de sus límites, que es dentro de los mismos cuando le es dable alcanzar la perfección. El orgullo y la pasión son enajenaciones, abandonos del ser de su propia realidad. Enajenaciones bien distintas del éxtasis místico, en el que todo el ser, consciente de sus limitaciones, entra en contacto, se comunica con la Verdad Trascendente, con Dios.

El éxtasis es el camino opuesto al que emprendiera Fausto. Este, acompañado de Mefistófeles, ahondará en las profundidades. En el primero -el éxtasis- se alcanzará, en palabras de SANTA TERESA,

> una situación intermedia entre el Cielo y la Tierra, en el que el consuelo de arriba es pena al no estar en él, es un gozo doloroso por el bien que se intuye aún falta. Es una pena querida, dolor sabroso,...atisbo de miedo al sentir tan cerca la muerte. Es como un camino de cruz[66].

Viaje dichoso, del que se vuelve renovado, pues como decía IBN ATA ALLAH[67]:

> Oh, Dios mío. Me has mandado volver a las cosas. Pero vuélveme revestido con las luces y guiado por la intuición, a fin de que así vuelva a Ti de nuevo en ellas, tal y como entré a Ti desde ellas, es decir, guardándome de poner en ellas mis ojos y sin aspirar a poner en ellas mi apoyo.

Decía Fausto en la cita ya indicada que sólo se realiza el hombre si está en una constante actividad. Error que sólo comprenderá al final de su vida. Es una actitud de dejarse arrastrar por

---

[66] SANTA TERESA. Obras completas. De. Apostolado de la Prensa. 1951.
[67] ASÍN PALACIOS. *"Sadilíes y alumbrados",* pg 296. De. Hiperion. 1990.

el mundo en lugar de dirigir el trayecto por él. Ir a remolque de las circunstancias a falta de aprovechar sus oportunidades; no ser nada, semejante a la hoja arrastrada por el viento, olvidando crear la propia consistencia. Para esto último hay que estar en el mundo porque hemos de ser en él, pero sabiendo apartarse y meditar desde fuera del mismo. Ser sujeto de la actividad, pero saber, de vez en cuando, ser observador; actuar, según el momento, como artista y como espectador.

Mefistófeles pone las cosas en su sitio cuando, interpelando a Fausto, le dice que «el hombre aspira a todo y ese Todo sólo se ha hecho para Dios. Él es la Luz, como yo las Tinieblas; para vosotros queda el Día y la Noche». Y esa Noche y ese Día, limitados como todo lo humano, conviven en nuestro interior, traducidos en inconsciente y claridad. Pero que no pueden derivarse directamente en lo negativo y positivo de nosotros mismos, sino más bien en lo oculto y lo manifiesto. De lo primero surgirá esa energía ancestral que podrá llevar a conductas depravadas o a la obra de arte. Ésta lo será tanto más cuanto acierte a traducir en formas plásticas, literarias, musicales... los arquetipos más básicos de la humanidad y, por ello mismo, cuanto sea más universal. Obra artística será, como la de GOETHE que estoy comentando, aquélla que sea capaz de motivar sentimentalmente al espectador o al lector. La que sea capaz de traer a la luz lo que está más oculto.

Pero al hacerlo precisa el autor, como ya indiqué anteriormente, para expresar la verdad que siente, más que palabras imágenes, figuras arquetípicas con significados múltiples y opuestos que, al tiempo, tienen realidad simultánea. Cuando el primitivo utilizaba la simbología de la Luna, por ej., expresaba por analogía de las fases de la misma, con apariencias tan distintas como la luna creciente y menguante, la llena y la nueva, la sucesión de la muerte y la vida; símbolo de resurrección y de fecundidad. Por ello, la obra de arte debe tener una significación caleidoscópica, en la que cada destinatario sienta vibrar cuerdas de emoción en su interior, en las que cada uno acertar a encontrar parte de su verdad. La obra artística, repito, supera a su autor, que no ha sido más que el transmisor a la consciencia de todos de contenidos inconscientes universales. Es un parto en que muestra a la luz lo que estaba oculto, algo que metafóricamente realizó Fausto en su viaje a las profundidades del ser.

Como decía JUNG[68]:

> La obra creativa crece hacia arriba desde profundidades inconscientes, muy en realidad desde el reino de las madres. Si prepondera lo creativo, prepondera lo inconsciente como fuerza conformadora de vida y destino frente a la voluntad consciente, y la consciencia es arrastrada por la violencia de una corriente subterránea, espectador a menudo sin recursos de los acontecimientos. La obra en crecimiento es el destino del poeta, y determina su psicología.

Burlándose de Fausto, dice el Diablo que «el pobre desdeña la razón y la sabiduría que son las grandes fuerzas del hombre y prefiere dejarse llevar por la ilusión, la fantasía y la aventura». Pero es que Fausto quiere vivir la Totalidad; él, que fuera un científico, quiere saber también del mundo de la ilusión, de la fantasía.. Sabiduría e ilusión viven juntas, pero de espaldas; la fantasía es la sombra de la razón, unidas y casi siempre ignorándose; la mayor profundidad de nuestros pensamientos más diáfanos siempre viene de la zona oscura. Como decía JUNG, siempre vamos acompañados de nuestro "animus/a", nuestro

---

[68] C.G. JUNG. Formaciones del inconsciente. Edit. Paidós, pg 23. 1982.

109

otro yo, pareja que ha dado lugar a los mitos de los hermanos gemelos, los Dióscuros en el mundo griego, o el paralelo indio de la "pareja de amigos":

> "Dos amigos unidos, bellamente alados, abrazan uno y el mismo árbol; uno come de él las dulces bayas, el otro, sin comer, mira sólo hacia abajo.
>
> A tal árbol el espíritu, hundido, en su impotencia se aflige, cautivo de la ilusión, mas cuando honra y contempla del otro la omnipotencia y majestad, se aparta de él la desdicha"[69] .

La totalidad del ser, lo que JUNG llamaría el "si-mismo", no sería la "persona" en lo que su etimología significa (máscara a través de la cual cada uno recita -per sonare- su papel en la comunidad), sino ese punto medio entre dos mares en el que está el equilibrio, el del animus/a y el yoico; esa isla entre dos mares (entre el mar Rojo y el Mediterráneo en que se colocaba el pez-Chadir en la hermosa leyenda coránica sobre Moisés)[70] .

Es el Centro simbolizado desde los más remotos tiempos por las figuras sobre piedra de los "mandala"; o la piedra filosofal de los alquímicos; el agua de la vida evangélica, en suma, la perfección. El perfecto matrimonio de las dos partes de nuestro ser híbrido.

...Y Fausto arrostra la gran aventura, el tenebroso viaje; «entremos, dice Mefistófeles, en el mundo de los sueños y la magia»(pg. 138). El viaje hacia el pasado, el mundo olvidado, la caverna de nuestros orígenes, la matriz de la Humanidad. Para expresar las contradictorias experiencias vitales que GOETHE

---

[69] Idem, pag. 32.
[70] Corán, sura XVIII.

siente, tiene que valerse de personajes simbólicos, los que mejor explicitan los arcanos de nuestro ser; escoge los mitos que cualquier occidental tiene escondidos en los recovecos de su interior: los mitos griegos. Fausto revive el mundo de los fantasmas universales que siempre están al acecho, prontos a asomar en las razonables formas de vida de cada cual. Viaje terrible que puede terminar en locura; tan difícil es asumir al dragón o el ángel que llevamos dentro, hacen falta agallas para afrontar la Luz y las Tinieblas; nos sentimos más cómodos en la tibia luz o en la penumbra. Y, sin embargo, la realización humana completa está en resistir la Oscuridad y los destellos de la Claridad -del éxtasis-.

La verdad individual está detrás de un encuentro de Damasco, una nueva vivencia paulina, en ver de nuevo tras ser cegado por la Luz.

> La primera hora nueva será precedida por un huracán.

> Vela para que no te sorprenda dormido, porque los que entren en el nuevo día con los ojos cerrados seguirán siendo las mismas bestias de antes y nunca ya despertarán.

> Existe un equinoccio espiritual. La primera hora nueva...es un punto de inflexión a partir del cual la luz se coloca en equilibrio con la oscuridad.

> Durante otro milenio más los hombres aprendieron a dominar la naturaleza y a descifrar sus leyes. Bienaventurados aquéllos que comprendieron el sentido de tal trabajo, los que captaron que la ley interior es igual a la exterior, pero una octava más alta.

> Estos son los llamados a la cosecha, los demás son siervos que labran la tierra con la vista inclinada al suelo.

111

"Desde el Diluvio está oxidada la llave que abre nuestra naturaleza interior...De nada está más convencido el hombre que de estar despierto. Pero en realidad se halla preso en una red de ensueños que él mismo ha tejido[71].

Como en un nuevo descenso a los infiernos, Fausto ahonda a lo más profundo del abismo de lo que después se llamará el "inconsciente colectivo".

«Desciende -le dice el Diablo-, pues. Podría decir también asciende. Es lo mismo. Los ilimitados espacios de fuera de la realidad carecen de direcciones. Verás lo que no existe». Llegará a la zona que nadie conoce -ni los dioses del Olimpo-, sólo el Diablo. A la región donde habitan las diosas ciegas, las desconocidas, las "Madres".

El nombre escogido por GOETHE conlleva múltiples significados. Es el antiguo nombre de la matriz: y trae a la mente el mito platónico de "la caverna", de sus habitantes que nunca vieron la luz, que de la realidad sólo saben por las sombras que oscilan en las paredes de la gruta. Para PLATON lo que estimamos como real sólo sería la sombra de las Ideas, eternas e inmutables. También lo que sabemos es sólo la punta del iceberg de lo que desconocemos.

La Madre es también la Tierra, la gran Diosa -Isthar, Anat...- de las civilizaciones matriarcales; o el Dragón de las patriarcales que las siguieron. El Dragón que, vencido y despedazado por el héroe o el dios -Marduk, S. Jorge...-sería el origen de la Creación a partir de sus despojos. En suma, las Madres son, pues, el símbolo máximo de la fecundidad.

---

[71] G. MEYRINK. *"El rostro verde"*. De. Sirio. 1989.

112

Y son ciegas. Su reino es la Oscuridad. No precisan ver. Están ignoradas por todos. Pero son la base de todo, de ellas brota la energía ancestral, lo que la psicología moderna llama las pulsiones. Allí se guardan los arquetipos. Allí bajará Fausto a rescatar los fantasmas míticos de la Belleza -a Helena y a Paris-.

> Solitarias y a la vez juntas vivís, -¡oh, Madres!, en el espacio donde flotan las imágenes de lo que un día existió e intenta vivir eternamente. Y bajo la bóveda nocturna o a la luz del día vosotras, Madres, lo regís como potestades omnipotentes". (pg. 200).

Considerada la realidad que está detrás del simbolismo de estos fantasmas, resulta más comprensible que para ciertas civilizaciones la "metempsicosis" o trasmigración de las almas sea algo lógico. Si en nuestro interior llevamos la Historia de la Humanidad, oculta pero actuante, no es aberración pensar que, si sentimos y pensamos como nuestros antepasados, bien podemos ser reencarnación de los mismos. Ocurre que vivimos simultáneamente nuestra propia vida y las de los que nos precedieron. Estos resucitan en nosotros a través de las verdades fundamentales. Lo que nos tienen que decir no suele poder expresarse con palabras, ya que su contenido ha de ser ante todo sentido; por eso se revela en las imágenes de nuestros sueños y en los éxtasis de los escogidos.

Ese contenido común a todos los hombres, el llamado inconsciente colectivo, que rezuma en todos los textos sagrados de todas las religiones, que inspiró a todos los profetas, que atrajo irresistiblemente a los románticos y los psicoanalistas dieron marchamo científico, ese "hombre primordial" ¿qué es?.

Para intentar aproximarnos a una respuesta válida, hay que

113

considerar que ese inconsciente colectivo es, ante todo, cultura y, por tanto, creación y alimento de y para el hombre. ¿Cultura heredable? Genéticamente por supuesto que no; tiempo hace ya que fueron abandonadas las teorías de LAMARK de la herencia de los caracteres adquiridos (aunque ahora ya se sabe que el ADN puede ser afectado por causas exteriores, vividas). Ha de ser, pues, una transmisión compartida por todos, por supuesto inconscientemente; continuamente estamos encontrando lo ya descubierto. Ese "hombre primordial" es similar a las Ideas eternas de PLATON; de la misma manera que cada cuerpo triangular es copia imperfecta del concepto, de la Idea del Triángulo, el "hombre eterno" está detrás de cada uno de nosotros, que somos manifestaciones perecederas de lo intangible.

En escritos recientes (ERVIN LAZLOS), referidos a la situación actual del fenómeno evolucionista, se insiste en que la proa de la Evolución ya no es el Hombre. Que es la comunidad, manifestada a través de las distintas civilizaciones. Pero a esta comunidad no se la puede llamar "ser", pues no tiene conciencia; sólo la tienen cada uno de sus componentes, cada hombre. Y lo más interesante es considerar que este conjunto civilizado tiene un tiempo de evolución distinto a cada uno de sus componentes; es lo que se ha llamado "el signo de los tiempos", el "curso de la Historia". Hay momentos en que una mayoría de hombres piensa y siente lo mismo; cuando imperios aparentemente estables se hunden en contados días. Instantes milagrosos en que el pensamiento de casi todos los hombres es el mismo, ignorando cada uno en qué repara la mente de los demás. Por cada hombre pasa el "alma" de toda la Humanidad y, como un Guadiana, sólo se advierte que fluía bajo la conciencia cuando aparece a la luz del sol. Es la inesperada aparición de una aurora que se suponía lejana. Inconsciente colectivo sería ese abigarrado conjunto de saberes y experiencias compartidos. De normas, tabúes, permisividades, sentimientos que vivenciamos en lo más profundo de nuestro ser y que, en una forma de contagio, transmitimos a las generaciones que nos siguen, como una forma de patrimonio de toda la Humanidad. Riqueza que sólo da sus mejores frutos en la medida en que cada cual sea capaz de advertirla en su interior. De integrarla en sus decisiones conscientes.

Y ese patrimonio tiene miles de contenidos, llamados mitos, representaciones simbólicas de hondas verdades. Fausto se ve arrastrado a través de los mayores peligros en la búsqueda de uno de esos mitos, el de la Belleza, nombrada Helena; y no descansa hasta conseguirla. En su afanoso peregrinar pregunta Fausto por ella, inquiriendo donde encontrarla. Es el "homúnculo", creado en el alambique alquímico, quien le contesta: «No lo sabemos; pero si preguntas por ella, en todas partes puede que la encuentres» (pg. 220). Es decir, el encontrar la Belleza en las cosas no depende de ellas, sino de nuestros ojos; que hemos de aprender a mirar; que está en todas partes la hermosura, que hay que saber retirar el polvo que la oculta. Todo lo creado es bello, y también bueno. Porque al existir es verdadero; y la Verdad es buena y bella. El mal está en el velo que la oculta.

La mayor dificultad está, pues, no en las cosas, sino en nosotros. Cuando Mefistófeles interpela a la Esfinge y la reta a que le proponga enigmas, ésta le contesta: «Revélanos a ti mismo. ¿Te parece poco enigma? Procura descifrarte en lo más íntimo de tu ser» (pg. 225). Así, paradójicamente, al adentrarnos en la oscuridad de nuestro interior, alcanzamos más claridad. Como bien se indica en el pasaje en que THALES de MILETO, en pleno Océano -símbolo el agua de una de las grandes potencias del hombre primordial- exclama: «Como nunca me siento penetrado de lo Bello y lo Verdadero, pido al Océano su eterno favor pues todo es agua; por el agua se vive, y es ella el origen y el motor de todas las acciones»(pg. 255).

Razón tenía la Esfinge porque, en efecto, ¿hay algo más difícil que conocerse a sí mismo? Tenemos a la Historia de la Humanidad y buena parte de la nuestra particular ocultas bajo un mar proceloso en el que la conciencia atisba poco más que la superficie. Y, sin embargo, es extraordinariamente importante conocer lo que tapa la oscuridad para poder ser uno mismo. La clave de la realización personal estaría no en representar un papel en el teatro de la vida, el de un personaje ajeno; más bien estaría en desarrollar al máximo las propias potencialidades, vaciar el propio contenido al mundo para, de alguna manera, transformarlo. Aprender a disponer del entero patrimonio personal para entregarlo a los demás. Entrega en la que el que da surge enriquecido; manantial que se alimenta de la misma agua que de él fluye.

Tras el largo camino, exhausto ya Fausto, capta la irónica sonrisa de Mefistófeles, satisfecho de la presa conseguida, y, lleno de melancolía exclama:

> -¡Siempre tú en mi presencia, maldito! Tu mirada se ha posado como en un campo inmenso para ver cuánto realicé, y comprobar como en el seno de la mayor grandeza falta lo que, no por más humilde, necesita el alma: el paraje querido, el sonido de la esquila, el perfume de los tilos que envolvieron la cuna y se hacen sentir de nuevo al borde de la tumba.

Es la vivencia profunda de la insuficiencia total del hombre en cuanto valor absoluto. Ante la proximidad de la muerte se experimenta la mayor soledad posible. Siempre se muere solo. Tal vez en ningún momento se puede comprender con tal claridad que la verdad y la humildad son una misma cosa. Y es en esa humildad profunda, en el conocimiento capital de la incapacidad de perdurar, cuando el hombre puede alcanzar su mayor grandeza y conseguir, así, la eternidad con Dios.

Esa ansia de volver, al término del camino, a los comienzos de que partimos es como cumplir un deseo de recapitulación. La vida es como una pieza musical que, tras múltiples variaciones, momentos de esplendor, períodos de silencio y meditación, vuelve al final a la nota por la que empezó. Y en ese momento el alma descansa junto al paraje querido y el perfume de los tilos.

Es el eterno retorno, mito ancestral, que desde que aparecieron las sociedades matriarcales asimila el ritmo vital al año solar. La vida sería una prolongación de éste; y, como la fiesta del Año Nuevo, la muerte es en realidad una Resurrección. Hay que bajar al Hades para subir al Cielo; hay que comprender que no se es nada para poder llegar al Todo, verse rodeado de las cuatro viejas que atendían al Fausto moribundo -La Escasez, la Duda, la Incapacidad y la Miseria-. El espacio de la Vida es el desarrollo de un drama que en el curso del tiempo se va estrechando, con aumento de la necesidad de ese tiempo que se va consumiendo, hasta llegar finalmente a la angustia mortal, en la que entra en crisis la existencia del propio ser. Tras la que surge, tras doloroso parto, la Resurrección y una nueva luz que ya no se apaga.

Al fin del relato Fausto no queda condenado como era la intención de Mefistófeles al comprar su alma. En el camino a la oscuridad y al abismo por el que condujo a su pupilo, éste, paradójicamente, adquirió la luz. En su afán soberbio de alcanzarlo todo, de saberlo todo, de vivir todas las dimensiones del ser humano, alcanzó sin pretenderlo la humildad y el triste reconocimiento de sus limitaciones. Y el único y auténtico amor del que gozó -el de Margarita-, aunque burlado, quiso buscar la intercesión de la Madre de Dios, símbolo máximo de la Vida y la Resurrección, para que acogiera el despojos del hombre vencido

117

al que amó. Y así quedó Fausto redimido por el conocimiento de la verdad- la humildad-, y por el amor.

CAPÍTULO VI

Un poco de historia

Como un ser vivo, la Alquimia no puede entenderse sin su historia, sin unas breves notas sobre su origen, por lo demás muy impreciso en el tiempo. Muchas obras clásicas, como las de Edmund V. Lipmann, F. Sherwood Taylor, Jhon Read, Julius Ruska, etc, presentaron esta disciplina algo así como un período primitivo del conocimiento químico, una fase precientífica. Cuando lo cierto que ella supone algo completamente distinto desde el punto de vista humano.

Parece evidente que su comienzo hay que situarlo en la Edad de los metales, cuando los herreros alcanzaron su mayor protagonismo. Para intentar comprender la situación hay que situarse en la postura del hombre primitivo, recién salido del Neolítico; su sentido de la individualidad era mínimo y se sentía inmerso en la totalidad de la Naturaleza. En ésta cada cosa era siempre algo más de lo que parecía: el trueno no era un simple ruido, era la manifestación del dios celeste; cuando el labrador araba, no sólo hacía un surco, estaba hollando a la Madre Tierra; la lluvia no era únicamente agua, era el semen fertilizante del Cielo. Cada oficio no suponía simplemente el conocimiento de una técnica, suponía el conocimiento de una serie de actos sagrados, y el obrero en esa práctica era un oficiante de un acto litúrgico. Imaginemos una situación semejante a lo que, para un cristiano, hay detrás del pan y vino consagrados. Pero extendido a la totalidad del Mundo. El Mundo, pues era un misterio, y Misterios se llamaron muchos ritos de iniciación. El Mundo, como el hombre, estaba vivo y sufría los mismos avatares. Y, como he dicho, también abierto en el sentido de que cada cosa tenía un sentido que trascendía más allá de la realidad inmediata. De ahí deriva el concepto hindú de que todo lo que consideramos real es simplemente apariencia.

La existencia estaba sacralizada y el hombre se integraba en el mundo sagrado a través de su trabajo. Aunque es fácil entender que esta palabra significaba algo profundamente distinto para el hombre primitivo que para nosotros. El integrarse en un oficio suponía introducirse en una parcela de sacralidad, para lo que se precisaba una iniciación, generalmente dolorosa, y que habría que mantener en secreto.

Aunque el nombre actual de la Alquimia se deba a los árabes, el arte de la metalurgia y orfebrería ya fue conocido por el antiguo Egipto (del siglo XVI a.C. ya queda constancia en el Papiro de Ebers). Egipto, donde los secretos y las experiencias psicológicas que relacionaban al hombre con la Trascendencia encontraron su mejor asiento; su capacidad de manejar y transformar la materia alcanzó gran desarrollo. Las fórmulas para transformar la materia empleadas en la Edad Media eran heredadas de las que diera el gran HERMES TRIMEGISTO, personaje mítico identificado por algunos con el dios Thot o Ptah de Egipto; a él se le atribuye un cuerpo de doctrina transmitido por la tradición helenística, llamado Corpus Hermeticum. Y las tradiciones chinas e Indias abundan en el mismo sentido. De hecho, es lógico pensar que desde que el hombre descubrió el fuego empezaría a conocer las transformaciones que sufría la materia mineral bajo los efectos del mismo. En éste punto los Herreros adquirieron un gran protagonismo; para ellos la materia estaba viva y sus transformaciones mediante el fuego suponían una muerte necesaria para una posterior resurrección; es más, la extracción de los metales no sería sino la aceleración de un embarazo muy lento de la Tierra, en que los metales serían los embriones. El que se pretenda que la Alquimia nació simplemente como una manera de falsificar o conseguir oro no pasa, con todo, de ser una simplificación; ya desde muy antiguo (siglo XIV a.C.) los mesopotámicos ya disponían de técnicas para autentificar los objetos de oro. Lo cierto que la palabra oro, como todo en la Alquimia, es puramente simbólica, suponiendo el logro del estado de perfección.

El famoso *"Corpus Hermeticum"* es un conjunto de textos de hermenéutica erudita que difieren entre sí por su doctrina. BOUSSET hizo notar en 1914 que en estos textos se defendían dos teologías opuestas[72]. En una de ellas, de carácter optimista, Dios es única e impregna el mundo (monismo-panteísmo); el mundo es bello por estar impregnado de Dios; Él es Único y al tiempo lo es todo, es creador y Padre; lo existente es una tríada en la que el hombre es una parte, junto al cosmos y a Dios; a través de las cosas se llega a Dios, y el hombre, complemento de la creación, es "el ser viviente mortal, ornamento del ser viviente inmortal"[73].

La teología pesimista es dualista. El mundo es malo por naturaleza, "no es obra de Dios, en todo caso del primer Dios, pues el primer Dios está infinitamente por encima de toda materia, está oculto en el misterio de su ser y no es posible llegar a Dios sino huyendo del mundo. Hay que comportarse aquí abajo como un extranjero" (FESTUGIÈRE). El mundo sería creado por un dios secundario, el Demiurgo, que ya citaba PLATÓN. La génesis del mundo relatada por el primer libro del Corpus es como sigue: la inteligencia suprema que es andrógina, el *nous*, daría lugar en un principio al demiugo que formaría al mundo; y, más adelante al *anthropos*, el hombre celeste que, engañado por el amor, bajaría

---

[72] MIRCEA ELIADE, Historia de las Creencias y de las Ideas religiosas, T.II, pag. 291. De. Cristiandad, 1978.
[73] *Corpus Hermeticum* XI, 11.

121

a unirse a la naturaleza y engendrar al hombre terreno; desde entonces el anthropos deja de ser independiente y se transforma en el alma humana, animando al hombre terrenal. Por eso, entre todos los seres, sólo el hombre es a la vez mortal e inmortal. Y, por el conocimiento, puede hacerse dios, haciéndose extranjero al mundo.

El hecho de que el conjunto de ideas y creencias que constituyen lo que hoy llamamos alquimia haya tenido una extensión casi universal hace pensar que implica unas instancias espirituales muy enraizadas en la naturaleza humana. Es cierto que apenas existe evidencia de que las antiguas culturas americanas precolombinas hayan tenido prácticas que podamos relacionar con la alquimia; aunque el conocimiento que tenemos de ellas es muy imperfecto. Pero sí se tienen noticias de prácticas "alquímicas" en la India antigua, así como en China, en Grecia y en el mundo islámico.

La alquimia China está encuadrada por un centenar de "libros" incluidos en el canon Taoísta. Parece que su origen es algo más antiguo que en Occidente, siendo una especie de "oficio" que precedió a la metalurgia. Alrededor de la octava centuria a.C estaba extendida la creencia en la inmortalidad desde el punto de vista físico. Y era conseguible con la toma de una mágica droga, "la bebida dorada", un elixir de vida, solución imaginaria de oro, según datos de alrededor del siglo I a.C.

No se conocen influencias externas en la aparición de la alquimia en China. Surgió entre el V y II siglo a.C. en un período turbulento de su historia, el llamado de los Estados Guerreros, terminando por asociarse con el Taoísmo. Esta doctrina fue fundada por Lao-tzu, que escribió el libro sagrado Tao-te Ching, y tenía un profundo carácter místico; sus seguidores eran unos heterodoxos en relación con el confucionismo reinante; prácticas más o menos místicas como la alquimia encontraron su lugar natural dentro de estos grupos. Gracias a esta relación ha sido posible conocer la más antigua alquimia china e una colección de libros llamados Yün chi ch´i ch´ien (Las siete Tablas en una nebulosa), que está fechada en el año 1023. Viene a ser una compilación de antiguos escritos.

En un antiguo libro, el *"Chou-i ts´an t´ung ch´i"*, se encuentran unos conocimientos tenuemente considerados como alquímicos mezclados con la mística de los números, muy usada en la adivinación. El primer alquimista chino conocido fue KO HUNG que escribió una serie de formularios para preparar elixires, a base de mercurio y arsénico. Y el libro más famoso fue el *"Tan chin yao chüeh" (Grandes Secretos de la Alquimia)*, debido probablemente a SUN SSU-MIAO; en él se incluyen una serie de métodos para preparar elixires (a base de mercurio, azufre y arsénico) con el fin de alcanzar la inmortalidad, también sistemas curativos para distintas enfermedades y fórmulas para conseguir piedras preciosas.

Aunque en sus orígenes las prácticas alquímicas chinas fueron muy similares a las occidentales, pronto evolucionaron de forma muy diferente. Y ello en relación con el tipo de religiones con las que tuvo que convivir el pensamiento alquímico. En el mundo occidental, sus religiones indicaban el camino de la inmortalidad y no se precisaba de elixires especiales para ello; en cambio, en China, sus religiones fueron deficientes en este sentido, por lo que las pociones que formaban los elixires fueron progresivamente perfeccionándose para conseguir esa ansiada inmortalidad; con el resultado documentado de varios emperadores que murieron envenenados. Finalmente se volvieron más cautelosos y el budismo consiguió calmar las ansias espirituales de permanencia.

Frente al concepto racionalista de la Grecia clásica, que pensaba a la Naturaleza como objeto enfrentado y distinto a hombre, considerando a su porción mineral como naturaleza muerta, la alquimia que se desarrolló simultáneamente en la misma Grecia, vio a la Materia como algo vivo y dramático. En este mundo clásico, el experimentar este dramatismo de la Materia se consiguió mediante la experiencia de los Misterios, con lo que el pensamiento griego se desdobló en un mismo momento en la consideración de las cosas como objetos, con significación por sí mismos por un lado, y, por otro, como participantes de algo trascendente. El primero era un conocimiento abierto a todos, el segundo únicamente a unos pocos, los iniciados, los escogidos.

Los *Misterios* consistían en la participación en la pasión, muerte y resurrección de un dios[74] . Los neófitos, conocedores del mito que relataba este drama (ej., el mito de los dioses Baal y Mot, la muerte de Dionisos, la muerte y despedazamiento de Osiris, etc.), mediante las técnicas rituales revivían experimentalmente la situación divina. No se sabe en qué consistía prácticamente esta experiencia, pero de algún modo se pretendía que el oficiante saliera renacido. Tras el Misterio, cambiaba el sentido ontológico del neófito, surgía como hombre nuevo y se convertía en un inmortal, entendida la inmortalidad por un estado avanzado de perfección. Tras una serie de experiencias dolorosas (pasión), moría el hombre antiguo y surgía uno transformado. Tenía muchas similitudes con lo vivido y sufrido en las grandes experiencias místicas.

Pues bien, esta situación dramática, pero referida a la materia, se encuentra ya en los más antiguos escritos alquímicos grecoegipcios (siglo II a. C). De la misma manera que en los Misterios el hombre sale transformado, en la Gran Obra (opus magnus) alquímica la materia sufra una transmutación que, a través de una serie de fases llamadas nigredo (negro), albedo (blanco), citrinitas (amarillo), rubedo (rojo) llevaría a la perfección de la piedra

---

[74] MIRCEA ELIADE, Herreros y Alquimistas. Alianza Edit. 1986, pg 131.

filosofal. Estas fases se encuentran ya descritas en el escrito Physica Kai Mystika del siglo II a.C. El alquimista proyecta el drama del dios sobre la materia en el alambique. JUNG ha recordado un texto de Zósimo; éste famoso alquímico de la Antigüedad nos contó la visión que tuvo durante un sueño: alguien llamado Ion le revela que ha sido atravesado por la espada, troceado, decapitado y finalmente quemado por el fuego; y todo para, tras el sufrimiento, cambiar su cuerpo en espíritu. Cuando despertó, Zósimo pensó si no sería Ion el *Agua permanens* de los alquimistas, la que sufriría los tormentos hasta llegar a la operación de *separatio* (separación) de la Obra.

El sueño de Zósimo es semejante al desmembramiento de algunos dioses míticos como Osiris y Dionisos. Es semejante asimismo a las experiencias místicas de los chamanes, los cuales, en sus trances místicas, son también muertos, troceados, y en los que bajan a los infiernos, experimentando una transformación vital completa. La gran originalidad de la Alquimia es que esas experiencias psicológicas las transponen a la Materia, con lo que llevan a efecto una especie de catarsis espiritual, reproduciendo el drama interior. Actividad que produce un efecto ansiolítico que permite reequilibrar el psiquismo y llevarlo a la perfección sin traumas. El alquimista se transforma a sí mismo en la Materia que manipula, superando la angustia de la transformación. Entonces queda patente la importancia del sufrimiento, personal o de la Materia, como forma de iniciación para llegar a la perfección. Es un concepto semejante al de la redención cristiana. GRAY, en su libro *"Goethe The Alchemist"* cita el Testamento de Ga'far Sâdiq, en el que dice que los cuerpos muertos deben ser torturados por el Fuego y por todas las Artes del Sufrimiento para que puedan resucitar, porque sin sufrimiento y muerte no puede obtenerse la Vida Eterna. El ser torturado lleva subrogada siempre la muerte (*mortificatio, putrefactio, nigredo*). No hay modo de pasar a una vida trascendente sin una muerte previa.

125

La concepción de su Arte como algo propio de iniciados, que debía mantenerse en secreto y ser transmitido por un lenguaje críptico, ha sido una constante a través de los siglos. En el documento alquímico más antiguo, La Tabla Esmeraldina, lo que acabo de decir queda patente. Esta Tabla, atribuida a HERMES, está escrita sobre una lámina de esmeralda, y fue encontrada por Alejando Magno en la pirámide de Gizeh. Su traducción es como sigue:

> Es verdad, sin mentira y muy verdadero.
>
> Lo que está abajo es como lo que está arriba, y lo que está arriba es como lo que está abajo, para hacer los milagros de una sola cosa.
>
> Y como todas las cosas han sido y han venido de uno, así todas las cosas han nacido de esta cosa única por adaptación.
>
> El sol es el padre, la luna es la madre, el viento la ha llevado en su vientre, la tierra es su nodriza; la perfección de todo el mundo está aquí; su fuerza es entera si está convertida en tierra.
>
> Tú separarás la tierra del fuego, lo sutil de lo espeso, suavemente, con gran industria. Él sube de la tierra al cielo, y de nuevo baja a la tierra, y recibe la fuerza de las cosas superiores e inferiores. Tendrás por este medio toda la gloria del mundo, y toda oscuridad se alejará de ti.
>
> Es la fuerza de toda fuerza, pues vencerá a toda cosa sutil y penetrará en toda cosa sólida.
>
> Así el mundo ha sido creado.
>
> De esto serán y saldrán numerosas adaptaciones de las cuales está aquí el medio.

Por eso he sido llamado Hermes Trismegisto, por tener las tres partes de la filosofía del mundo.

Lo que he dicho de la separación del sol está cumplido y concluido.

Toda la literatura alquímica posterior siguió el ejemplo de su primer texto, dificultando enormemente su estudio por la dificultad de comprensión. No se puede abordar la lectura de ninguno de ellos sin un previo conocimiento de su simbología, que no siempre es coincidente en todos los autores. Entre los libros más conocidos de la Alquimia de los tiempos pasados se encuentran: *El apocalipsis químico y las Doce llaves de la filosofía, de Basilio Valentín; El Espejo de los Secretos y la Médula química, de Rogerio Bacon; el Deseo deseado de Nicolás Flamel; La Clavícula, de Ramón Lull; El Rosario Filosófico y la Flor de las Flores, de Arnau de Villanova; la Palabra abandonada, del Trevisano; El Libro de la Luz, de Roquetaille; La Tumba de Semíramis abierta a los sabios,* anónimo; *El Verdadero Tesoro de la Vida Humana, de du Soucy; La luz saliendo por sí misma de las tinieblas y La Entrada abierta al Palacio cerrado, de Filaleto; La antigua guerra de los Caballeros o El Triunfo hermético y el Crede mihi, de Th. Norton; El Salterio del hermófilo, el Tratado de los cielos y de la Tierra, de Lavinus; La Turba de los Filósofos o Asamblea de los Discípulos de Pitágoras, de Morien; El Libro de las Doce puertas, de G. Ripleo; El Vellocino de Oro, de Trimosino; El toque de trompeta, Color del Sol y de la Luna, Color de las piedras preciosas, Color físico,* éstas de autores desconocidos... Y la imaginación en los títulos no se fue perdiendo con el paso del tiempo, como lo atestiguan algunos títulos aparecidos en el siglo de las Luces (XVIII): *Llave para abrir el corazón del Padre filosófico, La salamandra ardiente y el químico despierto, El Sol espléndido en el firmamento químico del horizonte alemán,* etc, etc.

127

Durante la Edad Media, esos siglos extraños de Fe y de Superstición, el estudio de la Alquimia atrajo a grandes hombres. Papas y teólogos se vieron inmersos en los laberintos alquímicos, buscando medios para defender el catolicismo extraídos de la Cábala o la Alquimia. Por entonces el ocultismo no era incompatible con las creencias ortodoxas. Algunos de los alquimistas fueron hombres célebres: MIGUEL ESCOTO, ARNAU DE VILANOVA, ALBERT EL MAGNO, TOMÁS DE AQUINO, ROGERO BACON, NICOLÁS FLAMEL[75] .

....

Es conveniente añadir ahora unas consideraciones sobre la "actualidad" de la alquimia, sobre si vale la pena que la pensemos de nuevo. Durante milenios constituyó una forma de enfrentamiento del hombre a la Naturaleza. Al elaborar los metales, el Herrero sustituía al Tiempo de la Naturaleza, consiguiente en su fragua en corta tiempo lo que a la tierra le costaría una Edad.

El hombre antiguo ignoraba el tiempo, lo suplía buscando la Eternidad, reiniciándole indefinidamente en los ciclos agrícolas del Año Nuevo o buscando la inmortalidad en el Elixir de la vida. El hombre religioso no se siente temporal en el sentido de que le es posible alcanzar la inmortalidad. La obra transformadora de la Naturaleza que practicaba el alquimista estaba bendecida por Dios y su trabajo no era tal sino un rito sagrado con una especial liturgia. Nunca consideró su actividad como una carga, cosa que

---

[75] VILANOVA, ARNAU DE. Le trésor des Pauvres, París, 1618.
   POISSON, A. Théories et symboles des alchimistes. París, 1891.
BERTHELLOT, J. Les origines de l´alchimie, París, 1906.
RIO, MARTÍN DEL. Dictionnarum magicarum. Venecia, 1616.
FLAMEL, N. Éclairssement de la pierre philosophale. París, 1628.
BACON, R. Miroir de lálchimie.Lyon, 1557

ocurre en el obrero moderno, sino un privilegio propio de un iniciado. Y la iniciación llevaba consigo la inmortalidad, cuanto que su camino de perfección le garantizaba la vida eterna.

Apenas puede considerarse la Química moderna como continuadora de la Alquimia[76] ; sólo en algunos conocimientos empíricos; sin embargo, es el espíritu que ha imbuido a la civilización industrial la que, aunque sorprenda, el verdadero continuador del trabajo del alquimista. Ese enfrentamiento a la Naturaleza para dominarla que inspiró a éste se ha podido hacer realidad en la civilización moderna. Son sus herederos auténticos la ideología de un BALZAC, los movimientos capitalista, liberal y marxista, las teologías secularizadas; las que han llevado al máximo de sus posibilidades al homo *faber,* el creador. Para ello han tenido que afrontar dos opciones vitales fundamentales: la asunción el Tiempo, con la aparición de una civilización histórica en la que el tiempo pasa de forma irreversible, que cree en el progreso indefinido y en la temporalidad del hombre; la otra opción ha sido la desacralización del trabajo, con lo que se asume como carga, como consumo de tiempo. La irreversibilidad del tiempo y el vacío que crea constituye un drama que el hombre moderno "no creyente" ha afrontado; con lo que conlleva de vanidad la existencia humana. Y este mundo moderno que cree en su poder indefinido de transformar el mundo debe saber que es el continuador de aquel alquimista que, al transformar la Materia quería cambiarse a sí mismo.

....

---

[76] MIRCEA ELIADE. Herreros y alquimistas. Alianza Editorial, Madrid, 1986

129

Pues bien, una vez situados en el ambiente espiritual que fue caldo de cultivo del pensamiento alquímico, es momento de hablar de las más importantes simbologías de este Arte, única manera de alcanzar alguna luz en la materia, tratando de abrirnos pasos en ese galimatías que conforma la literatura alquímica

CAPÍTULO VII

El Símbolo de la Cuaternidad

...Se abrieron los cielos, y contemplé visiones de parte de Dios. Miré y he aquí que venía un viento impetuoso, una nube densa, y en torno a la cual resplandecía un remolino de fuego...En el centro de ella había semejanza de cuatro seres vivientes, cuyo aspecto era éste: tenían semejanza de hombre, pero cada uno tenía cuatro aspectos, y cada uno cuatro alas...Su semblante era éste: de hombre y león a la derecha, de toro a la izquierda los cuatro y de águila los cuatro."

Ezequiel, I

Esta cita, sacada del Libro de Ezequiel, el profeta hebreo del destierro, relata un sueño, un sueño místico, que él interpretó como una manifestación de Dios. Las imágenes que utilizó están referidas al mundo babilonio en el que vivía ya que los vivientes que contempla en su éxtasis eran semejantes a los *karibu*, representaciones que los asirios colocaban a las puertas de sus templos como guardianes de los mismos; y con los que está también relacionada la figura del arcángel que guardaba la puerta del Paraíso en el libro del Génesis. Por ello estas figuras no tendrían nada de extraordinario ya que vivenciaban en sueños objetos conocidos en la vigilia. Lo importante en el éxtasis es que eran cuatro, y tenían cuatro alas y cuatro aspectos: los de los cuatro reyes del reino animal (hombre, león, toro y águila). Y esa simbología cuaternaria no le venía de experiencia externa, parecía ser una revelación interior.

LA CUATERNIDAD COMO ARQUETIPO

La Cuaternidad es un símbolo que nada parece decir al hombre moderno, que suena extraño a sus oídos. Y, sin embargo, durante sus sueños aparece repetidamente, con una constancia que asombró a los primeros psicoanalistas, a JUNG sobre todo[77] : unas veces se ve en sueños cuatro velas en disposición rectangular; o un círculo dividido en cuatro partes, o conteniendo cuatro elementos; o bien se presenta en forma simple, circular (bola, reloj...); tal vez cuatro personas alrededor de una mesa, o remando las cuatro en una barca; quizá una plaza cuadrada o rectangular; una rueda de ocho radios (2 x 4); una fuente de cuatro bocas...

Sueños extraordinariamente frecuentes en personas que nada saben de Psicología ni de Cuaternidad. Ésta es ahora un símbolo que sólo aparece en sueños. En suma, es un arquetipo. ¿Pero qué es un arquetipo? La palabra ya fue utilizada por clásicos latinos como CICERÓN o PLINIO, pero es en este siglo nuestro cuando se le ha dedicado una gran atención como fuente explicativa de la cultura humana. No es fácil explicar en qué consisten los arquetipos. Son formas, imágenes, concepciones míticas a las que se llega no por vía de la razón, por una vía consciente, sino que se imponen como revelación. Cuando EZEQUIEL visionó los cuatro vivientes, aunque él revistió a sus figuras de los aspectos del mundo externo que conocía, la simbología de las mismas, el

---

[77] K.G. JUNG. *"Psicología y Religión"*.

arquetipo de la Cuaternidad vino de su interior y se le impuso. Los arquetipos son universales o casi; es decir, que son vivenciados con un significado parecido por muchos hombres distintos de una misma constelación cultural, y todavía más allá.

Cuando por ejemplo se estudian las experiencias de carácter místico tenidos por personas de culturas diferentes y en tiempos distintos, asombra la semejanza de la experiencia. Yo mismo he podido comprobar que expresiones de una mística como Santa Teresa son muy parecidas a las que nos quedan documentadas procedentes de los chamanes centroasiáticos; también me llamó extraordinariamente la atención que el relato del trance místico de un brujo indio mejicano actual (CASTANEDA[78]) es extraordinariamente similar al relatado en la Biblia cuando la lucha de Jacob con el Ángel: son prácticamente idénticos.

Con ello quiero indicar que el arquetipo es un símbolo de carácter colectivo, casi universal. Es como una sedimentación cristalizada de la memoria colectiva, de la historia olvidada de la especie. Creada por la acumulación multitudinaria, en tiempo y personas, de sucesos muy semejantes entre sí.

Y cuando un símbolo arquetípico aparece sólo en sueños nos dice que hubo un tiempo en que fue consciente. En este sentido, NIETZSCHE[79] fue muy claro:

> Cuando soñamos repetimos una vez más la tarea de la humanidad anterior...Pues bien, yo creo que, así como hoy en el sueño el hombre razona, razonaba también la humanidad durante la vigilia a través de muchos milenios; la primera causa que se le presentaba al espíritu para explicar alguna cosa necesitada de explicación, le bastaba y pasaba por verdad. En el

---

[78] CASTANEDA, C. *El conocimiento silencioso.* 1987
[79] NIETZSCHE. *"Humano, demasiado humano"*, I, 12 y 13.

133

sueño continúa obrando sobre nosotros este viejí-
simo trozo de la existencia humana, pues es el fundamento sobre el cual la razón superior se desarrolló
y se desarrolla aún en cada hombre: el sueño nos
transporta a estados lejanos de la civilización humana y pone en nuestras manos un medio para comprenderla mejor.

En el caso concreto de la Cuaternidad no hay que remontarse
muy atrás para comprobar que no ha mucho fue consciente, bien
que los primeros rastros de su existencia son antiquísimos. Ya lo
he citado para EZEQUIEL en el siglo VI a.C.; veremos que en todo
Oriente se manifestó desde hace siglos a través de los Mandala,
y quedan restos de grabaciones en piedra de la era paleolítica.
Pero hace 300 años todavía estaba a nivel consciente, y todos los
estudios matemáticos sobre la cuadratura del círculo tienen este
origen, quiero decir que su estudio nacía de una necesidad im-
puesta desde dentro. Y con numerosas implicaciones religiosas.

¿POR QUÉ LA CUATERNIDAD SE CONSTITUYÓ EN ARQUETIPO?

Pero ¿por qué el número cuatro y no el cinco o el veinte?
¿qué tiene de particular este número para constituir por sí
mismo un arquetipo? La razón de ello se encuentra al considerar
la Historia de las cifras en la Humanidad, al poder conocer cómo
concibieron los números los primeros hombres. GEORGES
IFRAH[80] nos ha proporcionado la clave en sus investigaciones so-

---

[80] GEORGES IFRAH. *"Historia Universal de las cifras"*. De.. Espasa.
1997. Pg. 42-53.

bre la invención de los números. La concepción abstracta del número que los adultos consideramos tan natural, es todo menos natural; quiero decir que es una invención cultural. Por ello los niños no nacen con esa concepción de número, sino que tienen necesariamente que aprenderla con dificultad y que explica la fama que tienen los estudios aritméticos y matemáticos en general. En sus principios el hombre consideraba la multiplicidad de las cosas de forma cualitativa, no de forma numeral. Apreciaba la cantidad no contando sino mirando. Es muy fácil distinguir entre objetos semejantes si existe sólo uno o hay un par. Un conjunto de tres puede observarse a simple vista como algo distinto y hasta uno de cuatro elementos. A partir de 4 existe ya una dificultad para distinguirlo como algo específico. De hecho, en todos los estudios etnológicos en pueblos "primitivos" se ha comprobado que todo conjunto a partir de cuatro es considerado cualitativamente como "muchos", sin hacer más distinciones.

Durante el presente siglo se ha estudiado este aspecto en los bosquimanos de África del Sur, en los zulúes y pigmeos de África central, en los botocudos del Brasil, en los Indios de Tierra de Fuego; en los kamilarai y aranda de Australia y en otros pueblos.

Cuenta E.B. TAYLOR que los botocudos brasileños solo disponen de dos palabras para expresar cualitativamente cantidad: una que indica la unidad y otra para un par. Para indicar tres lo expresan con la palabra uno más la dos. Y para expresar la cantidad cuatro hablan de dos y dos. Para cantidades mayores se limitan a señalar una cabellera, en un gesto que indica que es algo innumerable como los pelos de la cabeza.

Lo mismo se puede decir de los aranda y para los habitantes de las islas Murray (cerca de la península australiana de York). Y algunas tribus que viven al oeste del estrecho de Torres utilizan las palabras *urapun* (uno), *okosa* (dos), *okosa-urapun* (dos-uno) y *urapun-urapun* (dos-dos). Según explica A.C. HADDON, a partir de cuatro tienen la palabra *ras* que quiere indicar muchos. En

135

Oceanía se han encontrado que en su habla tienen declinaciones distintas para expresar el sentido de singular, dual, ternal, cuaternal y...plural.

En el latín sólo se declinan los cuatro primeros números (unus, duo, tres, quattuor); a partir de aquí los números no se declinan ni tienen género. Los hijos varones de los romanos tenían nombres propios para los cuatro primeros (Lucius, Marcus, Servius...); pero a partir del quinto se les llamaba con ordinales: Quintus, Sextus, Octavius, Decimus... Fueron conocidos, a modo de ejemplo, el historiador Quintus Fabius Pictor, el poeta Quintus Horatius Flaccus, el satírico Decimus Junius Juvenalis.

El primitivo año romano (año de Rómulo) tenía únicamente diez meses y sólo tenían nombre propio los cuatro primeros (Martius, Aprilis, Maius, Junius).A partir del quinto eran enumerados en orden: Quintilis, Sextilis, September, October, November, December.

El hecho de que universalmente se haya usado para fijar los números trazos en huesos u otros materiales ha permitido comprobar el límite que supone el número cuatro. En todos los sistemas las señales se dispone en grupos de cuatro (a veces de tres) para facilitar el reconocimiento de la escritura. Así ha ocurrido con el sistema numeral de los arameos, de los cretenses, de los egipcios, de los etruscos, de los hititas, de los griegos, de los fenicios, etc, etc.

Por tanto, podemos concluir que las capacidades humanas de percibir de forma directa el número no supera el cuatro; para números más grandes precisamos contar. Por tanto, no tiene nada de extraño que la Cuaternidad haya representado para los primeros hombres algo así como plenitud, totalidad, lo máximo que se puede percibir a simple vista, lo supremo, etc. Más adelante iré explayando todo lo que ha dado de sí este símbolo.

LOS CUATRO ELEMENTOS

En la Antigüedad, la Cuaternidad se manifestó en las mentes de los primeros filósofos griegos como sustentación del mundo. Por eso derivaría éste de las múltiples variedades de combinaciones de los cuatro elementos: agua y tierra (los elementos pasivos), y fuego y aire (los elementos activos). Entre estos filósofos fue EMPÉDOCLES (siglo VI a.C.) quien estableció claramente esta cuaternidad en el mundo físico, que evolucionaría hacia todas las formas mediante las fuerzas del Amor y la Discordia. Pero, además, asoció estos elementos al Esfero original, del que éstos derivarían, la Unidad primera. Y he aquí que aparecen asociados los dos símbolos, el de la Cuaternidad y el del Círculo. La Unidad evolucionaría al sistema de los cuatro elementos. Vemos, pues, ya en este momento el arquetipo inconsciente que impulsó a los matemáticos en el inicio de la Edad Moderna a intentar la cuadratura del círculo; en realidad trataban de explicar sin saberlo la evolución del mundo.

En esta cuaternidad de los elementos ya había una dualidad superpuesta, con la separación de elementos activos y pasivos, noción semejante al Ying-Yang oriental. Pero es que, asimismo, en estas primeras concepciones, el mundo era la expresión de Dios, para algunos era constitutivo de Dios mismo; por ello no es extraño que Dios se manifestara a EZEQUIEL a través del símbolo de la Cuaternidad. En este nacimiento de la filosofía-ciencia natural no había separación clara entre lo divino y lo natural. Para HESÍODO, cuando relata la genealogía de los dioses, no existía diferencia entre la Tierra como elemento natural y la diosa Tierra. Y el hombre también estaba incluido en esta unidad entre el mundo y Dios. Veremos después que la Cuaternidad como arquetipo presenta una cierta ambigüedad de sentido, unas veces como revelación de Dios, otras como una situación psíquica muy compleja que necesitará de explicación y a la que se ha llamado individuación.

EL SÍMBOLO DEL CÍRCULO

Para PLATÓN (429-347 a.C.) el símbolo de la Divinidad era el Círculo (Diálogo Timeo), ya que era la figura geométrica más perfecta; por eso creó al mundo redondo. También el círculo fue el símbolo del metal más perfecto, el oro; y también del alma del mundo y de la primera luz creada. En la visión de EZEQUIEL se encuentra junto a la cuaternidad el círculo y así se lee también en el Capítulo I: "Y, mirando a los vivientes, descubrió junto a cada uno de ellos una rueda que tocaba la tierra. Las ruedas parecían de turquesa, eran todas iguales, y cada una dispuesta como si hubiera una rueda dentro de otra rueda...".

Esta significación del círculo habría que aplicarla por supuesto a su máxima concentración, el punto, lugar del que partiría la obra creadora inicial de la Divinidad. Es curioso, con ocasión de estas creencias, su extraña y sorprendente semejanza con la Cosmología moderna. Para la teoría más aceptada sobre el origen del Universo en la Astronomía moderna, éste empezó también en un punto tras la explosión primera, el "Bing-Bang". Las ideas neoplatónicas posteriores y en general el movimiento gnóstico intentaron explicar el mundo como una degradación progresiva d Dios hasta el nivel de las cosas.

Al principio del que derivaría la creación, a ese punto original, lo llamaron los alquimistas medievales el huevo del mundo, el protocaos, el pez redondo o simplemente lo redondo[81]. Para muchos antiguos, impresionados por el problema del mal en el

---

[81] La simbología del pez siempre ha sido muy interesante. Perteneciendo a las profundidades marinas, significa el lado oscuro de nuestra personalidad, no necesariamente maligno. En la Sura XVIII del Corán existe un curiosísimo relato referente a Moisés. En él un pez que llevaba en la bolsa de viaje junto a su criado escapa a través del desierto y en su busca encuentra por fin el profeta a Chadir, el "hombre primordial" que

mundo, suponían que éste no había sido creado por Dios, sino por un dios subalterno, el Demiurgo. El único capaz de unificar los 4 elementos. También los alquimistas perseguían la misma meta, la unificación de los elementos. En el *"Rosarium philoso-forum"*, atribuido a PETRUS TOLETANUS, y escrito en el siglo XIII, se dice: «Haz del hombre y la mujer un círculo redondo, extrae de él un cuadrado, y un triángulo de éste. Haz redondo el círculo y recibirás la piedra filosofal».

Para los primeros filósofos Dios se reveló al crear los 4 elementos, que simbolizaban las 4 partes del círculo. En el tratado copto del *"Codex Brucianus"* se imagina a Cristo, el Hijo Unigénito, situado sobre una tetrámera, plataforma sostenida por 4 pilares, representados por los 4 evangelistas o por sus símbolos: el ángel (o el hombre), el águila, el buey y el león (como en EZEQUIEL). También la Jerusalén Celeste del *Apocalipsis* tendrá una plaza central de oro puro, y su forma será cuadrada, y cada lado tendrá tres puertas (como en la Alquimia, la Trinidad surge de la Cuaternidad). En el opus alquímico, el proceso por el que se llegaría a la piedra filosofal estará flanqueado por los 4 colores o 4 fases del proceso: *la nigredo, la dialbetio, la rubrefactio y el citrinitus.*

Los cuatro representan las partes, las cualidades del Uno, creencias ancestrales que se pierden en la noche de los tiempos. Se encuentran en el antiguo pueblo hindú y en los mayas americanos (las ruedas del sol), o en las ruedas del sol de Rodesia (¿paleolíticas?). En el hombre moderno aparecen en sueños, mostrando el Dios interior; vienen a ser una representación del mismo que se nos impone desde dentro. Y, al hacer referencia a algo más allá de la existencia humana, tiene inevitables repercusiones religiosas.

---

será su maestro y guía, y le ayudará a integrar su personalidad, a integrar su "si-mismo" y capacitarlo para su destino.

139

¿CUATERNIDAD O TRINIDAD?

Puede sorprender que, dada la universalidad del arquetipo de la Cuaternidad, en el cristianismo se muestre en forma de Trinidad. Merece la pena su consideración, pero quiero advertir que los comentarios que siguen no pretenden ser de carácter teológico, sino más bien un intento de comprensión psicológica. Pues bien, el desarrollo del dogma de la Trinidad en la mentalidad cristiana fue algo que necesitó tiempo para fijarse como tal. S. PABLO centraba su predicación en la muerte de Cristo, que manifestaría en ella su divinidad. En cambio, el Evangelio de S. MARCOS, el primero en el tiempo aunque posterior a las cartas de S. PABLO, sitúa la divinidad de Jesús a partir de su bautismo, momento en el que empieza su relato. Posteriormente, los Evangelios de MATEO Y LUCAS marcan el tiempo a partir del parto virginal. Y fue el Evangelio de JUAN, ya muy tardío, el que se retrotrae más y sitúa el acontecimiento en el momento de la Encarnación, en ese famoso prólogo en el que el *Logos* se hace carne.

La doctrina de la Trinidad empezó a tomar cuerpo dentro del cristianismo helenista, es decir, en una teología inspirada por el pensamiento griego. Fue ORIGENES[82] en el siglo II el que dio los primeros pasos en su formulación, que culminó en el IIº Concilio Ecuménico de Constantinopla en el año 381[83]. Por consiguiente, la concepción del Dios cristiano necesitó una elaboración teológica. Pero, vuelvo a decir, no es una Cuaternidad. ¿No? Porque lo que hay en realidad es una Cuaternidad enmascarada, debido a

---

[82] ORIGENES ha sido el primer teólogo cristiano en el tiempo; el primero que concibió a Dios como unidad en la Trinidad. Pero para él las 3 personas no eran equivalentes, existiendo cierta preeminencia por parte del Padre. El Concilio IIº de Constantinopla estableció el Dogma con igualdad entre las 3 Personas

[83] JANS KÜNG. *"El Cristianismo"*.1997.

que se ha silenciado la parte negativa de esa concepción: el Diablo. Un autor católico[84] escribió: «La existencia de Satanás no puede, sin embargo, comprenderse sino partiendo de la Trinidad…Toda discusión teológica del Diablo que no se refiera a la condición trinitaria de Dios constituye un desacierto con relación a la verdadera realidad».

Estas ideas aparecen de forma más simbólica y expresiva en otro autor más antiguo, GERARDUS DORNEUS[85]:

> La Cuaternidad es la expresión diabólica del enfrentamiento a la Trinidad. El diablo, cuando la caída de los ángeles, se decidió por la región elemental y Cuaternaria (aquí los 4 elementos de la naturaleza: tierra, aire, fuego y agua). Creó la serpiente doble de los cuatro cuernos.

Y es aquí cuando tiene una intervención simbólica la mujer. Las imágenes de la dualidad (elementos pasivos y activos) y de la Tierra están muy unidas a la figura de Eva, que las representa. Por eso a ella se dirigió el diablo en primer lugar. Pero esta imagen negativa de la mujer fue transfigurada en la persona de María, de forma que el cuarto elemento negativo se transformó en positivo y entonces la Virgen, que es a un tiempo hija, madre y esposa de Dios, completa la Cuaternidad.

Todas estas simbologías están representadas con frecuencia en forma de colores. En una visión que relata GUILLAUME DE DI

---

[84] GEORGE KOEPGEN. *"Die Gnosis des Christentums"*. Salzburgo, 1939.
[85] *Cita extraída de C.G.JUNG. "Psicología y Religión". Ed. Paidos. 1991.*

141

GOLLEVILLE[86] preguntó en pleno éxtasis al ángel que le acompañaba sobre a Trinidad. Su respuesta fue: «Hay tres colores principales en el cielo, el verde, el rojo y el oro, los tres se ven en el abanico del pavo real. El oro le pertenece al Padre, el rojo al Hijo, el verde al Espíritu Santo». Y aquí se podrían añadir las palabras de PLATÓN en el *"Timeo"*: «Son tres, ¿dónde ha quedado el cuarto?». Faltaría el color azul. Pero en la visión de GUILLAUME, junto al Rey de los Cielos sentado sobre un trono de oro está la Reina sobre uno marrón. Este color, representación de la Tierra, lo es también del cuerpo mortal con el que la Virgen ascendió al cielo, completando la Trinidad. Aquí el binario masculino-femenino está subordinado al Uno cuaternario. Y el manto de la virgen es azul, completando el color que faltaba: el azul cubriendo el marrón del trono recuerda al Firmamento cubriendo la Tierra.

LA CUATERNIDAD EN LA ALQUIMIA MEDIEVAL

En la Alquimia medieval la simbología cuaternaria ha marcado una impronta indeleble. Antes de considerarla recordaré algunas circunstancias condicionantes importantes en el desarrollo de la Alquimia.

a) En el mundo antiguo toda la naturaleza estaba mitologizada; detrás de cada fenómeno natural estaba el dios que lo regía. No había una completa individuación personal en la mentalidad adulta[87]; cada fenómeno tenía una traducción personal, psicológica. Está siempre humanizado, existía una transferencia

---

[86] ABBE JOSEPH DELACOTTE. *"Guillaume de Digolleville. Trois Roman-Poèmes du XIV siècle"*. Paris. 1932

[87] Quiero decir con ello que el ser humano primitivo tenía serias dificultades para separar su propio yo del mundo que le rodeaba. Sus propios sentimientos los refería a algo externo, dioses en general, mientras acontecimientos externos eran sentidos y sufridos como problemas psicológicos propios.

de la realidad psicológica hacia fuera, de manera que las angustias existenciales del individuo se transferían a conflictos mitológicos, con lo que disminuía su angustia. Todos los relatos sobre los dioses o los héroes son simple traducción de los conflictos del inconsciente colectivo de aquel momento histórico. Conforme fue aumentando el nivel consciente disminuyó el campo de actuación de la divinidad. Esta situación de divinización puede llegar a un nivel tal que se produzca de forma reactiva una hipertrofia patológica de la personalidad. Fue el caso de NIETZCHE[88], en el que el hombre al concebir la muerte de Dios, al convertirse en Superhombre, queda divinizado. Y con ello hipertrofiado y patológico (el destino personal de NIETZCHE fue dramático).

b) Todas las instancias inconscientes que entraron en contradicción con la mentalidad cristiana se refugiaron en la Alquimia, la cual, al dotarse de un lenguaje prácticamente ininteligible, se convirtió en un refugio seguro, donde no se hacían notar las heterodoxias.

El desarrollo de la obra alquímica tiene lugar en cuatro fases, simbolizadas por cuatro colores que son aquí el negro, el blanco, el rojo y el oro. Su término es el conseguir la piedra filosofal, que asume en sí los cuatro elementos de la naturaleza (podemos ver aquí ya superpuestas dos cuaternidades). Surgía de la unión de los opuestos: masculino y femenino, materia y forma, cuerpo y espíritu, etc. Las reacciones que tenían lugar dentro de la vasija hermética se simbolizaban por un matrimonio místico. Representaban, en la más pura transferencia a la materia de nuestro mundo interior, la unión de los opuestos de nuestro espíritu, el animus y el anima que, al unirse, terminarían desarrollando nuestro ser interior, el si-mismo integrado, lo que se ha venido en lla-

---

[88] NIETZCHE. *"Así habló Zaratrustra"*.

143

mar el conseguir la individuación. Por eso la piedra simboliza el si-mismo.

La simbología alquímica está además tan entrelazada con la cristiana que de cualquier aspecto que se considere surgen múltiples significados. La predisposición psicológica que subyace en este entrecruzamiento de la mentalidad griega con la inspiración de las primeras generaciones cristianas explica el surgimiento de concepciones dogmáticas sobre la naturaleza de Cristo y la conformación de la Trinidad y que dieron la luz en el paradigma helénico del cristianismo, heredero del judeo-cristiano primitivo; alcanzaría su culminación en el mundo bizantino y en pensadores a partir de ORÍGENES.

Como ilustración se puede recordar el Axioma de María (la alquimista cristiana copta): Los cuatro elementos que son representativos de lo informe, el caos primitivo, se transforman en la trinidad del Mercurio (considerado como símbolo de fuente de vida), los tres modos de ser: inorgánico, orgánico y anímico. De aquí se pasará a la dualidad del Sol y la Luna (representados también por los metales nobles: el oro y la plata), para terminar en el fin del proceso alquímico, la "quintaesencia".

Volquemos este esquema a la dogmática cristiana. La Cuaternidad Divina pierde su lado negativo, el Diablo, que, en su caída, pasará a representar lo inferior, lo informe (en las religiones mesopotámicas será el dragón que, al ser despedazado, servirá para crear el mundo). Queda sola, pues, la Trinidad. Ésta, en su unicidad masculina, quedará enfrentada más tarde con la femineidad de María (ya hay una dualidad). Y de esta dualidad Dios-María surgirá el Hijo del Hombre, el Cristo, que frecuentemente se ha asemejado a la quintaesencia.

Si sumamos los números que representan las fases en el axioma de María nos encontramos que 4+3+2+1 = 10. Por tanto, este último número es la cantidad perfecta. Representa al Unario, la res simplex, en suma, la Divinidad. Es la unidad en el más alto nivel. En la época medieval el Uno final del proceso alquímico representaría, como he dicho anteriormente, al Hijo de Dios que, en el nivel alquímico, formado por la unión de los opuestos, sería andrógino (psicológicamente supondría la integración de los componentes de la personalidad, del animus y el anima, el sí-mismo. Cabe recordar en esta concepción la influencia de las páginas del diálogo de PLATÓN, El Banquete, en el que se hace referencia a un primigenio ser humano bisexual.

En el libro alquímico *"Rosarium Philosophorum"* se encuentran una serie de láminas explicativas de forma hermética del proceso alquímico. En la Lámina II el Rey y la Reina sostienen 4

flores, 2 cada uno, cruzadas por una quinta que sujeta en la parte superior una paloma (El Espíritu Santo). Las cuatro flores representan los cuatro elementos, las del rey los dos activos (aire y fuego), las de la reina los dos pasivos (agua y tierra). De la fuente salen 3 caños. La misma fuente representa a Mercurio, el elemento ctónico, caótico, fuente de todas las cosas, principio de la evolución. Los 3caños despiden, en una trinidad reflejo de la Trinidad Divina, el *aqua vitae*. La cuaternidad se completa con la serpiente de cabeza doble (dualidad), signo del Demonio.

EL AMOR TAMBIÉN ES CUATERNARIO

Igualmente, la atracción amorosa fue vista en estratos de perfección creciente. La impulsión instintiva, encaminada a la pura reproducción, está representada por el elemento tierra, y para los antiguos visualizada por la atracción que inspiraba Jawua (Eva); GOETHE, en su obra Fausto la personifica en Margarita, la amante traicionada.

El estrato siguiente sería el amor nacido junto al instinto por la atracción de la belleza, en el que resalta la personalidad erótica de la amada. Su símbolo sería Helena de Troya. En este estadio predominan los caracteres estéticos y hay un halo romántico en la relación.

En un tercer estadio el amor se espiritualiza, la atracción corporal queda postergada. Aquí es María la representante. Su amor es propio de una maternidad espiritual.

Y el cuarto es el amor sapiencial, la *Sapientia* alquímica, la Santa Sofía. No olvidemos que está referida a la Sabiduría del Espíritu Santo que, en los primeros libros de la Sagrada Escritura era del género femenino. Representa la esencia femenina eterna. Y herméticamente viene expresado en ese grandioso poema de amor que es el Cantar de los Cantares.

EL NOMBRE DE DIOS

En el Antiguo Testamento, en las traducciones usuales de la Biblia, se suele llamar a Dios con el nombre de Jehová o Yahvé, aunque el nombre dado por Moisés en sus enseñanzas fue IEVE, compuesto de cuatro letras. Una vez cada año el Sumo Sacerdote de Jerusalén pronunciaba el nombre de Dios, pronunciado letra por letra, así: Jod, he, vau, he. A su vez el nombre se puede dividir en dos partes, I y EVE. El primer sonido representa el pensamiento divino, el elemento masculino de Dios. El segundo es triple y representa el elemento femenino. Es el representado por la Eva bíblica, heredera de la diosa Isis egipcia. Representa por un lado a la Mujer universal o el femenino universal. Por otro, toda la naturaleza con sus capacidades creadoras de vida. Y, finalmente, a nivel celeste, la substancia luminosa de los espíritus y las almas. Traducido todo ello a los órdenes en que ha sido creada la naturaleza, representa asimismo la cosmogonía, el orden del mundo astral, junto a las realidades psíquicas y las físicas, constituyendo todas ellas la tríada inferior. Así, Dios es una cuaternidad masculino-femenina, de las que es trasunto, a su imagen y semejanza, todo lo creado. Todo eso dice el pensamiento esotérico transmitido por el que fue sacerdote de Osiris, HOSARSIPH, llamado después MOISÉS.

EL MANDALA

Supone otra expresión casi universal del simbolismo de la Cuaternidad. También en la visión de EZEQUIEL, al referirse a las ruedas que acompañan a los 4 seres vivientes ya citadas más arriba, éstas son auténticos mandalas:

> Y, mirando a los vivientes, descubrí junto a cada uno
> de ellos una rueda que tocaba la tierra. Las ruedas
> parecían de turquesa, eran todas iguales, y cada una

dispuesta como si hubiese una rueda dentro de otra rueda...Mirando vi que sus llantas estaban todo en derredor llenas de ojos...tenían las ruedas espíritu de vida.

Los mandalas genuinos son oriundos del Tibet. Consisten en un padma o loto redondo, en cuyo interior hay un edificio cuadrangular. Tiene 4 puertas, en recuerdo de los 4 puntos cardinales y las cuatro estaciones del año. En el centro del rectángulo está Buda, o Siva con su esposa Sacti. Otras veces existe simplemente un cuadrado, un triángulo o una cruz. Los mandalas son instrumentos de rito o yantras, que ayudan a llegar al éxtasis místico. Cuando un individuo tiene un conflicto religioso o un gran problema, se hace su propio mandala y en su contemplación alcanza el estado de consciencia adecuado para solucionar el conflicto.

Se distingue el mandala del signo escueto de la cuaternidad en que ésta tiene el centro vacío. El mandala, como el descrito arriba, se extiende forma multicultural; se encuentra en los indios americanos (navajos y sioux)[89] , también entre los aztecas (la piedra del Sol) y en piedras talladas del período Paleolítico. Dice MIRCEA ELIADE[90] que las escuelas tántricas actuales prescinden de los mandalas gráficos exteriores, sustituyéndolos por representaciones mentales que utilizan para el mismo fin, la meditación. En ocasiones el mandala está representado por el propio cuerpo.

En la iconografía medieval cristiana también se observan representaciones mandálicas: Cristo rodeado de los cuatro apóstoles, la Virgen rodeada por la Personas de la Santísima Trinidad; o simplemente la Virgen con el Niño en su regazo; hay, no obstan-

---

[89] E. HARDING, Physic Energy. Its source and Good". New York. Pantheon Books. 1947.

[90] MIRCEA ELIADE. Images et symboles. París. 1952.

148

te, representaciones más abstractas, tal un triángulo con un ojo en su interior.

Lo que es la flor de loto en la simbología oriental lo es la rosa en occidente, con el mismo significado, la sede del nacimiento de Dios. Cuando el centro del mandala se dibuja vacío, el dios está representado por el círculo, mientras que la diosa lo está por el cuadrado. La Virgen también puede ser representada por el mandala; es la matriz circunscrita por los cuatro puntos cardinales, recipiente terreno que contiene lo redondo, la Divinidad (imágenes de María de la O). En el pensamiento cristiano la imagen de Dios está encerrada por todas partes por el *anima mundi*. Es lo que expresaba GREGORIO EL GRANDE cuando hablaba de Cristo y la Iglesia "Vira femina circundatus" (un hombre rodeado por una mujer). Es una imagen mixta, masculino-femenina, similar al carácter hermafrodita que tiene el *lapis*, la piedra filosofal de los alquimistas.

Desde el punto de vista psicológico, el mandala, como la cuaternidad, representa la unificación superior de la personalidad individual, la integración de sus partes en una Unidad que las abarca y supera. Supone una reconciliación de los contrastes, una mediación entre ellos. En el *Tractatus Aureus* se dice:

> Esto a lo cual hay que hacer volver los elementos es aquel círculo pequeño que tiene su lugar céntrico en esta figura cuadrada. Constituye para ellos el mediador que restablece la paz entre los enemigos, es decir, los elementos, para que en unión provechosa, se quieran mutuamente: o para mejor decir, él solo lleva a cabo la cuadratura del círculo, hasta ahora buscada por muchos y encontrada por pocos.

Y otro autor, ORTELIUS, añade:

> Pues, así como el bien sobrenatural y eterno, el Mediador y Salvador nuestro, Cristo Jesús, que nos libra de la muerte eterna, el diablo y todo mal, participa de dos naturalezas, es decir, la divina y la humana, así también este salvador terrestre consiste en dos partes, la celestial y la terrestre, con las cuales nos restituye la salud, y nos libra de las enfermedades celestiales y terrestres, espirituales y corporales, visibles e invisibles.

Habla, pues, de un salvador que no viene del cielo sino de lo hondo de la tierra, de lo que está situado por debajo de la conciencia. Los alquimistas comprendieron que en la crátera de nuestra alma se encerraba un espíritu, una paloma blanca. Y si eres capaz de introducirte en la profundidad de esa crátera, en lo hondo del alma, "conocerás la finalidad para la que has sido creado y te acercarás a Aquél que creo la crátera".

A este *nous* escondido llamaron Mercurio los alquimistas, y a ese misterio se refiere la sentencia: "Est in Mercurium quicquid quaerunt sapientes" (En el Mercurio se encuentra lo que buscan los sabios). También se le llamó lo *rotundum, el anima media natura, el anima mundi, espíritu intelectual e ígneo*, que no tiene forma, pero que quiso transformarse en cualquier forma e igualarse a todas. El que en proporción múltiple y de algún modo se halla vinculado a todas las criaturas.

Una idea muy desarrollada por los gnósticos era que Dios estaría en todo, hasta en la materia, sería la *scintilla*, la chispa divina. En su obra De Spag. Art. Theatr. Chem, DORNEUS afirmaba: «En el cuerpo del hombre se encuentra una cierta substancia de naturaleza celestial que muy pocos conocen». Y, en su *"Philosophia speculativa"* añade: «Hay en las cosas naturales cierta verdad no vista por el ojo externo y que sólo el espíritu percibe. Los filósofos tuvieron experiencia de ella, y descubrieron que su virtud es tal que obra milagros».

Los viejos filósofos de la naturaleza dijeron que la substancia milagrosa (expresada por un círculo dividido por cuatro) era el hombre mismo. En la obra alquímica *"Anigmata Philosophorum"* se habla del *homo albus* que nace de la vasija hermética. Y en todas las obras antiguas hay una invitación a dialogar con la parte no conocida del sí-mismo.

Pero a este conocimiento no se llega por vía racional. Es de tal índole que se impone a la conciencia como Revelación, algo desconcertante que se muestra al alma. No es conocimiento deductivo, sino gracioso, añadido, inmerecido. Se presenta como espectáculo, y además evidente. A esa parte escondida del ser se refería SALOMÓN TRISMOSIN cuando escribía:

> Estudia, pues, qué eres,
> De lo cual eres una parte.
> Lo que estudias, aprendes y es
> Es realmente lo que eres.
> Todo lo que está fuera de tí
> Está también dentro de tí.

El proceso alquímico era una invitación a la perfección: «¡Transformaros en piedras filosofales vivas!» (GERARDUS DORNEUS). Esa parte del ser escondida, encerrada en la oscuridad y en cautiverio, es liberada por la obra alquímica y representada como una apoteosis, semejante a la resurrección de Cristo.

El pensamiento gnóstico, tras su derrota en los primeros siglos cristianos, se refugió en la Alquimia. Ésta tiene una parte química propiamente dicha (que se llamaba *physica*) y otra parte *philosophica*. La idea central gnóstica era que el dios inferior, el Demiurgo, el alma del mundo o espíritu divino, quedó en estado potencial dentro de la materia, junto al caos inicial. Por eso los alquimistas griegos hablaban de la piedra que contiene el espíritu. Más adelante escribió J. CH. STEBUS:

> Ni la tierra ni el aire ni el fuego ni el agua, ni las cosas hechas de esas cosas, ni las cosas de que esas cosas están hechas, deben ser llamadas la prima materia, que debe ser el receptáculo y la madre de lo que es hecho y lo que puede ser visto, sino una cierta especie que no puede ser vista y es informe y sustenta todas las cosas[91]
>
> .

A esa prima materia la sigue llamando la primitiva tierra caótica, Hyle, Caos, Abismo, la madre de las cosas... Fue regada por las corrientes del cielo y adornada por Dios con las innumerables Ideas de las especies.

Para los gnósticos, el *nous*, el espíritu, desciende de las esferas superiores y es aprisionado por el abrazo de *Physis*, la materia. Ya antes, en los siglos V y IV a. Cristo, los pitagóricos creían que el alma es completamente devorada por la materia, con excepción de la razón. Los alquimistas querían extraer del Caos ese primitivo espíritu divino, que llamarán quintaesencia y *aqua permanens*. Y, cuando en el mundo cristiano se bendice el agua el Sábado Santo, es una repetición del descenso del Espíritu Santo al agua (como en la lámina del *"Rosarium Philosophorum"* en que la paloma está arriba y la fuente abajo). Así el agua adquiere la propiedad divina de transformar y dar al hombre el renacimiento espiritual.

---

[91] J.CH. STEBUS. *Coelum Sephiroticum*. 1679.

CAPÍTULO VIII

Hermes Trimegisto

El pretender escribir sobre HERMES es de por sí un atrevimiento. Un personaje que ha simbolizado con su nombre lo más secreto, lo conocido sólo por iniciados, lo hermético, ¿puede descubrírsele?

La primera cuestión a plantear es si existió realmente. En muchos escritos se le ha dado naturaleza divina, el dios HERMES-TOTH. Luego veremos que no es una paradoja que existiera y fuera considerado dios. Pero antes es necesario situarse en el marco adecuado para comprender esta figura mítica. Para los egipcios ocupaba un lugar semejante al de RAMA para la civilización aria.

Si existió, ¿cuándo? La tradición nos lo ha presentado como el creador del cuerpo sacerdotal de iniciados de Egipto. Es sabido que este país fue en cierto modo gobernado siempre por una oligarquía de sacerdotes que retenían en secreto sus conocimientos teológicos, cosmogónicos y físicos, mientras que el Faraón venía a ser su representante. Éste es quizá el carácter fundamental que distingue el mundo de Egipto del de la civilización mesopotámica. En ésta, toda la organización social, a través de los tiempos de Sumer, Acad, asirio y persa, se basaba en la autoridad absoluta del Rey, con una clase sacerdotal subyugada. De ahí sus colapsos periódicos hasta su destrucción definitiva por ALEJANDRO MAGNO. Sin embargo, Egipto mantiene durante milenios la misma civilización, de una altura espiritual extraordinaria, aunque siempre reservada a un cuerpo minoritario de iniciados. Incluso tras su conquista por los Hicsos en el 2200 a. C., supieron conservar su ciencia secreta, matriz de su cultura, hasta que AMOS, nacido de sus templos, consiguió expulsar a los invasores 900 años después. En conjunto, Egipto produce una enorme sensación de estabilidad, de eternidad, transmisora de conocimientos inmemoriales. De los que se fecundó el pensamiento de gigantes como ORFEO[92], MOISÉS, PITÁGORAS O PLATÓN.

La antigüedad de la formación de la doctrina sacerdotal egipcia es enorme. Sus iniciadores fueron los que construyeron la Esfinge de Gizeh. En una inscripción referida a la IV dinastía faraónica hay una referencia a la misma en la que se cuenta que su construcción se perdía en la antigüedad. Por entonces la Esfinge fue encontrada enterrada en la arena. Si consideramos que la IV dinastía está fechada alrededor de 4000 a.a.C., ya se podrá juzgar sobre el momento de su construcción. Por aquel entonces las olas del mar batían cerca de su base y todavía no se había formado el Delta del Nilo.

Pero hay otro aspecto a considerar respecto a la Esfinge. Ésta está formada por una cabeza de hombre que corona un cuerpo de toro, provisto de garras de león, y a sus lados dos alas de águila. Es decir, los cuatro animales reyes de la creación, los mismos que vemos en la visión de EZEQUIEL, los que simbolizan los cuatro Evangelistas. La Esfinge era, pues, un símbolo perfecto de la Cuaternidad, de la unión de los cuatro elementos que forman el mundo, aire, fuego, agua y tierra. En suma, un símbolo de todo el Universo, de Dios con lo creado. Su construcción supone, por

---

[92] La existencia de Orfeo no está confirmada, pero es muy probable que fuera el inspirador de los cultos místericos griegos, principalmente los relacionados con Apolo en Delfos.

154

consiguiente, que ya estaba en su madurez una elevadísima concepción del mundo y del hombre, que necesariamente tuvo que llevar muchos siglos en su elaboración, probablemente mucho más allá del 5º milenio.

La figura de HERMES está, pues, referida a esas remotas épocas. Es lógico que se ponga en duda su existencia. Pero una teología cosmogónica tan depurada como la desarrollada por los sacerdotes egipcios es casi inconcebible que naciera espontáneamente sin la presencia de un gran místico-visionario del mismo nivel que RAMA, KRISNA O BUDA. Así que, probablemente, existió. Lo apoya una persistente tradición mantenida durante milenios por los egipcios, por la tradición griega que nunca dudó de su existencia, y por la recogida por todos los alquímicos que en el mundo han sido, que lo consideran su precursor.

El nombre de HERMES se ha ampliado en su significación con el tiempo, viniendo a simbolizar una doble trinidad:

Por un lado, sería el iniciador, el maestro, el visionario de las realidades supremas.   También con su nombre se designa a la casta sacerdotal, su heredera, la depositaria de la Verdad. Y finalmente representa a un dios, a MERCURIO, el situado en la esfera celeste de los iniciadores, cumpliéndose la correspondencia entre el mundo divino y el hombre. La tradición lo ha identificado con el dios Thoth, algo que no debe extrañarnos. Para los sacerdotes egipcios, los dioses eran hombres inmortales, y los hombres dioses mortales.   En el *"Libro de los Muertos"* egipcio se habla del dios Toth como intermediario entre las almas de los muertos y Osiris. Así se lee en el Capítulo LXXVIII: «Tendrá cuidado de él el dios Thoth, a su llegada, así como en sus desplazamientos posteriores, y esto, regularmente, todos los días, real y eternamente, llegará el difunto a ser Espíritu Santificado en toda su perfección».   Y en el Capítulo XCII: «Es Toth quien me ha revelado los Misterios de la Noche que Ra guarda celosamente. Y también otras cosas que vosotros sabéis...»

155

Por otro lado, los griegos seguidores de sus doctrinas le llamaban HERMES TRIMEGISTO pues fue a un tiempo rey, legislador y sacerdote. Lo que nos dice que hubo un tiempo en que los tres poderes estaban unificados en una misma casta social. Una época que vino en llamarse el Reino de los dioses.

LOS LIBROS HERMÉTICOS

Lo que hoy entendemos por hermetismo, y que consiste en un conjunto de ideas, creencias y prácticas, fue redactado en una serie de textos entre el siglo III a. C y el III d. de Cristo, fundamentalmente en las escuelas de Alejandría. Dentro de este conjunto de escritos hay que separar los que pueden considerarse hermetismo popular y que se refieren a la astrología, la magia, la alquimia y las ciencias ocultas. Aparte hay que poner a los considerados de más altos conocimientos, de saber más erudito y que constituyen el *"Corpus hermeticum"*[93] . Se aprecia en todos estos libros un fuerte sincretismo, en el que se amalgaman ideas preferentemente egipcias con las judías, con las del platonismo tardío y el de las escuelas gnósticas. Por tanto, es difícil discernir qué puede atribuirse a las tradiciones más antiguas. Se puede leer en ellos una visión de la deidad que resultará sorprendentemente actual:

> Dice Hermes a su discípulo Asclepius: Ninguno de nuestros pensamientos puede concebir a Dios, ni lengua alguna puede definirle. Lo que es incorpóreo, invisible, sin forma, no puede ser percibido por nuestros sentidos; lo que es eterno, no puede ser medido por la corta regla del tiempo: Dios es, pues,

---

[93]Se cuenta con una traducción latina llamada Asclepius, de las copias de un Discurso perfecto y de unos cuantos extractos recogidos en la obra *"Anthologium"* de STOBEO (año 500).

inefable. Dios puede, en verdad, comunicar a algunos elegidos la facultad de elevarse sobre las cosas naturales para percibir alguna radiación de su perfección suprema; pero esos elegidos no encuentran palabra para traducir en lenguaje vulgar la Visión inmaterial que les ha hecho estremecer. Ellos pueden explicar a la Humanidad las causas secundarias de las creaciones que pasan bajo sus ojos como imágenes de la vida universal, pero la causa primera queda velada y no llegaríamos a comprenderla más que atravesando la muerte.

Quien haya leído a nuestros místicos, Santa Teresa y S. Juan de la Cruz, podrá apreciar la similitud del lenguaje y esa misma imposibilidad de expresar con palabras lo vivido en sus éxtasis.

Hermes vio el conjunto de las cosas, y habiendo visto, comprendió, y habiendo comprendido, tenía el poder de manifestar y revelar. Lo que pensó lo escribió; lo que escribió lo ocultó en gran parte, callándose con prudencia y hablando a la vez, a fin de que toda la duración del mundo por venir buscase esas cosas. Y así, habiendo ordenado a los dioses sus hermanos que le sirvieran de cortejo, subió a las estrellas[94] .

La religión egipcia tenía dos niveles. El popular era politeísta, mientras que la teología sabia, esotérica, como ya explicaba M. MASPERO[95], enciclopedista, era monoteísta desde los tiempos

---

[94]Tomado de EDOUARD SCHURÉ, *Los grandes iniciados.*

[95] M. MASPERO. « *Histoire ancienne des peuples de l´Orient* ». BLASCO IBÁÑEZ hizo a principios de siglo una traducción al castellano.

157

del Imperio Antiguo. La unidad del ser divino está expuesta con energía en los textos referidos a aquel tiempo. Dios es el Uno Único, el que existe por esencia, el solo que vive en substancia, el solo generador en el cielo y en la tierra que no ha sido engendrado. A la vez Padre, Madre e Hijo. Y estas tres personas, lejos de dividir la unidad de la naturaleza divina, concurren a su infinita perfección. Sus atributos son: la inmensidad, la eternidad, la independencia, la voluntad todopoderosa, la bondad sin límites. El panteísmo que subyace en la teología egipcia se expresa en las palabras de los viejos textos: «Él crea sus propios miembros que son los dioses». Cada uno de esos dioses, confundidos como idénticos al Dios Uno, puede formar un nuevo tipo de donde emanan a su vez, y por el mismo procedimiento, otros seres inferiores. El Mundo sería una degradación sucesiva desde Dios, pero aún en el ser más inferior habría en él un resto de divinidad.

El Mundo, incluido el divino, estaría formado por una serie de esferas concéntricas, siete en concreto, regidas cada una de ellas por un planeta, cada una poblada por criaturas con un grado de perfección sucesiva. Eran los siete cielos. Es una imagen recogida por los siete pisos de los zigurats (templos-observatorios astronómicos) mesopotámicos, y también literariamente en la *"Divina Comedia"* de DANTE. Tiene asimismo una traducción psicológica al expresar los distintos grados de perfección personal. Cuando SANTA TERESA escribe sus *"Moradas"* como niveles de perfección del alma, está ascendiendo con ellas por los distintos cielos. E igual expresan el grado de éxtasis místico, de profundización interior, de integración personal. Experiencia semejante también la que refieren los chamanes siberianos cuando en sus éxtasis subían a los cielos o descendían a los infiernos.

Cuando la invasión extranjera de Egipto, mientras los hicsos reinaban en Memfis, en Tebas se mantuvo el núcleo duro de la resistencia sacerdotal. Por entonces extendieron la leyenda de Isis y Osiris, con manifestaciones litúrgicas grandiosas, mientras por otro lado desarrollaban los pequeños y grandes Misterios, caminos de iniciación para sólo unos pocos, escogidos tras durísimas pruebas y que mantendrían los secretos más exclusivos bajo juramento y pena de muerte si eran revelados. Guardarán así el crisol del alma de Egipto, que volvió a salvarle.

Contienen las enseñanzas una elevada concepción del hombre, atendiendo sus más elevadas necesidades intelectuales y morales, escuela de conductores de pueblos. MOISÉS no habría podido desarrollar su obra de no haber sido sacerdote egipcio. El placer, la felicidad, la ciencia, la inteligencia eran uno en su desarrollo, siempre siguiendo la tradición hermética. El desarrollo personal sólo se entendía si era global:

> Para alcanzar la maestría el hombre tiene necesidad de una refundición total de su ser físico, moral e intelectual. Más esa refundición sólo es posible por el ejercicio simultáneo de la voluntad, de la intuición y del razonamiento. Por su completa concordancia, el hombre puede desarrollar sus facultades hasta límites incalculables. El alma tiene sentidos dormidos: la iniciación los despierta. Por medio de un estudio profundo, una aplicación constante, el hombre puede ponerse en relación consciente con las fuerzas ocultas del Universo. Por un esfuerzo prodigioso puede alcanzar la perfección espiritual directa, abrirse las vías del más allá, y hacerse capaz de dirigirse a ellas. Entonces, solamente, puede decir que ha vencido al destino y conquistado su libertad divina. Entonces, sólo el iniciado puede llegar a ser iniciador, profeta y teurgo, es decir: vidente y creador de almas. Porque

sólo el que se domina a sí mismo puede dirigir a los otros; sólo es libre el que puede liberarse"[96].

Es la evolución psicológica que estudia el psicoanálisis moderno, retomando el camino abandonado por muchos años para llegar a la integración personal que en nuestros días JUNG ha llamado el sí-mismo.

El ser humano, como la Divinidad, también era considerado trino: con su cuerpo, su alma como el punto intermedio con su parte superior, el espíritu. Originado éste en otros mundos, otras esferas celestes de las que descendió. La humanización de los espíritus era una dura prueba, una caída al abismo de la Tierra para más tarde remontar a la patria de la que procedían. Las lluvias de estrellas, visibles en las claras noches de Agosto, que después se llamarían las lágrimas de Dionisos (el Verbo divino griego) y ahora lágrimas de S. Lorenzo, eran las almas que viajaban de unos cielos a otros, brillantes por la luz de su pureza.

Sin embargo, en los textos del *"Corpus hermeticum"* debieron mezclarse ideologías extrañas que enmascararon el mensaje original. Así, en 1914 BOUSSET hizo observar que el Corpus contenía dos teologías opuestas, irreconciliables. Hay una doctrina, la señalada anteriormente, de carácter monoteísta y panteísta. En ella el mundo es bueno y bello porque está transido de Dios. A través de ese mundo, al contemplar su belleza, se llega a Dios, que es Uno y también Todo, es creador y se le llama Padre. Con el cosmos y Dios, el hombre completa una nueva tríada. Él debe "admirar y adorar las cosas celestes, cuidar y gobernar las terrenas". El mundo "es un viviente inmortal"[97]; el hombre es "el

---

[96]Cita tomada del libro de SCURÉ arriba citado.
[97] Corpus hermeticum VIII,1.

ser viviente mortal, ornato del ser viviente inmortal"[98].

A esta doctrina se ha unido otra venida del Este, de Persia. El mundo sería malo. «No es obra de Dios, en todo caso del primer Dios, pues éste está infinitamente por encima de toda materia, está oculto en el misterio de su ser y no es posible llegar a Dios sino huyendo del mundo. Hay que comportarse aquí abajo como un extranjero»[99] . Apenas hace falta recordar cuantos seguidores ha tenido esta doctrina entre el cristianismo de otros tiempos. El mundo, en el que el mal se asienta, habría sido creado por un dios inferior, el demiurgo. Pero no voy a extenderme más en esta doctrina por ser totalmente ajena a la concepción original de HERMES.

LA VISIÓN DE HERMES

Este relato se encuentra al inicio de los libros alejandrinos sobre HERMES con el nombre de Poinmandres. Constituye un fragmento capital sobre el pensamiento esotérico:

> HERMES entró en éxtasis y, mientras una torpeza invadía su cuerpo, su espíritu quedaba extrañamente libre y ascendía por los espacios. Se le apareció entonces un ser inmenso, sin forma, al que interpeló: - ¿Quién eres? -Soy Osiris, la inteligencia soberana y puedo revelarte todas las cosas. ¿Qué deseas? -¡Oh, divino Osiris! Deseo contemplar la fuente de los seres y conocer a Dios. -Quedarás satisfecho.

---

[98] Corpus hermeticum, IV,2.
[99] A.J.FESTUGIÈRE, *Hermetisme et mystique païenne*, 37.

161

Osiris, según la enseñanza sacerdotal, era el esposo de Isis. Ambos eran manifestaciones, personas divinas integrantes del Dios UNO; el primero era la inteligencia creativa, la segunda la sustancia de la que procederían todas las cosas, el Alma del Mundo.

A la petición de HERMES, una visión se le apareció, en la que se imbricaban todos los seres. Tras ella se vio sumergido en un abismo del que surgían vapores húmedos, abismo oscuro en el que se oía una voz lejana. Era el grito de la luz. De la luz divina sumergida en la profundidad de todas las cosas. Entonces un rayo resplandeciente surgió del abismo y arrastró a HERMES hasta el mundo astral, y en ese momento la voz de la luz llenaba el infinito. En el mundo inferior la luz está encerrada, prisionera, en la materia y sólo alcanza su plenitud en los cielos.

Ante la incomprensión de HERMES, Osiris se lo explica:

> Acabas de ver lo que es desde toda la eternidad. La luz que has visto al principio es la inteligencia divina que contienen todas las cosas en potencia, y encierra los modelos de todos los seres. Las tinieblas en que has sido sumergido enseguida son el mundo material en que viven los hombres de la tierra; el fuego que has visto brotar de las profundidades es el Verbo divino. Dios es el Padre, el Verbo es el Hijo, su unión es la vida. Vemos aquí surgir la doctrina del Verbo divino, esa persona o potencia del Dios Uno que baja a dar luz a la materia y hacer surgir la vida.

Consternado, exclama HERMES: «-¿Qué sentido maravilloso se ha abierto en mí?. No veo con los ojos del cuerpo sino con los del espíritu. ¿Cómo puede ser?   - Hijo de la Tierra, es porque el

Verbo está en ti. Lo que en ti obra, oye y ve es el Verbo mismo, fuego sagrado, palabra creadora».   Con estas palabras Osiris le indica que hay un medio intuitivo, místico, de contemplar lo que era algo desconocido, que en nuestro interior está Dios aguardando. Concepción que compartiría cualquier místico cristiano.

«- Si es así, dijo HERMES, hazme ver la vida de los hombres, el camino de las almas, de dónde viene el hombre y adonde vuelve.   - Hágase según tu deseo». HERMES se vio lanzado a través de los espacios, terminando en la cumbre de una montaña.   «- Levanta los ojos y mira - ordenó Osiris -». La maravilla se extendió frente a sus ojos. Vio los siete cielos como siete globos concéntricos y transparentes, mientras él ocupaba en centro sideral.

- Mira, escucha y comprende. Tú ves las siete esferas de toda vida. A su través tiene lugar la caída de las almas y su ascensión. Los siete planetas con sus Genios son los siete rayos del Verbo Luz. Cada uno de ellos domina en una esfera del Espíritu, en una fase de la vida de las almas. El más aproximado está coronado por una hoz de plata. Éste preside a los nacimientos y las muertes. Él desagrega las almas de los cuerpos y los atrae en su rayo. Sobre él, el pálido Mercurio muestra el camino a las almas descendentes o ascendentes, con su caduceo que contiene la ciencia. Más arriba, el brillante Venus sostiene el espejo del Amor, donde las almas por turno se olvidan y se reconocen. Sobre éste, el Genio del Sol eleva la antorcha triunfal de la eterna Belleza. Más arriba aún, Marte blande la espada de la justicia. Reinando sobre la esfera azulada, Júpiter sostiene el cetro del poder supremo, que es la inteligencia divina. En los límites del mundo, bajo los signos del Zodíaco, Saturno lleva el globo de la Sabiduría universal.

Los siete planetas (incluido entre ellos el Sol) constituían el patrón de la estructura del mundo. Por ello había siete cielos, a los que correspondían siete estadios infernales. Y los siete días de la Creación, y los siete días de la semana que la rememoran. Y las siete notas musicales que llevan consigo la armonía del Universo.

- ¿En qué forma, ¡oh, maestro mío!, tiene lugar el viaje de los hombres a través de todos esos mundos?   -¿Ves - dijo Osiris - una simiente luminosa caer de las regiones de la vía láctea en la séptima esfera? Son gérmenes de almas. Ellas viven como vapores ligeros en la región de Saturno, dichosas, sin preocupación, ignorantes de su felicidad. Pero al caer de esfera en esfera revisten envolturas cada vez más pesadas. En cada encarnación adquieren un nuevo sentido corporal, conforme el medio en que habitan. Su energía vital aumenta; pero a medida que entran en cuerpos más espesos, pierden el recuerdo de su origen celeste. Así tiene lugar la caída de las almas procedentes del divino Éter. Más y más prisioneras de la materia, más y más embriagadas por la vida, se precipitan como lluvia de fuego, con estremecimientos de voluptuosidad, a través de las regiones del Dolor, del Amor y de la Muerte, hasta su prisión terrestre, donde tú gimes retenido por el cetro ígneo de la tierra y donde la vida divina parece un vano sueño.

«-¿Pueden morir las almas?» - preguntó HERMES.   «-Sí - respondió Osiris -. Muchas perecen en el descenso fatal. El alma es hija del cielo y su viaje es una prueba. Si en su amor desenfrenado de la materia pierde el recuerdo de su origen, la brasa divina que en ella estaba y que hubiera podido llegar a ser más brillante que una estrella, vuelve a la región etérea, átomo sin vida, y el alma se desagrega en el torbellino de los elementos groseros.

Aquí indica la noción del alma como un intermedio, punto de unión entre el espíritu de origen divino y la materia. Es la visión tripartita del hombre. Éste sólo se salvaría si su alma no pierde su compañero espiritual al olvidarlo. El descenso a la Vida es una prueba para la salida de la felicidad inconsciente de las almas situadas en los cielos. Las que vuelven a subir recuperan una felicidad ahora consciente y, por tanto, superior, conocedoras de la oscuridad y los sufrimientos. Otras no vuelven...

Entonces se ocultaron las esferas y HERMES sufrió un estremecimiento. Aparecieron entonces espectros lanzando gritos y blasfemias, desgarrados por fantasmas de monstruos.

-Tal es - siguió Osiris - el destino de las almas irremediablemente bajas y malvadas. Su tortura sólo termina con su destrucción, que es la pérdida de su conciencia. Pero mira: los vapores se disipan, las siete esferas reaparecen bajo el firmamento. Mira de este lado. ¿Ves aquel enjambre de almas que tratan de remontarse a la región lunar? Las unas son rechazadas hacia la tierra, como torbellinos de pájaros bajo los golpes de la tempestad. Las otras alcanzan a grandes aletazos la esfera superior, que las arrastra en su rotación. Una vez llegadas allá, recobran la visión de las cosas divinas. Pero esta vez no se contentan con reflejarlas en el ensueño de una felicidad impotente. Ellas se impregnan de aquellas cosas con la lucidez de la conciencia iluminada por el dolor, con la energía de la voluntad adquirida en la lucha. Ellas se vuelven luminosas, porque poseen lo divino en sí mismas y lo irradian en sus actos. Templa, pues, tu alma, ¡oh, Hermes!, y serena tu espíritu oscurecido, contemplando esos vuelos lejanos de almas que remontan las siete esferas y allí se esparcen como haces de chispas. Porque tú también puedes seguirlas: basta quererlo para elevarse. Mira como ellas se enjambran y describen coros divinos. Cada una se coloca bajo su genio preferido. Las más bellas viven en la región solar, las más poderosas se elevan hasta Saturno. Algunas se remontan hasta el Padre: entre las potencias, potencias ellas mismas. Porque allí donde todo acaba, todo comienza eternamente, y las siete esferas dicen juntas: "¡Sabiduría, Amor, Justicia, Belleza, Esplendor, Ciencia, Inmortalidad!".

Aquí terminaba el relato de la Visión de HERMES y el hierofante egipcio explicaba al iniciado que la doctrina del Verbo Luz expresaba el equilibrio perfecto de la divinidad. Trinidad en la Unidad. Osiris, Isis y Horus, Inteligencia, Sustancia y Fuego o fuerza.   Contemplada así, la Trinidad estaría en su estado estático, mientras que el mundo, el compuesto por todas las esferas, representa el estado evolutivo, dinámico, de la divinidad, la Vida como manifestación de Dios. Aparece aquí claro el carácter panteísta de la doctrina, el que fue seguido por todas las escuelas gnósticas, y el que choca frontalmente con la concepción del cristianismo, que separa claramente como distintos a Dios y al mundo. Las esferas representan como he indicado antes los distintos grados de perfección representados por cada planeta, o por un genio o un dios cósmico, tanto da. Y cada uno igual puede suponer una legión de seres astrales. El mismo sentido tienen los *Siete Genios* de Hermes que los *Siete Amshapands* de la religión persa de Zoroastro, que los *Siete Devas* de la India, los mismos *Ángeles de Caldea*, los *Sephiroths*[100] de la Cábala judía y los *Siete Arcángeles* de la Apocalipsis.

Para los sacerdotes egipcios, la realidad era una apariencia y el iniciado era un resucitado en vida. Entendida aquí la resurrección como transformación de la personalidad. Durante el curso

---

[100] En las doctrinas de los gnósticos, los tres primeros sephirots representaban al ternario divino, los cuatro restantes la evolución del universo.

de su aprendizaje, el novicio simulaba su muerte permaneciendo en una cámara sepulcral durante toda una noche[101] . Luego simulaba su resurrección. Es una idea muy semejante a la que mucho más tarde expuso S. PABLO cuando hablaba de que tenía que morir el hombre viejo para que renaciera el nuevo, iluminado por la revelación de Dios.

También decía la doctrina hermética que "lo externo es como lo interno de las cosas, lo pequeño es como lo grande: sólo hay una ley y el que trabaja es Uno. Nada hay pequeño ni grande en la economía divina". Y repetía: "los hombres son dioses mortales; y los dioses son hombres inmortales".

Las últimas revelaciones se daban al que terminaba la iniciación en un marco incomparable que influía también en su espíritu: sobre el templo de Tebas en la calma de la noche, con las enormes construcciones a sus pies, a la vista el lago plateado por la luna, a lo lejos las pirámides; la sierpe del Nilo siempre presente. «Una sola alma, la grande alma del Todo, ha engendrado, al repartirse, todas las almas que se agitan en el Universo». Y el iniciado, ya sacerdote, pensaba «he alcanzado el punto de la Verdad y de la Justificación; yo resucito como un dios vivo e irradio en el coro de los dioses que habitan en el cielo, porque soy de su raza».

En las estatuas de Isis había una inscripción que decía: «Ningún mortal ha levantado mi velo». O, lo que es lo mismo, había que resucitar y ser dios para comprender el misterio. El ya iniciado había presentido la existencia de un doble, de un espíritu celestial que le esperaba[102] . De estas ideas posiblemente deriva

---

[101] Ese parece ser el fin de la cámara sepulcral de la Esfinge de Gizeh, como práctica de purificación.

[102] Para los egipcios el hombre no tiene conocimiento en esta vida mas que de una alma animal y racional: *hati y bai*. Lo superior de su ser

la creencia popular cristiana de los Ángeles de la Guarda. «El alma es una luz velada. Cuando se la abandona, se obscurece y apaga; pero cuando se vierte sobre ella el óleo santo del amor, se enciende como una lámpara inmortal».

---

está en él de manera inconsciente, y sólo se manifiesta en la otra vida tras la muerte.

CAPÍTULO IX

El simbolismo de la Sexualidad

Todo aquello que para el hombre tiene gran implicación biológica (nutrición, crecimiento, sexualidad, muerte...) le da motivo a que cree un mundo paralelo y simbólico, en el que busca un sentido a ese acontecer biológico. Y, además, utiliza esas mismas claves para expresar y hacer entendibles sus propias realidades psicológicas. Así, esos fenómenos básicos de la vida se convierten en alfabeto metafórico para explicar verdades mucho más profundas. Siendo la sexualidad, por las implicaciones individuales y sociales, una de las facultades que adquieren mayor altura simbólica. Una obra cumbre de la literatura religiosa, *"El Cantar de los Cantares"*, se expresa en clave sexual. Y el caso concreto de la actividad de los alquimistas a través de todos los tiempos sería incomprensible sin la adecuada traducción psicológica de su crudo lenguaje sexual.

Vale, pues, la pena profundizar en el conocimiento simbólico de la sexualidad y llegar a conocer su profundo sentido humano. Ocurre aquí que, si por una parte los hechos sexuales sirven para explicar situaciones psíquicas, a la inversa, éstas le dan a la realidad erótica una espiritualidad que la trasciende de su origen primigenio.

LA MUJER Y LA AGRICULTURA COMO SÍMBOLOS DE LA FECUNDIDAD.

La aparición de la agricultura, el hecho de poder domesticar a las plantas, fue una creación humana realmente extraordinaria, quizá la mayor de su historia. Apareció alrededor de los milenios 10º y 8º a.C y se desarrolló en lugares privilegiados: el Valle del Nilo y la zona de Medio Oriente entre Etiopía y el Cáucaso, los Valles del Tigris y el Éufrates, en el Valle del Indo, en el del río Amarillo...

Ello permitió que por primera vez se pudiera disponer de alimentos en abundancia, con lo que se posibilitó el crecimiento demográfico. Igualmente, al precisar un habitáculo estable, sin necesidad de la vida nómada, dio lugar a la aparición de grandes ciudades, con las consecuencias culturales y de relaciones humanas que eso supuso. El sedentarismo y la vida urbana, junto con el desarrollo del número de pobladores fueron, pues, los resultados materiales más llamativos. Pero ello no lo fue todo. Se acompañaron además de transformaciones psicológicas, de la concepción del mundo. Aparecieron nuevos paradigmas especulativos sapienciales-religiosos que habrían de tener trascendencia enorme.

La consideración de la fertilidad de la tierra y el rebrote de las semillas tras su "descomposición" bajo la gleba llevó a una pronta humanización de estos fenómenos. La fecundidad de la tierra se asoció a la fecundidad de la mujer. Y, dentro de la mentalidad primigenia en la que el hombre no se situaba frente a la naturaleza sino formando parte de ella, esas dos fecundidades eran una misma fecundidad, ambas se interrelacionaban y se estimulaban mutuamente. La Naturaleza llevaba consigo una sacralidad, todo hecho agrícola era una manifestación divina, el agricultor un hierofante, una especie de ministerio sacerdotal.

De esta forma el acto agrícola fue asimilado al acto generador humano. La mujer fue unida en su función procreadora a la gleba roturada. ESQUILO, en su tragedia *"Siete contra Tebas"* dice de Edipo[103] : «Tuvo la osadía de sembrar el surco sagrado en el que se había formado y de plantar en él una cepa sangrienta».

La lluvia sería el semen fecundante para la madre Tierra, que se unía así con el Dios Celeste. Había un conjuro anglosajón[104] que decía así: «Salve, Tierra, madre de los hombres, que seas fértil en tu enlace con el Dios y te llenes de frutos como lo hace el hombre».

Los desposados eran la imagen de la unión del Cielo y la Tierra. Así lo afirma el *"Atharva Veda"* (XIV,2,71), marcando la tradición hindú. Como he indicado más arriba, la fecundidad vegetal y humana se influyen mutuamente en las antiguas creencias; en Uganda se piensa que la esterilidad de la mujer es peligrosa para el florecimiento de los jardines y justifican por ello el divorcio (LEVHY BRUHL, *"Léxperience mystique"*); al contrario, según cuenta FINAMORE en *"Tradizioni populari abruzzosi"*, todo lo que emprende la mujer embarazada tendrá éxito y lo que siembre brotará[105] .

Originalmente, la Agricultura estuvo en manos de las mujeres, y muy posiblemente habrá que atribuirles a ellas su invención. Siempre se pensó que había una relación especial entre la mujer y el surco. Los indios del Orinoco dejan que sean las mujeres quienes siembren el maíz y cuiden las plantas, «así como las mujeres saben concebir y dar a luz a sus hijos, así también los

---

[103] En la mitología griega, Edipo, que desconocía quienes fueron sus padres, llegó a casarse con su madre viuda, danto lugar el relato a una de las tragedias más conocidas de la mitología mundial.

[104] KRAPPE, *Études de mythologie et de folklore germaniques*. París, 1928.

[105] MIRCEA ELIADE, Tratado de Historia de las religiones.

171

granos y las raíces que ellas plantan dan frutos mucho más abundantes que si hubieran sido plantados por la mano del hombre»[106]. También lo afirmaba KARSTEN al citar a los jíbaros: «Creen que las mujeres ejercen una influencia especial, misteriosa, sobre el crecimiento de las plantas cultivadas».

Esta equiparación mujer-gleba queda bien expresada en una canción egipcia en la que la amada dice que ella es la Tierra. En otras se la equipara a las flores del campo: «Yo soy el narciso de Jarán, un lirio de los valles» dice la amada del Cantar de los Cantares (II-1); y el esposo la increpa más adelante: «Eres jardín cercado, hermosa mía, esposa, fuente sellada» (IV, 12). También la Virgen es referida a la Tierra. Así se hace en un himno del siglo XII: "terra no arabilis quae fructum parturit". Y por doquier se mire en una u otra cultura se encuentra siempre la misma simbología. En el Corán (II, 223): «Vuestras mujeres son para vosotros como campo». Y en el *"Atherva Veda"*, XIV: «Esta mujer ha venido como un terreno vivo: ¡sembrad en ella, hombres, la semilla!»

En otras ocasiones el acto generatriz se sitúa junto a la formación de los surcos del campo. En algunas lenguas austroasiáticas la palabra *lak* significa igualmente falo y arado. La Mitología también indica el mismo sentido; cuenta HOMERO en la *"Odisea, V"* que la diosa Deméter se unió a Jasón al comienzo de la Primavera para procurar una rica floración de los campos. Y GRANET, en su libro *"La Religion des Chinois"*, nos dice que los jóvenes de ambos sexos, durante el tiempo primaveral se unían sobre la tierra para contribuir a la regeneración cósmica. En Ucrania, en la fiesta de S. Jorge, el sacerdote bendecía la cosecha y, a continuación, parejas jóvenes rodaban por los surcos. E incluso, en Rusia, las mujeres hacían rodar al sacerdote mismo (cita

---

[106]FRAZER, *Spirits of the Corn*, I,105.

2), costumbre que luego ha derivado en una danza ceremonial de una pareja adornada con espigas de trigo (FRAZER).

LA ORGÍA

Ésta fue una gran celebración con significado sacro en las antiguas civilizaciones matriarcales, en las que la deidad suprema era femenina, representada por las distintas personificaciones de la diosa Madre (Isis, Isthar, Astarté, Deméter...). En una mentalidad plenamente integrada en la Naturaleza, no tiene nada de extraño que la Tierra -el Mundo- fuera adorada como fuente de todas las cosas, la madre de todas las fecundidades. Aquélla de la que todo procede. La posibilidad creadora de la Tierra impresionó al primitivo, sobre todo tras la revolución agrícola que transformó a la Humanidad, con grandes ventajas materiales, pero también cambió la mentalidad toda, dando origen a una nueva Humanidad.

La fecundidad de la Tierra fue objeto de culto y materializada asimismo en la fecundidad humana. En los Panteones de los dioses solía siempre adorarse a una pareja divina. Su unión, la hierogamia, era revivida en los ceremoniales orgiásticos. En ese frenesí genético sin freno se volvía simbólicamente al principio de los Tiempos, ese momento de la indiferenciación, en el que el individuo no existía por sí mismo sino integrado en la especie. Se revivía el principio de la Creación y, tras la Orgía, la comunidad se veía reforzada, dispuesta, tras su experiencia, siempre a final del año, a empezar de nuevo su vida -año nuevo, vida nueva-. Asimismo, había otras fiestas similares, siempre relacionadas con los ciclos agrícolas.

En Oraan, en el mes de Mayo, para la celebración de la unión del dios Sol y la Tierra, el sacerdote se unía públicamente con su esposa y después, entre los miembros de la comunidad se desencadenaba una orgía indescriptible (FRAZER, "Adonis"). Cuenta

173

también el mismo autor en su obra *"The Golden Baugh"* que una ceremonia semejante tiene lugar en la época de las lluvias en el Oeste de Nueva Guinea y el Norte de Australia. Durante la Orgía se rompen las barreras entre el hombre, la sociedad, la naturaleza y los dioses, pasando la energía espiritual entre los distintos niveles.

En las culturas matriarcales siempre se ha relacionado la fertilidad de la tierra con la humana. Había pueblos que, en épocas de sequía, las mujeres corrían desnudas por los campos para despertar la virilidad del cielo (la lluvia). Eran muchas las fiestas arcaicas en honor de la vegetación. En las celebraciones romanas de los *Floralia* desfilaban jóvenes desnudos. Y en las *Lupercalia* unos jóvenes tocaban a las mujeres para estimular la fecundidad.

En la India, en la fiesta de la *Holi*, en honor de la floración de la tierra, todo estaba permitido: todo atisbo de decencia se olvidaba pues había algo más serio que estaba en juego, que era la continuidad de la vida. Grandes tropeles de hombres y niños desfilaban sin control por las calles, cantando y salpicándose con polvo de holi y agua enrojecida. Si encontraban a una mujer se la dirigían injurias y obscenidades, pues era sabido que éstas tenían un valor mágico (MIRCEA ELIADE).

COINCIDENCIA DE LOS OPUESTOS EN LA DIVINIDAD

La oposición de los sexos es un caso particular de la bipartición general de todo lo existente, en la que la diferencia entre lo bueno y lo malo era lo más paradigmático. Pero la divinidad como tal está más allá de estas diferencias y en sí las asume todas. Esta concepción de que en Dios cabe todo y en Él es superarado es creencia antigua atestiguada por muchas culturas.

HERÁCLITO, en la Grecia presocrática, dejó escrito: «Dios es el día y la noche, el invierno y el verano, la guerra y la paz, la saciedad y el hambre: todas las oposiciones están en Él». Al trascender la divinidad a los opuestos indica que es algo absolutamente distinto del hombre. En el texto indio *"Markandeya Purana,74,4"* se lee que la diosa «es Shri (Esplendor) en casa de los que son bondadosos, pero es Alakuhmi (Infortunio) en casa de los malos». Un caso semejante son las representaciones de la diosa Kali. Es corriente suponer dos personalidades diferentes divinas destinadas a reconciliarse en un "illud tempus" indeterminado, escatológico, formando la misma divinidad. También en la tradición judía se contiene, matizada, esta concepción. Yahvé en el Antiguo Testamento es bueno, pero en ocasiones se deja llevar por la ira.

En fin, con todas estas creencias, lo que el hombre ha hecho es transferir su propia dicotomía personal, la convivencia en sí mismo de tendencias opuestas, al nivel de la divinidad. Pero antes de la diferenciación, antes de la aparición de la Bondad y la Maldad, de la Alegría y la Tristeza, de la Afabilidad y la Ira, del surgimiento de los dos sexos, hubo un principio sin atributo, ni bueno ni malo, ni alegre ni triste... Ese principio, en el que el hombre se hundía en las celebraciones de la Orgía, en la que toda diferenciación se perdía y se confundía en la Totalidad que todo lo abarca. Era a su modo una experiencia mística. Los místicos orientales quieren trascender de los extremos, al placer, a los deseos, al frío, al calor, al dolor...llegando a un más allá, zona de neutralidad, en la que el alma no se siente atraída por nada y se experimenta la eternidad como atemporalidad.

En esa transferencia de la intimidad del hombre al mundo de los dioses no debe parecer extraño que en el espíritu arcaico se vieran a los dos sexos en Dios. Pero no una dualidad metafísica, espiritual, sino que, como en toda concepción arcaica, esa bisexualidad era biológica. Muchas divinidades eran bisexuales, un año masculinas, el otro femeninas (Atis, Adonis, Dionisos, Cibeles…). En Australia, el dios primordial era andrógino. En el panteón indio encontramos que la dualidad Shiva-Kali se la representa muchas veces como un único ser. O, en la versión tántrica, tal como se les ve en los mandalas genuinos, se les representa abrazados. Y se pueden dar más ejemplos: algunos antiguos dioses egipcios o el dios iranio Zervan (equivalente al Cronos griego) que tuvo dos gemelos, Ormuz (el dios del bien) y Ahriman (el dios del mal), simbolizando ambos una divinidad única.

LA ANDROGINIA HUMANA

En muchas mitologías se cita que el hombre primordial fue andrógino, por tanto, más completo que el que le siguió. Más adelante derivó esta creencia en la existencia de una pareja primordial que sería hermano y hermana gemelos. En algunos comentarios rabínicos judíos se atribuye a Adán un carácter andrógino, por lo que no resulta extraño pensar que Eva surja de un desgajamiento corporal para formar sexos separados: «Adán y Eva estaban hechos espalda contra espalda, unidos por los hombros; entonces Dios los separó de un hachazo». Otros son de opinión distinta: el primer hombre lo era por el lado derecho y mujer por el izquierdo; pero Dios los dividió en dos[107].

Esta creencia persiste todavía en algunas tribus australianas. Y PLATÓN se refirió a ella en su diálogo "El Banquete". También

lo aceptarán algunos gnósticos. A este ser perfecto primordial se le atribuyó la forma perfecta, la esférica (PLATÓN). Y los taoístas lo confundían con el huevo cosmogónico del que surgió el mundo. Concepciones que dan sentido a prácticas al parecer

---

[107] *Bereshit rabbá I,1.*

inexplicables como la circuncisión o la subincisión (que suponen simbólicamente convertirse en andrógino). O también las ceremonias del cambio de traje[108] ; al cambiar de traje no se convertía el figurante en el otro sexo, sino que experimentaba por unos instantes la perfección primera, la comprensión global del Cosmos; y, como en la Orgía, pretendía eliminar la Historia. Finalmente, también en la Alquimia recogemos esta perfección bisexual en el *rebis*, el hijo de la Obra, que es el andrógino hermético. Pero el hablar sobre la Alquimia requiere más detenimiento.

LA SEXUALIDAD EN LA ALQUIMIA

LA UNIÓN QUÍMICA COMO PREMONICIÓN DE LA UNIÓN MÍSTICA

Cuando el hombre, en su enfrentamiento con la Naturaleza, encuentra zonas oscuras, desconocidas, les comunica una estructura, les adjunta una explicación que transfiere inconscientemente del interior de sí mismo. El miedo al vacío lo supera llenándolo con su propio psiquismo.

Las transformaciones de la materia que el alquimista veía en su laboratorio las explicaba como una "unión mística" de los opuestos, que era en realidad atribuir a la materia los mismos conflictos que el alquimista sentía en su propia alma. La lucha de su yo consciente con su animus/anima inconsciente era trasladada a la materia con lo que, aparte de dar una explicación de los fenómenos observados, encontraba como premio la paz interior. La palabra que utilizaba para indicar esas nupcias en su interior, la *coniuntio*, se convirtió más tarde con el avance de la ciencia en

---

[108] MARTIN P. NILSSON, *Fiestas griegas*. DUMEZIL, *Le problème de les Centauros (sobre el Carnaval)*. J.J.MEYER, *Atindische Trilogie* (sobre la India).

177

"combinación química". De esta manera sustituyó a la materia por el mito de la materia. En el laboratorio, al tiempo que se transformaba la materia, cambiaba su espíritu. Utilizó siempre para expresar los cambios dichos eróticos, cuanto más rudos más sugerentes del conflicto inconsciente: *nupciae, matrimonium, amicitia* (amistad), *atractio, adulatio* (caricia); la unión entre el *agens* y el *patiens*, e incluso como unión entre perro y perra, gallo y gallina, etc.

Pero fueron estos pensamientos míticos los que hicieron nacer la concepción de la situación real de los cuerpos químicos. Una visión de una pareja danzante permitió a KEKULE descubrir la estructura del anillo químico del benceno. Y la pretensión alquímica de la obtención artificial del oro, es decir, el alcanzar la perfección personal, permitió después llegar al descubrimiento de la transmutación de los elementos de la Física moderna.

LAS FUENTES DE LA CONIUNTIO ALQUÍMICA

El pensamiento alquímico no partió de cero. Tenía esa larga tradición de la unión humana a nivel de los opuestos como la de todos los seres vivos, como expresión máxima de vitalidad, de eternidad. Lo que observaba en la Naturaleza lo tenía dentro de sí, había en su interior una androginia espiritual. Se expresó primero con la unión entre los dioses, luego con la hierogamia sacerdotal. Y ese pensamiento de unión de opuestos, el simbolismo que lleva tras sí, se ha traducido siempre en múltiples imágenes metafóricas. El cristianismo desarrolló la doctrina de la unión de Cristo con la Iglesia, del *sponsus* con la *sponsa*. En ella Jesús ocupa el puesto del sol o el dios solar, masculino, activo, creador; también el de la lluvia que hace fértil el campo del alma. Y es la Iglesia la que ocupa el lugar de la luna, el de la diosa madre, la receptora, la fecunda, la que dará los frutos de espiritualidad en este mundo.

También el éxtasis místico se incluye en la misma alegoría, es el alma transida de amor la que, como esposa, se une a la divinidad. De esta manera lo expresaba S. JUAN DE LA CRUZ:

Allí me dio su pecho,
Allí me enseñó ciencia muy sabrosa,
y yo le di de hecho
a mí sin dejar cosa,
allí le prometí de ser su esposa.
Mi alma se ha empleado,
 y todo mi caudal en su servicio;
y no guardo ganado,
ni ya tengo otro oficio,
que ya sólo en amar es mi ejercicio.

La misma imagen que expresa el *"Cantar de los Cantares"*.

Cuando se llega a situaciones patológicas, cuando la integración personal está dificultada, existen con frecuencia proyecciones del conflicto inconsciente a otras personas, generalmente familiares del sexo opuesto. Así, aparecen relaciones atípicas madre-hijo, padre-hija o hermano-hermana. Si esa proyección no se puede asumir en función de su carácter peyorativo, se pueden trasladar a otras personas cuya relación es menos conflictiva, a menudo el médico. La propia angustia se calma trasladando la culpabilidad a las personas del entorno. Son los familiares los responsables de su situación, o el médico que no acierta a curarle.

Este fenómeno de la transferencia del conflicto interno a las personas que rodean al que lo padece tiene características muy peculiares. Nace, como ya he indicado, de la falta de integración, recibo y complemento con el otro componente de nuestro psiquismo, que es del sexo opuesto. La unión de esos componentes es en cierto modo un incesto. Y el transferir el conflicto lleva como acompañante en nuestra cultura la culpabilidad. Por eso los alquimistas llamaban a la conciliación del sí-mismo las bodas reales, pues sólo a los reyes en un tiempo les era permitido el matrimonio consanguíneo.

Para los alquimistas la superación del conflicto interior sólo podía venir a través de lo que ellos llamaban la *nigredo, calcinatio, incineratio,* es decir, la destrucción del propio ser mediante adopción de una nueva forma por reagrupamiento de sus elementos psíquicos. En la persistente búsqueda de la *rex simplex* que siempre es *duplex* (GOETHE la llamaba la doble naturaleza unificada). Una unidad formada por la suma de los contrarios. Por eso el *lapis*, la piedra filosofal de la Alquimia es hermafrodita. Las bodas reales, las nuptiae *chymicae*, ocupan un lugar clave para conseguir la perfección de la Obra.

Y esto no es invento de los alquimistas, es una exigencia que surge de nuestro interior desde los más remotos tiempos. Ya los chamanes siberianos, en su período de iniciación, sufrían sueños visionarios en os que sus cuerpos eran fragmentados y volvían después a renacer. Y lo mismo le ocurrió al dios Osiris egipcio. El "yo quiero o deseo" es sólo una apariencia pues siempre somos más de uno. Puede simularse la unidad cuando se transfiere el otro yo a otra persona. Pero siempre vamos acompañados de nuestra propia sombra. Y, cuando se advierte, la supuesta unidad se fragmenta en dualidad y, muchas veces, en pluralidad; como en el pasaje evangélico del endemoniado al que Jesús pregunta "¿Cuántos sois?", y la respuesta es "Somos legión."

El alquimista precisaba junto al laboratorio un oratorio para implorar que Dios iluminara su alma, porque ella era la que metafóricamente hervía en la marmita, "purgando nuestro espíritu de las horrorosas tinieblas", como decía el monje NOTKER BALBULUS (+ en 912): «*Spiritus almae, Ilustrator hominum, horridas nostrae mentis purga tenebras*"».

También se ha querido ver una sexualidad divina como transferencia de la nuestra, aunque siempre el hombre la entendió al revés, que era la imagen de la que la sexualidad humana sería trasunto. El Dios único egipcio incluía en su propia esencia a Osiris y a Isis. Y en la tradición hebrea el Espíritu Santo era femenino. En la evolución teológica cristiana posterior, en una religión nacida en una sociedad fuertemente paternalista, en la que el Dios Celeste es masculino, será María la que ocupará el puesto de esposa de Dios.

UNAS LÁMINAS CON SÍMBOLOS ALQUÍMICOS[109] .

Si para el alquimista el secreto del arte era la conjunción de los opuestos, lo expresaba bien con la unión del Sol y la Luna o, con simbología claramente erótica, por la unión del Rey y la Reina (ver lámina de la página 131, sacada del libro medieval *"Rosarium Philosoforum"*).

Toda la lámina es pura simbología. En ella la pareja real se da la mano izquierda, el lado de lo siniestro, lo oculto, lo inconsciente. Una unión en las profundidades, en las que se mezclan todas las contradicciones humanas. El acto de la mano izquierda se compensa por el que efectúan las derechas. Cada rama sostiene 2 flores, constituyendo ambas una cuaternidad; dos flores representan a los elementos activos que forman la Naturaleza (el aire y el fuego) y dos a los pasivos (el agua y la tierra). Las cuatro representan la infinita variedad de las formas de la Naturaleza. Pero de arriba baja una rama con una sola flor, sostenida por el Espíritu Santo, la Unidad de Dios que engloba todas las cosas[110] . Es una imagen transferible a nuestro propio interior, marcando

---

[109] C.G. JUNG. *La Psicología de la Transferencia*. De. Paidós, 1972.
[110] Precisamente en este entrecruzamiento de ramas floridas tiene su origen el nombre de **Rosacruz**, la secta que apareció en el siglo XVIII).

181

un camino de integración de la multiplicidad de nuestro ser. Sumando las 5 flores con las 3 ramas tenemos una ogdoada, una doble cuaternidad porque la multiplicidad está en ambos sexos.

La actuación del Espíritu Santo en la figura es poco ortodoxa, indicativa de influencias de la doctrina hermética en la ideología alquímica. Viene a representar la integración de Dios hasta en los últimos peldaños abisales de la Creación. Mientras que para el cristiano Dios está con nosotros, para los herméticos somos en realidad una degradación de Dios. Y en la figura representa al hombre primordial, indiviso en sexos, hermafrodita. Pero, independientemente de su interpretación, lo real es la existencia en cada uno de nosotros de un fondo autónomo, común con el resto de la humanidad, llamémosle inconsciente colectivo, hombre primordial o como queramos, pero que persiste inmanente en la existencia de cada cual condicionando su comportamiento. Ese hombre primitivo se pone en cada época nuevos vestidos, situándose en cada momento histórico, sin ser visto ni oído, todo lo mas sentido, pero constituyendo el motor de nuestra vida.

En esta figura, los personajes van todavía vestidos porque siguen dependiendo en su relación de las convenciones sociales. Pero la unión de la mano izquierda supone ya un acercamiento ilegítimo, prohibido, incestuoso, pues representa la unión "entre parientes". Salvada, no obstante, por el Espíritu Santo, que convierte esa unión en "relación mística", más allá de la corporal, y entonces ya permitida. Como ya indiqué, el incesto es signo de la unión con uno mismo, símbolo de la individuación, de la integración del sí-mismo que decía JUNG.

Pero, si el Rey y la Reina son proyecciones del inconsciente, representan entonces al *animus de la soror mística* (la hermana en la obra, la esposa en la Obra alquímica) y el *anima del adepto* respectivamente. Y el haber sido representados por una pareja real nos indica que no es una representación del individuo como

182

tal ser singular, sino representaciones colectivas, arquetípicas, referidas al hombre primordial.

Se presentan, pues, entrelazadas, múltiples relaciones:

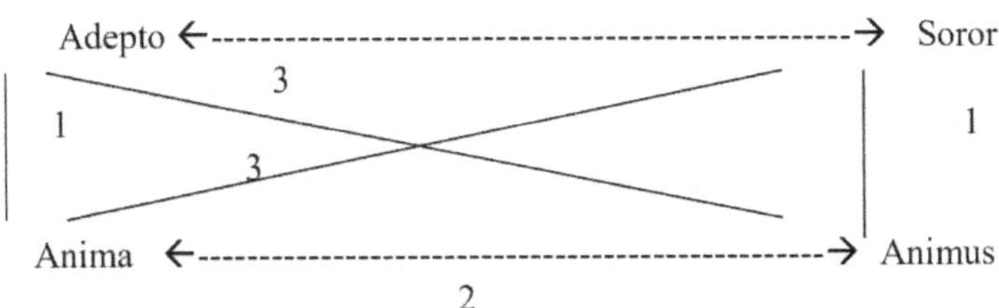

En primer lugar, en el esquema está comprendida una triple cuaternidad (doce relaciones mutuas). En las laterales (1), cada participante, a través de la Obra, pretende unificarse a sí mismo. Las dos relaciones horizontales nos indican la doble unión que existe siempre en el amor entre dos personas del sexo opuesto: una sabida, a nivel consciente, y otra ignorada, inconsciente, entre el ánima y el animus. Las dos relaciones cruzadas (3) nos indican que en la relación con la pareja hay un componente semejante a nosotros mismos en el fondo del otro, el animus para el hombre, el anima para la mujer.

Estas interrelaciones, que ahora sólo se mantienen a un nivel espiritual, tuvieron un carácter sociológico en la organización de los pueblos primitivos y han marcado su huella en muchos cuentos tradicionales. Y siguen teniendo importancia en la sociedad moderna porque es este proceso de individuación el que nos permite defendernos de pasar a ser hombres-masa, con un nivel consciente muy bajo. Este proceso de autocreación tiene un componente subjetivo, de relación con el propio "yo", y uno objetivo, de relación con los demás. El seguir sólo uno de los dos caminos, el de dentro (egoísta) o el de fuera (atavismo primitivo) no nos lleva a la perfección que, como ya indicaban los místicos

183

cristianos y los alquimistas, ha de buscarse por el "camino de en medio".

En la figura que acompaña a este texto se han levantado las apariencias y todo aparece cual es, sin tapujos. Las figuras aparecen desnudas. Y claramente se acomodan a la simbología del Sol y la Luna. Está escrito en el texto adjunto: «Dice el Sol: "Oh, Luna, permíteme ser tu esposo"». La Luna: «Oh, Sol, he de prestarte justa obediencia». Y la Paloma: «Es el Espíritu el que unifica».

Aunque el Sol y la Luna son hermanos, su relación erótica es permisible porque se ejerce a nivel espiritual. Al estar esa relación redimida, ya no aparece la unión de las manos izquierdas. Y la ogdoada se ha simplificado a una hexas: la doble cuaternidad se ha sustituido por la doble trinidad. El número 6 tiene una rica simbología, apropiada para representar la reproducción, al ser igual a 2 treses, es par e impar a un tiempo. El impar representa la parte activa, mientras que el par, receptivo, es el equivalente a la naturaleza originaria, al *hyle* primero. A este número se le ha dado también el nombre de armonía y matrimonio, contiene a la trinidad, a la dualidad y a la unidad (6 = 3 + 2 + 1). Es lo que

184

se decía en el famoso axioma de María: la cuaternidad se ha transformado en trinidad.

Al presentarse las figuras desnudas se muestran como son, con su sombra que se integra en la conciencia. Con ello existe una corporalización, se asume también la impulsividad animal, el primitivo psiquismo. Quiere presentar al hombre cual es, indicando que ha de superar la represión de la sombra. De su integración en un todo vital y armonioso depende el desarrollo de la personalidad. Si no, el camino lleva a la neurosis. Porque no se trata de deshacerse de la sombra, cosa imposible; al contrario, hay que aprender a convivir con ella. Y de su conocimiento surge la modestia, pues sabe entonces que nunca está totalmente a salvo y que siempre, en un momento propicio, puede verse inundado por ella y "perder su alma" como decían los primitivos.

185

CAPÍTULO X

La Muerte y el Bautismo

En todas las visiones antropológicas de todas las culturas, cuando hacen referencia al camino de perfección, utilizan imágenes semejantes, en las que las ideas de muerte, agua y renacimiento se entremezclan. La actual psicología ha dado una nomenclatura a unos procesos en la personalidad que ya fueron entrevistos hace miles de años, dando una visión científica a vivencias muy antiguas.

LA MUERTE

El *"vas hermeticum"* de los alquimistas, el receptáculo donde la materia iba transformándose a fuego lento, era el espejo de la profundidad, del mar que rellenaba el abismo del inconsciente del alquimista. Transferido éste a la materia que cambiaba al paso que el espíritu del iniciado iba elevándose tramos en su camino de perfección. El mar, como el pez en su lugar, siempre ha sido símbolo de las profundidades del alma. Como dice el Libro de JONÁS, II, 6-7: «...las aguas me estrechaban hasta el alma, el abismo me envolvió, las algas se enredaron en mi cabeza. Había bajado ya hasta las bocas del Hades, la región cuyos cerrojos se echaron para mí...».

Profundidades donde se encuentra el Infierno...y también el Cielo. Para el alquímico la inmersión de su pareja real suponía entrar en la tumba. En su traducción psicológica, la unión de los componentes opuestos de la personalidad, el yo con su animus/anima del sexo opuesto, supone en principio la muerte del ser antiguo, desdoblado. Es como el castigo inevitable por el maridaje incestuoso consigo mismo, bien que bendecido por la intervención del Espíritu Santo, la bendición de Dios. La imagen del *"Rosarium Filosophorum"* lo representa por un único cadáver con 2 cabezas. Una dualidad, símbolo diabólico, que supone la muerte. Ésta conlleva un momento de calma, en el que las reacciones químicas en el matraz se enlentecen; se alcanza la situación de máxima entropía, la nivelación de las energías, la bajada a la profundidad de los infiernos, al lugar donde todo es indiferenciado. Es una vuelta al momento primero, antes de que las cosas fueran hechas, el lugar en el que la conciencia se extingue. Pero, al tiempo, lugar más adecuado al cambio, al nuevo comienzo, al renacer. Algo que no es posible sin morir antes. Decía AVICENA: «Corruptio unicus generatio est alterius" (la corrupción del uno es la generación del otro)»[111] .

No tiene, pues, nada de extraño que el trabajo de la Obra alquímica fuera asemejado al del sembrador que al enterrar las semillas y dejarlas "pudrir" permite el nacimiento de nuevos tallos. Para muchas creencias antiguas, la muerte no era algo definitivo, sino el paso a una forma elemental de existencia, una regresión en lugar de una extinción. Y a la espera de la vuelta, durante la que el alma sufre, dolor frecuentemente expresado como sufrir de sed.   Decía Zabulón en el Evangelio de S. LUCAS, 16,24: «Ten piedad de mí y envía a Lázaro para que moje la yema del dedo en el agua y me refresque la lengua, porque me está torturando esta llama».

En esta vuelta a los principios se representa a la pareja que muere en forma de un ser hermafrodita. Muchos mitos atribu-

---

[111]Avicenae tractatulus. Art.Aurif. I.

yen esta naturaleza al hombre primordial; así lo recuerda PLATÓN en su Diálogo El Banquete, atribuyéndole un mayor grado de perfección. Igualmente, por ello, el nuevo ser que surja de la unión de los aspectos opuestos del propio psiquismo tiene que ser un sí-mismo que abarque las virtudes de todos los componentes de la personalidad. Por eso la Piedra Filosofal, el *"rebis"*, la "cosa doble" estará formada por la unión de los opuestos (reacción química versus estructuración de la personalidad).

Para el mundo helénico el hombre estaba formado de cuerpo (soma), alma (spyché) y razón (nous). Al morir el cuerpo iría a la morada de Deméter, la diosa Tierra, mientras que el alma se purificaría en la casa de su hija Perséfone, la Luna. La razón alcanzaría al Sol. Por lo que el simbolismo del Sol y la Luna indicaba ya la muerte previa a toda purificación. Y este simbolismo es recordado en muchos mitos por la muerte de un héroe o un dios. En el Libro de Ezequiel 8,14 se lee: «Me condujo a la entrada de la puerta de la casa de Yahvé del lado norte, y estaban allí dos mujeres sentadas llorando a Tammuz»[112] .

Llama la atención al meditar sobre el simbolismo de esta muerte, típico de la mentalidad occidental, su inevitabilidad. Si puede justificarse como el castigo por seguir el camino erróneo, también aparece al seguir el camino justo, que la Naturaleza traza a través del incesto. Este pensamiento se relaciona con la creencia en el pecado original, la fatalidad que ineluctablemente acompaña al hombre. Es como si no se tuviera más opción que pecar y ser castigado. Surge así la sensación de angustia por la culpa no buscada pero inevitable, el no poder evitar el castigo, la necesidad de ser redimido. Y así, Cristo fue crucificado por ser justo.

---

[112] Tammuz era el dios babilonio equivalente a Adonis, que fue muerto por un jabalí. Simbolismos equivalentes son el del dios cananeo Baal y el egipcio Osiris.

A ese momento de la transformación de la materia en el alambique, en el que se destruye lo que era, el equivalente a la inmersión en las honduras inconscientes, le llamaban los alquimistas *nigredo* y *tenebrositas*. La misma significación que acompaña al Miércoles de Ceniza, en la que, antes que referirse a una muerte futura, indica la muerte presente del hombre que eras, en espera del renacimiento de un hombre nuevo más lleno de Gracia. Cuando la palabra evangélica dice que cada uno cargue con su cruz indica no sólo la aceptación de la inevitabilidad práctica del sufrimiento. También algo más profundo, que el dolor puede ser un medio de perfección. Que el llegar a ser uno-mismo, integrado, no puede conseguirse sin esfuerzo.

El componente yoioco (consciente) de la personalidad se ve solicitado por el no-yo inconsciente y por el otro que está fuera de él. Situado entre el mundo y su intimidad. Por eso en la imagen del *Rosarium* las flores se cruzan, porque el camino mejor, el camino de en medio es una crucifixión. Si siguieras únicamente a tu sombra te hundirías en sus profundidades, perdiendo tu alma (al decir de los primitivos). Pero tampoco puedes dejarla olvidada porque forma parte de ti. La senda adecuada, pues, es una línea de equilibrio, en la que se oscila una y otra vez a cada lado.

Esa muerte previa a todo renacimiento viene caracterizada por un regreso de todo lo transferido del inconsciente al mundo, todo el mundo mitologizado desaparece, la realidad queda tal cual es, y el mito regresa al alma que lo originó, concienciándose. Surge así una inundación de los contenidos del inconsciente que son vertidos a la luz. La sobrecarga psicológica podría ser extrema, para algunas personas inaguantable, siendo preferible entonces mantener un estado crónico de neurosis que el teóricamente deseable de la individuación. Esa inundación de contenidos puede ser tal que en los Aenigma Merlini se indicaba como que el rey bebía, bebía tanto, que al fin quedaba disuelto[113]. Pero si la asimilación del inconsciente se hace con prudencia, mejor dirigida por un experto, esa pérdida del alma pasajera es como una inundación del Nilo, fuente de fecundidad inagotable. Por eso dice el *"Rosarium Philosophorum"*[114] al referirse a ese estado de confusión del alma: « ¡Oh, Naturaleza! Bendita eres y bendita es tu obra, porque de lo imperfecto haces lo perfecto, de la verdadera putrefacción, que es negra y oscura. Luego haces germinar cosas nuevas y distintas, con tu verdor haces aparecer los diversos colores».   Y es lo mismo que indicaba S. JUAN DE LA CRUZ en su Noche oscura del alma.

EL BAUTISMO

En estrecha relación con la muerte y la resurrección se encuentra situada la mitología de las aguas. En todas las tradiciones representan la totalidad de todas las virtualidades, el origen de todas las potencialidades del ser. El texto indio *"Bhaviçyottara purana"*, 31,14 lo dice así: «Agua, tú eres la fuente de todas las cosas y de toda existencia». Ellas, las aguas, están en la base de toda creación cósmica, son mansión de todos los gérmenes de vida. Son el principio indiferenciado. Y el lugar de la vuelta de todas las cosas después de su curso vital. No perecen, son eternas, acompañadas siempre por la vida. Preceden a todas las cosas y son sustento de ellas.

La inmersión en el agua, el bautismo, supone una regresión a lo informal para una disolución, para luego renacer con una nueva personalidad. En esta desintegración toda historia es superada. A nivel individual equivale a la muerte. A un nivel cósmico es sustituida por el Diluvio. Y el renacimiento equivale a una

---

[113] C.G.JUNG. *La Psicología de la Transferencia*. De E . Paidós, pg 130. 1972.
[114] Ibid., pag 138.

191

nueva Revelación. Los alquimistas, siguiendo las ideas de los hermetistas y los gnósticos, imaginaban que de la putrefacción surgía el alma que subía para recibir las fuerzas de arriba, el alimento celestial, uniéndose, como dice la Tabula Smaradigna con las fuerzas de arriba. Pero no para quedarse allí, sino para volver como un rocío de purificación. Idea relacionada con la cristiana de la Parusía, la segunda venida de Cristo

S. JUAN CRISÓSTOMO, hablando del Bautismo indica[115] : «Representa la muerte y la sepultura, la vida y la resurrección...Cuando metemos la cabeza en el agua, el hombre viejo queda sumergido, enterrado todo él; cuando salimos del agua, aparece simultáneamente el hombre nuevo». Y S. PABLO, en la Epístola a los Romanos VI, 3-4 dice:

> ¿O ignoráis que cuantos hemos sido bautizados en Cristo Jesús fuimos bautizados para participar en su muerte? Con Él hemos sido sepultados por el bautismo para participar en su muerte, para que como Él resucitó entre los muertos por la gloria del Padre, así también nosotros vivamos una vida nueva.

La salida del agua recuerda el acto creador. Acompaña por ello a todos los ritos iniciáticos. Y en los ritos funerarios garantiza la vida postmortem.

El agua, símbolo de vida, se ha asemejado también a la Luna que, también, tras desaparecer (Luna Nueva) reaparece. Con ella, junto a la mujer y el dragón, forman una cuaternidad emblemática de la fecundidad. En el idioma sumerio "a" significa agua, esperma, concepción y generación. Cuenta un mito de la isla Wa-

---

[115] *Hom. in Joh*. XXV, 2.

kuta[116] que una muchacha perdió la virginidad porque dejó que la lluvia tocara su cuerpo. Y una leyenda de la isla Tobriand de la Melanesia relata que Bolutukwa, madre del héroe Tudava, se hizo mujer al caerle encima unas gotas de agua de una estalactita[117].

En la tradición védica, las aguas primigenias son la matriz de los distintos dioses que van sucediéndose -Varuna, Prajapati, Purusha o Brahman, Narayana o Vishnu-, mientras ellas mismas permanecen eternas, existentes aún antes que apareciera la Tierra. En la Cosmogonía babilónica, el poema de la Creación, *"Enuma Elish"*, comienza así:

> Cuando en lo alto los cielos no habían sido nombrados todavía,
>
> Cuando abajo la Tierra no tenía nombre,
>
> Cuando el primordial Apsu (el océano primordial) que los engendró y Tiammat (mar salado y amargo, lleno de monstruos), madre de todos ellos, confundían sus aguas....

El agua viva, la que cura, rejuvenece y da la vida eterna, en las distintas tradiciones, suele estar custodiada por monstruos, dioses u otros seres excepcionales. Para llegar a ella, para iniciarse, para alcanzar la perfección, se precisa pasar por pruebas, igual que para encontrar el árbol de la vida. Lo recuerda el Apocalipsis XXII, 1,2: «Y me mostró un río de agua de vida, clara como el cristal, que salía del trono de Dios y del Cordero. En me-

---

[116] MIRCEA ELIADE, *Tratado de Historia de las Religiones*, Cap. V.
[117] B. MALINOWSKI. *The sexual life of Savages in North Western Melanesia*. Londres, 1935.

193

dio de la calle y a un lado y otro del río había un árbol de vida...»

En cuanto a la asimilación del agua con la Sabiduría, hay que recordar la conversación de Cristo con la samaritana cabe el pozo de Jacob: «Más el que bebiere del agua que yo le daré nunca jamás tendrá sed; sino que el agua que yo le daré será en él una fuente de agua que brote para la vida eterna». Y, comentando este pasaje, en un sermón en el que se adivina el alcance místico de su concepción, el gran NICOLÁS DE CUSA, contemporáneo de los grandes alquimistas, dijo:

> En el pozo de Jacob hay agua que es buscada y hallada con el ingenio humano, y así ocurre con la filosofía humana, que se busca mediante una afanosa penetración en el mundo visible. Más en la palabra de Dios, que se halla en la profundidad del pozo vivo, es decir, la humanidad de Cristo, hay un manantial para la reconstrucción del espíritu. Y aquí tenemos, pues, el visible pozo de Jacob, el pozo de la razón y el pozo de la sabiduría (3 simbologías de "pozo"). Del primer pozo, que es de naturaleza animal y profundo, beben el padre, los hijos y el ganado; del segundo, que es más profundo aún y toca los límites de la naturaleza, beben los hijos de los hombres, es decir, aquellos en quienes florece la razón y a los que se llama filósofos; del tercero, que es el más hondo de todos, beben los hijos de los más excelsos, que se llaman dioses y que son los verdaderos maestros de la divinidad. Cristo en su humanidad puede ser definido como el pozo más profundo...En este pozo de la máxima hondura se halla el manantial que dispensa la sabiduría, la bienaventuranza y la inmortalidad...El pozo vivo lleva en sí el manantial de su vida, llama a los sedientos hacia las aguas de la salvación, a fin de que se conforten con el agua de la sabiduría salutífera.

194

También en la mentalidad alquímica el baño tiene un alto significado. Se ve escenificado en la figura del *Rosarium* en la que el Rey y la Reina sumergiéndose en el agua. Ésta representa por un lado al inconsciente y al tiempo a Mercurio, la chispa divina enterrada en la materia y fuente de todas las potencialidades. Hay por lo demás otras representaciones simbólicas del mismo fenómeno como aquella en que el Sol se hunde en el mar al terminar el día. El mar representa a la sombra. Es como volver al útero y quedar de nuevo envuelto en el líquido amniótico. Es lo mismo que decía Cristo al hablar de que el hombre precisaba nacer de nuevo del agua y del Espíritu. Ese renacimiento daría lugar a un hombre más perfecto, por lo que, al agua, a esa agua, se la llama el agua bendita. En la Tabula Smeragdina se la representa como viento: «El viento la ha llevado en su vientre». El *"Rosarium Philosoforum"* indica que «es evidente que el viento es aire, y el aire es vida, y vida es el alma, es decir, agua y aceite». Es el origen del empleo del agua y el aceite en la liturgia de la Iglesia. El rey y la reina, que se confunden en el cáliz.

CAPÍTULO XI

La Tabula Smaradigna

La Tabula es el documento más importante de toda la historia del hermetismo, resumiendo de forma muy breve todo el pensamiento que se ha atribuido a su supuesto creador, HERMES TRIMEGISTO, que, según la leyenda, la grabó él mismo en una esmeralda. Ahora se piensa que la versión actual es una traducción de un texto árabe de los siglos IX o X que, a su vez, sería trascripción de otro griego más antiguo, del siglo IV. Dice así:

Es verdad, sin mentira, cierto y muy verdadero.
Lo que está abajo es como lo que está arriba, y
lo que está arriba es como lo que está abajo,
para cumplir los milagros de una cosa única.

El Sol es su padre, la Luna es su madre, el viento
la llevó en su vientre, la tierra es su nodriza; la
perfección de todo el mundo está aquí.

Su poder no tiene límites sobre la Tierra.

Separarás la Tierra del cielo, lentamente, con
gran habilidad.

Él sube de la Tierra al Cielo, y enseguida vuelve
a descender a la tierra, y recoge la fuerza de las

cosas superiores e inferiores. Tendrás así la gloria del mundo, y por eso toda oscuridad se alejará de ti.

Es la fuerza poderosa de toda la fuerza, porque vencerá a toda cosa sutil y penetrará en toda la sólida.

Así fue creado el mundo.

Tal es la fuente de las admirables adaptaciones aquí indicadas.

Por eso me han llamado Hermes Trimegisto, y poseo las tres partes de la Filosofía universal. Lo que he dicho de la operación del sol está completo.

Voy a intentar descifrar el significado oculto de la Tabla, a sabiendas de que el resultado será muy incompleto. Éste tipo de textos siempre dicen algo diferente a cada uno de los lectores que se acercan a ellos en busca de su mensaje oculto. Y es lógico que sea así. Cuando se escribieron fueron fruto de uno o más momentos de inspiración, en los que el autor transfiere de forma inconsciente a su escrito mucho más de lo que quiere decir. En cierta forma las grandes obras, del tipo que fueren, "poseen" al autor que es transmisor de algo que se le impone a sí mismo. Por eso, la obra genial es algo semejante a un espejo en el que cada uno que se acerca a él ve una imagen diferente. Por idéntica circunstancia, los comentarios que ahora seguirán constituyen mi propia imagen.

"Es verdad, sin mentira, cierto y muy verdadero.

Lo que está abajo es como que está arriba,

y lo que está arriba es como lo que está abajo,

para cumplir los milagros de una cosa única".

Aquí se expresa la base de toda la mentalidad que, venida de Egipto, persistió en el mundo griego y siguió en los gnósticos. Que derivaba del pensamiento neolítico y que persiste en todas las filosofías y religiones orientales. La unidad de Dios y el Mundo, y en éste el Hombre. Un panteísmo subsumido.

La primera frase de la Tabula es reiterativa. Indica ya con ello que lo que expresa después es el pilar básico de la estructura de toda la Realidad, Divina y Mundana. Que las dos, distintas, son a la vez Una. Y si se añade el Hombre como superación de la evolución del Mundo, queda constituida una Trinidad.

Nos expresa el párrafo trascrito que lo de abajo es igual a lo que está arriba, como un espejo; pero también es cierto lo inverso, que lo de arriba es reflejo de lo que está abajo, ya que son Uno. En la religión egipcia, el Dios supremo es Trino, es Osiris, Isis y Horus, Padre, Madre e Hijo. Para los gnósticos de los siglos I y II también existía una Trinidad Divina, el *Nous* (la Inteligencia), Sophia (la Sabiduría), la que sería la matriz de todos los seres, y *Logos*, el Hijo, a través del que todo fue creado.

A través de estos mitos los hombres trasladaban al ámbito divino su estructura social y familiar e, invirtiendo los términos, hacían derivar éstas de la supuesta familia celestial, con lo que su organización social quedaba sancionada por la bendición de Dios. Es un típico ejemplo de lo que los psicoanalistas llaman Transferencia de las realidades internas a un mundo exterior al propio individuo, en el que se desarrollan fuera todos los conflictos internos generadores de angustia.

199

En íntima relación con estos conceptos se encontraba la idea que primaba entre los alquimistas sobre la constitución del hombre. Éste estaría formado por el Espíritu, de origen divino, el Alma, especie de intermediario entre el primero y el tercer componente, el Cuerpo material. Eran los tres principios de la Alquimia que también inspiraban el ser de los Cuatro Elementos de lo que el Todo está hecho: El Fuego, el Agua, el Aire y la Tierra. Palabras con lo que simbólicamente se quiere indicar a las Fuentes constitutivas de todo lo que existe, poseedoras de unas fuerzas o potencias asimilables en sus propiedades a los componentes naturales que dan nombre a los Cuatro Elementos.

Los Tres principios alquímicos explicarían las relaciones entre los Cuatro Elementos como indica MARK STAVISH[118] . Los 3 Principios, el Sulfuro, el Mercurio y la Sal animarían en forma diversa a los 4 Elementos. El Sulfuro o alma es la potencia que anima a los dos elementos activos, Fuego (energía) y Aire (inteligencia). La Sal, el cuerpo físico de las cosas, sería predominante en las fuerzas inconscientes, instintivas y en la Materia (Tierra). Y el Mercurio (el Espíritu), la fuerza de la vida predominaría en el Aire y en la energía psíquica.

Y por el mismo camino explican las fuerzas que hay en otra

Trinidad, la construida por el Mundo Mineral, el Vegetal y el Animal. En el primero domina la Tierra, hay poca agua y apenas Aire y Fuego. En el Vegetal son el Agua y el Aire los predominantes, con muy poca Tierra y Fuego. Mientras que en el Animal es el Fuego el que predominantemente inspira su vida, seguido del Agua; apenas queda hueco para la Tierra.

"Y así como todas las cosas han sido y vinieron del Uno,

---

[118] MARK STAVISH. *Secret Fire: the Relationship between Kundalini, Kabbalah and Alchemy.* Htpp://www.hermetic.com/stavish.

así todas las cosas han nacido de esa cosa única, por adaptación".

Es un párrafo oscuro, en el que la segunda parte completa la primera. En ésta se indica con más claridad que el Uno, Dios, la Completitud, lo Sencillo y lo Perfecto es el principio de todas las cosas. Pero no un principio creador propiamente dicho, entendido como que da lugar a algo distinto a sí. No, para los hermetistas la Realidad es, en cambio, una degradación progresiva de Dios en forma de los seres inferiores. La manera como ello pudiera haber tenido lugar no lo dice la Tabla, aunque lo insinúa en la segunda mitad del párrafo: "...así todas cosas han nacido de esa cosa única por adaptación". Lo que pueda ser esa cosa única sólo podemos deducirlo por el desarrollo posterior de las doctrinas hermetistas, preferentemente a través de PLATÓN, de FILÓN DE ALEJANDRÍA, los alquimistas y los gnósticos.

El lado femenino de la Divinidad, *Sophía*[119], es la matriz de todas las almas. Éstas vivirían en el Cielo inconscientes de su felicidad, y por ello descienden al mundo inferior, aumentando en densidad a lo largo del camino de bajada hasta encerrarse en la materia. Pasarían simbólicamente desde el mundo del Fuego al mundo de la Tierra. En su camino tienen que atravesar, tras nacer

---

[119] Sophía, Sabiduría, adquiere en el pensamiento judío precristiano cierto carácter personal como desdoblamiento de la mente divina. Se la cita en los *"Proverbios, 8, 2-5"*: «...junto a los caminos, en los cruces de las veredas se pasa; en los puertos, en las entradas de la ciudad, en los umbrales de las casas da voces: a vosotros, mortales, clamo...Entended, ¿oh, simples! La cordura...». Contemporánea de Dios, es en cierto modo Él mismo, como dice más adelante *"Proverbios, 8"*: «Yhavé me poseyó al principio de sus caminos, antes de sus obras, desde antiguo. Desde la eternidad fui yo establecida; desde los orígenes, antes que la tierra fuese».

en el 8º cielo, los 7 cielos planetarios[120] , vigilados por Ángeles o Arcontes. Cielos cada vez más imperfectos, plagados cada vez más de desgracias. Son las pruebas que tendrán que pasar las almas para llegar a ser felizmente conscientes o perecer en el mundo inferior de la materia. En el Apocalipsis están representados por los 7 Ángeles que suenan las 7 trompetas; cada son, cada caída en el camino del alma, supone una catástrofe: tras el primero hubo granizo y fuego mezclado con sangre; con el segundo, una gran montaña fue arrojada al mar y convirtiose en sangre la tercera parte del mar; cuando el tercer Ángel tocó la trompeta cayó del cielo un astro grande, ardiendo como una tea; cuando llego el tiempo del cuarto Ángel fueron heridas la tercera parte del Sol, de la Luna y de las estrellas, y el día perdió parte de su brillo. El quinto son fue el encargado de abrir el pozo del abismo. El sexto fue el que dio paso a otros cuatro Ángeles, los cuatro jinetes de la desolación del Apocalipsis. Para cuando llegue el momento del séptimo Ángel se cumplirán los designios de Dios.

En la concepción de la emigración de las almas se ve la influencia de las doctrinas de PLATÓN. Para él, las almas eran seres desterrados, encerrados en la prisión del cuerpo, añorando siempre la patria perdida a la que sueñan volver. Poseedoras del mundo de las Ideas de todas las cosas, que la realidad lleva como carga suave, recuerdo de un mundo perdido. Pues ellas no podrían surgir de la contemplación de las cosas, siempre imperfectas: nada en este mundo es redondo como la esfera ideal, ni nada tan perfecto como la idea de la Perfección. Las Ideas nos habrían sido dadas graciosamente para poder medir las cosas.

---

[120] A ellos hace referencia la cita de *"Proverbios, 9"*: «La Sabiduría se ha edificado su casa, labró sus siete columnas» (los siete órdenes planetarios: Hebdómada).

Pero, para la Creación del Mundo, Dios utilizó como intermediario a su Logos, a su Hijo, a su Primogénito, que S. Juan, en su Evangelio, identificaría con Jesucristo: «Él estaba al principio en Dios. Todas las cosas fueron hechas por Él, y sin Él no se hizo nada de cuanto ha sido hecho». En el Logos estaban las Ideas que sirvieron para la creación de todas las cosas. En el interior de éstas estaría la chispa de luz divina, esa luz que HERMES TRIMEGISTO en su visión vio surgir, resplandeciente, de las profundidades del abismo.

Decía FILÓN, contemporáneo de Cristo, que el Logos es como un sello que imprime a las cosas creadas los modelos que porta en su seno: «Por eso, cada una de las criaturas posee desde el principio su forma (idea = eidos) perfecta, por cuanto es la impronta e imagen del Logos perfecto».

"El Sol es su padre, la Luna es su madre,

el viento la llevó en su vientre, la tierra es su nodriza;

la perfección de todo el mundo está aquí".

Decía Jesús que, para alcanzar el reino de los Cielos, hay que nacer de nuevo por medio del Agua y el Espíritu. O, en otras palabras, del Agua y del Fuego, de la dicotomía de los opuestos. Nuestro psiquismo es producto de una contradicción, que no hay que suprimir sino superar. Lo que los alquimistas llamaban el *Lapis* o Piedra filosofal, el ser perfecto de toda la tradición del hermetismo, será fruto de la dualidad que se expresa como el Sol y la Luna, o como Rey y Reina. Recordemos el axioma de María, la alquimista egipcia, cuando decía que de la diversidad del Todo, es decir, de la Cuaternidad, surgiría la Trinidad del Mercurio, constituida por los seres minerales, vegetales y animales, para transformarse después en la Dualidad del Sol y la Luna; éstos terminarán haciendo surgir al Uno, el ser perfecto.

En esta concepción se insiste de nuevo en que lo de arriba es igual a lo de abajo, que los Cielos, el Mundo y los Infiernos están estructurados de igual manera. Y que el psiquismo del hombre es también copia de la estructura del Universo. Esta forma de ver al Hombre y al Universo como un todo ha sido común a muchas ideologías en Oriente y en Occidente. En este último generalmente como doctrinas heterodoxas, refugiadas en el Ocultismo. Y ello desde que los filósofos griegos, sobre todo después de Sócrates, colocaran al Hombre no como formando parte del Mundo, sino situado frente a él. Colocándolo, al Mundo, como objeto de estudio y de dominio, pero no vivenciándolo, considerándose como parte del mismo.

Pues bien, empezando desde abajo, la filosofía india, el Ocultismo, así como modernamente los círculos de "New Age", llaman a la energía primaria indiferenciada (que no es la materia) Akasha o Espíritu. Este Espíritu (que los alquimistas llaman también Mercurio) tiene dos aspectos: uno activo, llamado Niter, y el otro pasivo, la Sal[121] . Dentro de la poliédrica nomenclatura hermética para indicar las mismas cosas, a Niter se le llama también la Fuerza de Kundalini y, en la Alquimia, Fuego secreto. Para la Sal quedarían también reservados los nombres de Prana y de Energía vital.

La función de ésta se localiza en la base de todo lo creado,

---

[121] Como se ve, la nomenclatura es variadísima, Sol y Luna, Rey y Reina, Niter y Sal, pero viene a significar aproximadamente lo mismo. Esta confusión de nombres, de sinónimos, están conformes con el ánimo de mantener ocultas estas ideologías; pero también hay que tener en cuenta que los hermetistas y alquimistas no estaban libres de confusionismo a la hora de interpretar sus concepciones; siempre la Obra fue para ellos un misterio.

204

manteniendo las formas físicas de la vida (el cuerpo) y los aspectos instintivos e inconscientes del psiquismo. Estaría muy influida por los ciclos cósmicos y otros fenómenos naturales. La función del Fuego sagrado, en cambio, es el de aumentar el nivel de humanidad en el ser personal, el de alcanzar el umbral del sí-mismo. El del Yo. Pero en este Yo se pueden todavía distinguir dos niveles o aspectos en relación con quién es Yo. Es claro de que la idea del Yo carece de sentido si no se la concibe en función del Tú. Es la relacionabilidad la que permite configurarse a la identidad del sí-mismo, el conseguir la individuación. Si el Tú es el mundo físico y el de los demás hombres, el Yo se configura, a un nivel inferior, de alguna manera como co-creador porque siempre en su actuación transforma la realidad.

Pero queda un nivel más alto, aquél en el que el Yo se enfrenta a la Divinidad. En su punto más elevado, en la situación del éxtasis místico, se convierte en una encarnación de Dios. Esta situación de la Conciencia, de una excelsitud tan alta, tan agobiante, que inunda el ser del hombre hasta un punto que sale transformado, merece dedicarle un entero capítulo para intentar atisbar su magnitud psicológica.

Es explicable, pues, que en estos últimos peldaños del desarrollo espiritual, los alquimistas exigieran al adepto especiales condiciones: El adepto que llega al final debe estar dotado con el conocimiento del objetivo de la Magna Obra; también con Fe, silencio, pureza de corazón y espíritu de oración. Después de pasar a través de la puerta, enriquecido en los secretos del mercurio filosofal, camina por los siete ángulos de la ciudadela, representando los principales hechos de la Magna Obra —calcinación, disolución, purificación, introducción dentro del vaso sellado de Hermes-.

Aquí conviene retomar los comentarios del *"Cantar de los Cantares"*. También los amantes transitan sus relaciones a través de los siete cantos. Dado el simbolismo del siete, suponen la completitud de toda obra, el tiempo necesario para conseguir la perfección. Los dos amantes son el Rey y la Reina, el Sol y la Luna. En suma, los dos componentes de la psique. En sus escarceos amorosos muestran los avatares, las dificultades para conseguir la armonía del ser, la superación de las dicotomías. Alquímicamente, los dos amantes son la misma persona.

"...El viento la llevó en su vientre, la tierra es su nodriza"

Esta expresión misteriosa y propuesta sólo para iniciados, como todas las de la Tabla, puede comprenderse si la relacionamos con una creencia que fue contemporánea de la escuela de Alejandría de donde surgió la redacción que conocemos de dicha Tabla. Me refiero al Mitraísmo. El culto a Mitra, surgido en el siglo II a. C. en Anatolia, muy relacionado con los ambientes que rodearon al rey Mitrídates, el enemigo por antonomasia de Roma, se propagó por la cuenca mediterránea llevado por los piratas patrocinados por el rey. Contemporáneo posteriormente este credo con el cristianismo, alcanzó una expansión extraordinaria, con mucho predicamento entre los legionarios romanos, arropado por conveniencias políticas por los césares romanos.

Mitra era el enviado por el Dios Supremo como Salvador del Mundo para contrarrestar las fuerzas del mal. Él sería el que permitiría a las almas de los justos atravesar las barreras que interponían los siete arcontes guardianes de los siete cielos, para llegar a la plenitud del octavo cielo, morada del Pleroma divino[122]
.

---

[122] El *Pleroma* lo constituyen las personas divinas, constituyendo, sin embargo una única unidad divina. Este Pleroma en las doctrinas gnósticas se complicó enormemente, surgiendo numerosos eones del Padre Supremo.

Pues bien, el Viento de la Tabula es semejante al símbolo de la Cueva, representantes ambos de la Tierra, madre de todo lo existente en el nivel inferior. Mitra nació en una cueva y a partir de una piedra. Entonces nos es asequible el concepto indicado oscuramente en la cita. El ser perfecto, asequible a cada uno de nosotros, es comparado con el de un Salvador del Mundo, cuya representación en miniatura está en nuestro interior. Somos a un tiempo una individualidad y un Todo. Es el mismo concepto que intuyeron la filosofía y la religión hindú y que expusieron con la palabra Atman: que es alma individual y manifestación del Universo. O lo que dice la psicología moderna: en nuestro psiquismo está encerrada nuestra historia personal y la historia colectiva.

Por eso dice la Tabla: "La perfección de todo el mundo está aquí". Si en el hombre individual es dable la encarnación de Dios, también lo es en el mundo que está en él. La bondad de cada cual se convierte en intercesora y salvadora del mundo. Por ello el ser que alcanza la perfección "no tiene límites sobre la Tierra", pues en sí la redime completa.

"Separarás la Tierra del Fuego, lo sutil de lo espeso,

lentamente, con gran habilidad"

Un seguidor moderno de la Alquimia, MARK STAVISH (referencia 104) habla de los 3 principios de la Alquimia. Uno de ellos, el Sulfuro, es el Alma, principio intermedio, que animaría a la pura energía, al Espíritu, llamado también Fuego. El Alma, procedente del octavo Cielo, formada por Sophía, está destinada a volver a su patria primera, pasando al ascender por cada uno de los Cielos primeros, donde va dejando la sustancia densa en la que está envuelta, con el fin de que el Espíritu sea al fin liberado y la Madre Sophía lo acoja de nuevo. Será un Alma doblemente feliz pues ha conocido las profundidades del abismo y será consciente de su beatitud.

Este Ascenso al Cielo puede también verse como Descenso de Dios al Mundo. No es otro el significado de la visión de Pentecostés, en que el Espíritu Santo baja a iluminar a los Apóstoles. Por eso la imagen de las lenguas de fuego sobre sus cabezas es la mejor iconografía para el éxtasis al que se refiere. Es un renacimiento, un despertar, una apertura a la verdadera libertad. Aquí se indica una profunda realidad psicológica. Pero, aunque en la Tábula la "Tierra" queda depreciada, no hay que olvidar que para dar el salto al Cielo hay que apoyarse en ella. Nuestra anatomía, la fisiología de nuestros órganos, los instintos, la vida del mundo que llevamos asida, nuestra propia historia olvidada nos dan el ímpetu, irracional, sí, pero imprescindible para conquistar un nuevo continente, la posibilidad de llegar a la "tierra prometida". Psicológicamente supone sublimar esa "Tierra" de la que se parte, asimilarla, aprender a vivir con nuestra multiplicidad interior, saber que nuestra unidad está formada por instancias en conflicto. Y aquí habría que matizar a la Tabula: el Alma que se eleva ya no irá totalmente desnuda, sí de las imperfecciones, pero vestida de la experiencia de haberse vivido íntegramente. La Piedra filosofal de la Alquimia es la puerta que comunica la Tierra y el Cielo.

"Él sube de la Tierra al Cielo, y enseguida vuelve a descender a la Tierra, y recoge la fuerza de las cosas superiores e inferiores.

Tendrás así toda la gloria del mundo,

y por eso toda oscuridad se alejará de ti".

Cuando en el proceso de la Obra, en el proceso de cocción que pacientemente vigila el alquímico, se disuelven los elementos y se confunden finalmente en una negra masa, símbolo de la muerte. Cuando el Rey y la Reina, tras la conjunción, se confunden en una única realidad y mueren. Cuando parece que todo ha terminado, de ese cadáver hermafrodita surge el Alma que se eleva a los Cielos (ver fig.). No surgen dos almas, sino una, pues el ser que renace es ya único y hermafrodita, y por ello completo.

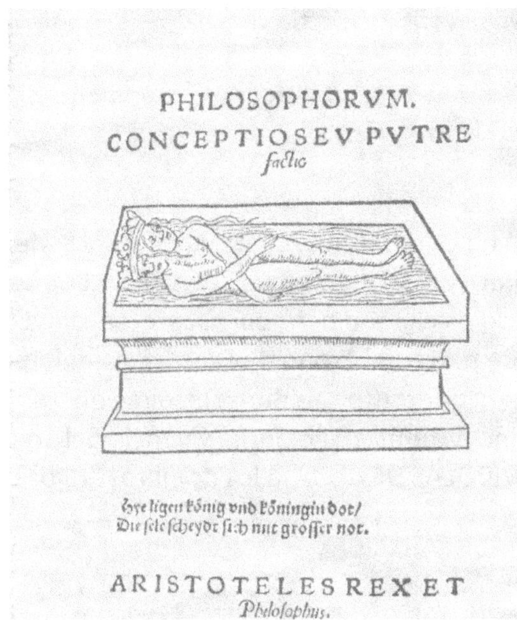

Es el llamado antropos. Ha surgido de la unión de las dos partes del ser, de la conjunción del yo con el animus/a.

Dentro de las concepciones alquímicas, ese tercer elemento del ser, el Alma, es el más adecuado para subir al Cielo, el apropiado elemento de enlace. Nace como proyecto de ser, nacido de la confusión de las partes del ser tras una muerte psíquica en la que todo se confunde, en la que la angustia es la sensación dominante; surge tras la noche oscura del alma, tras el descenso a los infiernos. Lugar donde, al decir de los primitivos, el alma se pierde, es el mismo abismo marino en el que se hundió el profeta JONÁS.

Psicológicamente es un momento crucial del que podrá nacer un ser, un alma más perfecta, que emprenderá el camino del

Cielo; o bien la esquizofrenia, la locura, la fragmentación definitiva de la personalidad. Aquí el médico o el director espiritual tendrán un papel fundamental.

Si, tras la situación dolorosa, el camino es hacia la integración, el alma se eleva para recoger la fuerza de arriba. Es un momento crucial el del contacto del hombre nuevo con la divinidad. Sobre la naturaleza de ese momento poco nos dicen los escritos alquimistas. Faltábales la formación psicológica adecuada. Lo trataremos al hablar del éxtasis místico.

"...y vuelve a descender a la Tierra"

La partida del Alma no es definitiva, lo que la diferencia de la muerte real. Vuelve como rocío a iluminar la negrura de que partió (ver figura). Este rocío es el *aqua permanens*, eterna, agua de vida, como la del río que parte del Trono de Dios (Libro del Apocalipsis). Es iluminación, y por tanto sabiduría, inspiración. No es simple conocimiento sino auténtica Sabiduría, vivencia del Todo, que hace, como decía NICOLÁS DE CUSA, a los hombres "Hijos De Dios".

"...Y recoge la fuerza de las cosas superiores e inferiores".

El Alma, de regreso, representado como el rocío formado por el agua de vida, vuelve a representar el punto de unión entre las fuerzas de sostén, instintivas e inconscientes con las ricas en la sabiduría verdadera para constituir el hombre nuevo, hijo de Dios, en el que Éste, en cierta forma, se encarna. Como lo indica el misterio de la Eucaristía en la que el pan de Dios se convierte en nuestra propia carne. En este sentido, el sacrificio de la Misa tiene un marcado parecido con la Obra Alquímica, expresando resumidamente todo el esfuerzo que lleva toda una vida, desde la reconciliación del Confiteor a la encarnación de la Comunión.

En esta unión de las cosas superiores e inferiores nada se pierde, todo adquiere sentido, las diferencias se superan, la vida se sublima, y la persona se integra dentro de sí y con el mundo.

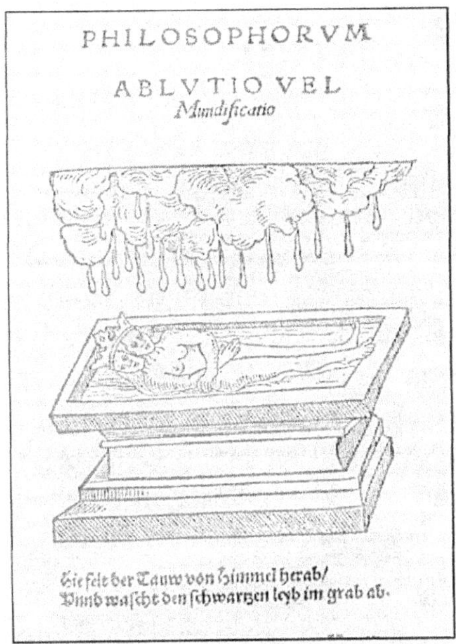

"Es la fuerza poderosa de toda la fuerza, porque vencerá a toda cosa sutil y penetrará en toda cosa sólida".

Aquí hace referencia al momento en que la Piedra filosofal se ha conseguido, al momento en que, ya transpuesto el éxtasis místico, la personalidad ha quedado transformada. Ya ésta no es la misma. La vivencia sufrida es tan brutal, tan arrebatadora, que significa que un nuevo ser ha nacido. Del Agua y del Espíritu decía Jesús. Es un estado en el que tienen aplicación las palabras de la Tabula: "es la fuerza poderosa de toda la fuerza", porque tiene la fuerza mayor, la del conocimiento que trasciende las cosas, el conocimiento de Dios. En el caso de Jacob, tras la "Lucha con el Ángel"[123] , se le llamó Israel, porque ya era otro hombre. Es algo así como si contemplara el mundo desde una cuarta dimensión, en la que puede penetrar en el interior, en la comprensión de

---

[123] Génesis, XXXII, 24-32.

todas las cosas, las sutiles y las sólidas, con todos los conflictos asumidos y superados.

"Así fue creado el Mundo"

No de forma anárquica, sino siguiendo una única forma de inspiración. La misma de la que derivan los Cielos y la Tierra, a semejanza creados de su Arquitecto. En todas partes, incluso las más humildes y escondidas, existe la chispa, la pequeña porción de luz divina. La misma que permite a la Tierra ser cocreadora a través del maravilloso proceso de la Evolución de los seres vivos. La Luz creadora procedente de lo alto se refleja a través del pensamiento creativo de los seres creados que, tan pronto como tuvieron conciencia de sí, miraron a lo alto de donde la Luz provenía y atribuyeron a Dios la concepción, los poderes, la organización que había encontrado en sí, formando en dirección hacia lo alto una imagen de Dios proyectada desde su interior, intentando alcanzar el punto en el que la Idea de la Creación fue nacida.

Quiere decir esto que el hombre transfiere a Dios lo que encuentra en sí (¿y si es a Dios a quien encuentre en sí?). El Pleroma divino en la concepción gnóstica, la Trinidad cristiana, son formas de intentar comprender a la divinidad. La multiplicidad de nuestra estructura psíquica es transferida al Ser Supremo. Y parece lógico si el Mundo es fruto de la misma inspiración. Pero lo curioso es que tiene lugar de forma inconsciente, copiamos nuestro interior y colocamos la imagen en los Cielos. Y esta imagen, por el lugar que ocupa, se convierte en arquetipo. Es figura ejemplarizante, por lo que la estructura familiar y social ha de ser un reflejo de la celestial.

Todos los conflictos de la mitología clásica son reflejo de otros personales o sociales de los pueblos. A través de ellos des-

212

cargan tensiones, se explican las dificultades presentes y ahuyentan los sentimientos de culpabilidad. Hay, pues, un permanente equilibrio y correspondencia entre las dimensiones de la divinidad, lo social y lo personal. Es por este último camino, el del propio interior, por donde antes se llega a la Verdad. Los alquimistas lo buscaban a través de las transmutaciones de la materia, pero los místicos lo alcanzaron a través del éxtasis.

CAPÍTULO XII

Los estados místicos, su relación con los sueños

"La más cruel guerra que Dios pueda hacer a los hombres en esta vida es dejarlos sin aquella guerra que vino a traer"

PASCAL

Fue en el año 1899 cuando se publicó una obra que habría de ser famosa, *"La interpretación de los sueños"* de SIGMUND FREUD. Decía el autor en su prefacio: «En las páginas que siguen aportaré la demostración de la existencia de una técnica psicológica que permite interpretar los sueños...». Supuso una revolucionaria aportación científica, pero FREUD no fue un precursor, sino que plasmó una inquietud que maduró en el final el siglo XIX a través de la obra de este autor, completada magistralmente por el que fue durante un tiempo su colaborador y después científico discrepante, KARL JUNG, en la primera mitad del siglo XX. Las aportaciones de este último en lo que llamó inconsciente colectivo están en la base de los conocimientos modernos sobre la estructura de la personalidad y la naturaleza de los sueños.

El terreno abonado en que pudo surgir el psicoanálisis se produjo por la asociación de una auténtica explosión de descubri-

215

mientos científicos en el pasado siglo, juntamente con la aparición del Romanticismo que inspiró todas las obras de arte de la época. Se abrió campo en el espíritu de la intelectualidad de entonces el interés por los sueños, la añoranza por la Naturaleza virgen, el sentimiento de que el ser humano era un miembro más de esa Naturaleza, la añoranza por los orígenes; un apasionado interés por la parte no racional del ser humano. Era natural, pues, que surgiera la necesidad de considerar científicamente esa realidad desconocida que son los sueños. Pero la única novedad era el tratamiento científico, porque los sueños han sido siempre una obsesión de la Humanidad desde sus albores. Siempre ha querido buscar su significado. Las civilizaciones más antiguas suponían que eran la vía de comunicación con los dioses. En la *"Epopeya de Gilgamesh"* mesopotámica abundan las visiones oníricas cargadas de presagios. El profeta DANIEL predijo el futuro al interpretar los sueños de Nabucodonosor. Y JACOB vio en sueños a los ángeles del Señor bajar y subir al Cielo por una escala. JOSÉ, el hijo de Jacob, interpretó los sueños del Faraón, y predijo los años de abundancia y los de sequía. Durante el Imperio Medio egipcio, nos cuenta el papiro de Chester Betty, se sistematizaron las reglas para la interpretación de los sueños que permanecen hoy día en algunas guías de sueños. Los griegos construyeron numerosos santuarios que servían como oráculos de los sueños; en ellos el dios Hipno adormecía a sus adeptos y, durante el sueño, el dios Morfeo les comunicaba advertencias de los dioses. Estos santuarios fueron también muchos de ellos lugares de curación, donde los pacientes esperaban durante el sueño que les visitara el dios Asclepio -el dios de la Medicina- rodeada de sus inofensivas serpientes amarillas. PLATON intuyó lo que mucho más tarde descubriría el psicoanálisis moderno, cuando, en su obra *"La República"*, hablaba de "la naturaleza de bestia salvaje ingobernable que asoma en los sueños". La Historia se ha visto profundamente afectada por los sueños: ejemplos son el paso de los Alpes por Aníbal y el asalto de Roma por César, hechos estimulados por los sueños.

En la biblioteca de Nínive, Asurbanipal reunió todo lo conocido entonces sobre los sueños. Y, en el siglo II d.C., ARTEMIDORO DE EFESO escribió una enciclopedia sobre los sueños, los *"Oneirocritica"*. Algunas de sus aportaciones resultan sorprendentemente modernas. Habló de la importancia de la personalidad del soñador para la interpretación de los sueños; de la frecuencia de los símbolos sexuales; indicaba que los espejos simbolizaban lo femenino en los hombres y lo masculino en las mujeres (de forma similar a como mucho después JUNG habló del *anima* y del *animus*).

Los chinos pensaron que la conciencia tenía distintos niveles y que, durante el sueño, abandonaba el cuerpo y se desplazaba a otros reinos que no son de este mundo. Los adivinos indios distinguían distintos estados de la conciencia, tales la vigilia, el sueño, el reposo sin sueño y la samadhi, la dicha surgida tras la iluminación. En el *"Atharva Veda"* -1500-1000 a.C.- se indica que, en una serie de sueños, sólo importa el último, que ayudan en la resolución de problemas y en la llegada de la sabiduría. Creía, como también ahora nosotros, en la existencia de símbolos universales.

Fueron después los árabes quienes se sintieron atraídos por los sueños. Está el relato coránico de la aparición del ángel Gabriel a Mahoma en un sueño; en una yegua plateada lo condujo a Jerusalén, y luego al cielo donde, tras entrevistarse con Cristo, Adán y cuatro apóstoles, recibe indicaciones de Dios.

La Iglesia pronto se apartó de la interpretación de los sueños como mensajes de Dios, aunque anteriormente S. Agustín, S. Jerónimo y S. Juan Crisóstomo lo admitían como posible. La Iglesia pensó que era ella misma la forma de revelarse Dios. Santo Tomás de Aquino recomendó que no se tuvieran en cuenta en absoluto.

A pesar de ello, el interés por los sueños no se perdió en las capas populares y, con la aparición del Romanticismo, creció el interés por ellos. En el siglo XIX fueron los filósofos JOHANN GOTTLIEB y JOHANN FRIEDIC HERBART quienes insistieron en que era necesario un estudio psicológico sobre la naturaleza de los sueños, siendo precursores de FREUD. Pero desde siempre fueron temas de los literatos y poetas que fueron los auténticos precursores del estudio de los sueños, mucho antes que los científicos fijaran su atención sobre los mismos. Baste citar Los cuentos de HOFFMANN o el Fausto de GOETHE.

Según FREUD y JUNG debemos distinguir una serie de niveles en la mente:

a) Estado consciente, que es el aspecto racional, el que tiene voluntad, el de la vigilia, el llamado ego o yo.

b) Estado preconsciente es el nivel de datos que pueden acudir a la conciencia a petición, tales los recuerdos, ideas, etc.

c) Inconsciente personal consiste en todas las motivaciones y vivencias pasadas, actuantes pero no recordadas, pero referidas siempre a la historia personal. Es lo que FREUD llamó ello.

d) Inconsciente colectivo formado por todo el caudal de motivaciones, impulsos, instintos, recuerdos, simbolismos referidos como algo común a toda la humanidad. Cada ser humano lleva en su inconsciente la historia completa de su especie. Constituye la fuente de donde surgen los mitos, las ideas religiosas, las leyendas. Su descubrimiento como componente psíquico fundamental fue obra de JUNG.

Los niveles del sueño están relacionados con estos componentes inconscientes de la mente.

El primer nivel es muy superficial y está formado a base de elementos del preconsciente. Se le puede interpretar literalmente casi en su totalidad.

El segundo nivel basa su contenido en el inconsciente personal; su simbolismo es específico del propio soñador.

El tercer nivel se nutre del inconsciente colectivo, constituye los "sueños grandiosos", su simbolismo es universal y está formado por los llamados "arquetipos", que hablan a todos los humanos.

Pues bien, de esto han sabido mucho los místicos. En realidad, más que "sabido" lo han vivido. En las páginas siguientes intentaré, a sabiendas que es una temeridad, profundizar en estas vivencias, buscar un punto de comprensión en algo que se presenta en principio como no racional. En unos componentes del psiquismo que, aunque casi siempre menospreciados, tienen una importancia fundamental. Pero antes de continuar hay que distinguir entre una *ideología mística* y lo que es un *estado místico*.

Ideología mística. - Es una forma de concepción del mundo. En ella el hombre no se coloca frente al mundo, sino formando parte de él. Es la mentalidad más generalizada de los pueblos orientales, y la del gnosticismo con sus numerosas sectas en el mundo occidental. Lleva consigo una concepción panteísta, bien considerando a la Naturaleza y a sus criaturas como emanaciones cada vez más degeneradas del mismo Dios (gnosticismo), bien endiosando a dicha Naturaleza, siendo las formas de vida simples apariencias, formalismo. En este caso el ideal de felicidad es perder la particularidad que nos diferencia y sumergirnos en esa Totalidad, el Brahmán, y alcanzando el Nirvana, que no es la "nada", sino la pérdida de la diferenciación personal (budismo).

Estado místico. - Es un estado especial de la conciencia. Pero altamente indefinible y motivo principal de este artículo. Intentar profundizar en su naturaleza es una difícil empresa. Hemos de guiarnos sobre todo en la experiencia de los propios místicos. En su vivencia. Pero es que esta vivencia está fuera del marco racional, por lo que no sirve el lenguaje lógico. El místico se tiene que ver obligado a usar un lenguaje metafórico, a inventarse palabras para expresar lo inexpresable.

....

La vivencia mística se presenta como "visión", como espectáculo, que, como tal, aparece evidente. Lo vivido no se experimenta racionalmente, lo hace de forma simbólica. Y el símbolo tiene en sí múltiples significados, incluso los opuestos. En el lenguaje metafórico del místico no se "deduce" nada, todo se muestra. Como he dicho, el estado místico es ante todo espectáculo, sentimiento, intuición y certeza, luz sin sombras. Unidad con lo indecible. Ahuparse o hundirse, da igual, en otra Realidad. El estado místico es una forma de visión primordial. Son ejemplos de arte místico la 2ª parte del Fausto de GOETHE, la música de WAGNER o las obras de MAYRINK.

El mundo de la vigilia es el cosmos, el "creado" por el hombre. El ordenado, explicado, predicho por él. En el que se encuentra cómodo. Lo ha analizado, ordenado, jerarquizado, en cierta manera dominado.

El mundo del sueño o de la visión mística es el del caos, en el que el hombre se encuentra perdido, aniquilado. Lo ve y no lo explica. Como el salvaje primitivo se siente anonadado, no se coloca frente al mundo, sino sumergido en él. El caos origina angustia, el cosmos ataraxia. En la vigilia se cree, se tiene una fe diurna, en el éxtasis se sabe.

Yo no supe dónde estaba,
pero, cuando allí me vi,
sin saber dónde estaba,
grandes cosas entendí;
no diré lo que sentí,
que me quedé no sabiendo
toda ciencia trascendiendo

SAN JUAN DE LA CRUZ

De este pábulo de saber se nutren los poetas, los místicos, los artistas. Los profetas. Así ocurre en la intuición momentánea del descubrimiento científico. Como decía S. AGUSTIN (Confesiones, Libro IX, CX): «...y ascendemos aún más, interiormente cogitando, hablando y mirando Tu obra, y venimos a nuestras mentes y las trascendemos para alcanzar la región de la abundancia inagotable, donde tú, Israel, paces en eterno pábulo de verdad, y ahí está la sabiduría de la vida...»

Pero también en esa hondura caótica, abisal, se hunden los grandes malhechores, los que llevan la maldad suprema. Otras veces, al sumergirse en ese poso sub o superhumano que JUNG llamó Inconsciente Colectivo, la razón se pierde y el hombre vuelve demente.

El viaje místico es un sumergirse en el estado primordial. Por ello los escritos de los místicos son una obra de arte. Ellos son una clase especial de artistas, aquellos que obran -crean- arrebatados por Dios.

Hay una característica común a todos los místicos. Y es que, al pasar por esa terrible experiencia vital, salen transformados. Hay un engrandecimiento personal, ya son distintos, ven el mundo con otra óptica. Pero, además, el paso por el trance es angustioso en su doble sentido; como momentos terriblemente angustiosos y como lucha, combate en el que al final se vence,

221

pero en el que queda herido. Una herida permanentemente sangrante al tiempo que gozosa. Lo expresó muy bien SANTA TERESA: «...una situación intermedia entre el Cielo y la Tierra, en el que el consuelo de arriba es pena al no estar en él; es un gozo doloroso por el bien que se intuye aún falta. Es una pena querida, dolor sabroso...,atisbo de miedo al sentir tan cerca la muerte. Es como un camino de cruz».

MULLA SUDRA (1571-1640) decía, siguiendo a su predecesor el gran SUHRAVARDI, que el conocimiento no era sólo información, sino un proceso de transformación. No se sabe realmente si no se cambia por la acción del mismo conocimiento. Y el místico alcanzaría la sabiduría a través del *alam al-mithal*, el mundo arquetípico de la imaginación, que acerca al hombre a Dios. Para estos pensadores islámicos los sueños y las visiones eran la forma suprema de la verdad, ya que el conocimiento no es sólo racional.

Aunque el Dios de los místicos guarda semejanzas con el Nirvana o el Brahma orientales, se distingue en que no anula totalmente a la personalidad, quedando el hombre como distinto a Dios. Decía ABUU-L-HASAN AL-SADILI (1):

> Al santo, durante el éxtasis, siempre le queda alguna conciencia, aunque sutilísima, de su existencia como persona humana responsable. Es algo así como le pasaría a un hombre que estuviese dentro de una habitación sumida en las tinieblas, el cual, a pesar de la oscuridad, no dejaría de darse cuenta de que la habitación aquella existía realmente, aunque no la viese con los ojos.

Y SANTA TERESA abunda en este punto.

EL CAMINO HACIA DIOS

Para los cristianos, los judíos y los musulmanes Dios es personal, histórico, interviene en la vida de los hombres. Para ARISTÓTELES fue, en cambio, un Dios lejano, *el primum movens*, que una vez en los principios creó el Mundo y sus leyes y lo dejó marchar a su suerte. Pero los místicos añaden un nuevo aspecto, otra visión. Y para expresarla recuperan al mito, resto idolátrico, como experiencia religiosa transformante. Mito, misticismo y misterio son palabras que proceden de la griega *musteion* = cerrar los ojos o la boca. Nacen de la oscuridad y el silencio[124]. Decía AVICENA que los profetas han revelado las verdades superiores "bajo forma de mitos, fábulas, símbolos, alegorías y presentación de imágenes".

El místico judío para expresar su experiencia de Dios nos dice que realiza un mítico viaje a través de los siete cielos. SANTA TERESA sigue el mismo camino por los siete castillos de la vida interior. Dice S. PABLO en la 2ª Epístola a los Corintios, 12, 2,4: «Sé de un hombre en Cristo que hace catorce años -si en el cuerpo, no lo sé; si fuera del cuerpo, tampoco lo sé, Dios lo sabe- fue arrebatado hasta el tercer cielo; y sé que este hombre...fue arrebatado al paraíso y oyó palabras inefables que el hombre no puede decir».

También MAHOMA viajó de Arabia al monte de Jerusalén y ascendió por una escalera a los siete cielos; acompañado de Gabriel siguió el peligroso ascenso, cada uno de los cielos estaba presidido por un profeta, alcanzando al fin la esfera divina. Las fuentes más antiguas no indican la visión final, pero a ella parecen referirse los siguientes versiculos del Corán, 53, 13-18:

---

[124] JHON MACQUARRIE, Thinking about God. Londres, 1957, pg 34.

Ya lo había visto descender en otra ocasión,
junto al azufaifo del confín,
junto al cual se encuentra el jardín de la morada,
cuando el azufaifo estaba todo enmascarado.
No se desvió mirada. Y no erró.
Vio ciertamente parte de los signos tan grandes de
su Señor.

Igualmente JACOB vio una escalera que subía hasta el cielo, por la que subían y bajaban los ángeles. Y el mismo camino de ascensión siguió S. AGUSTÍN con su madre durante su estancia en Ostia. Lo describe en Confesiones IX, 10:

Luego nuestras mentes fueron elevadas, encendidas con mayor afecto, recorriendo como por escalones todos los seres corporales hasta llegar al cielo, desde el sol y la luna y las estrellas lucen sobre la tierra. Subimos todavía más arriba pensando, hablando y maravillándonos de tus obras. Entramos en nuestras almas para trascenderlas después y así llegar a la región de la abundancia indeficiente.

El ascenso, pues, a los cielos, indica el umbral del significado último.

En fin, experiencias similares fueron las experimentadas por los chamanes[125] . El significado profundo de estos mitos se arrastra desde del Paleolítico, representado por la subida al cielo o el "vuelo mágico" del ave de presa, del águila. Indican la subida a la interioridad del sí mismo. Significado semejante tienen los mitos

---

[125] JOSEPH CAMPBELL, BILL MOYERS. *The Power of Myth*. Nueva York, 1988, pg 85.

sobre el arco iris. El chamán, que ejerció una función esencial para el equilibrio anímico de la sociedad altaica, sufre crisis extáticas en que su alma viaja a otros mundos, a los nueve cielos y al profundo averno. Y de regreso trae la sabiduría de los dioses, la capacidad de curar, cuenta las maravillosas aventuras transcurridas en el mundo de los muertos. Pero también en nuestro tiempo dice SANTA TESESA:

> En estos arrobamientos parece no anima el alma en el cuerpo, y así se siente muy sentido falta de él el calor natural. Vase enfriando, aunque con grandísima suavidad y deleite. Aquí no hay ningún remedio de resistir...viene un ímpetu tan acelerado y fuerte, que veis y sentís levantarse esta nube o esta águila caudalosa y cogeros con sus alas. Y digo que se entiende y os veis llevar y no sabéis donde, y es menester ánima determinada y animosa, mucho más que para lo que queda dicho, para arriesgarlo todo, venga lo que viniere, y dejarse en las manos de Dios e ir a donde nos llevaren de grado, pues os llevan, aunque os pese...Otras era imposible sino que me llevaba el alma y aún la cabeza tras ella, sin poderlo tener, y algunas todo el cuerpo, hasta levantarlo.

El camino a las profundidades místicas, o a las honduras del psicoanálisis, está lleno de riesgos. Todas las tradiciones señalan sus peligros y aconsejan ser llevados por un experto. Es necesaria inteligencia y un equilibrio psíquico. Los maestros del zen indicaban que nunca un neurótico se curará con la meditación, si cabe se pondrá más enfermo. Los judíos no permitían que los jóvenes se iniciaran en la Cábala hasta que adquirieran la suficiente madurez.; incluso aconsejaban que fuera casado, para garantizar un equilibrio sexual adecuado.

225

TÉCNICAS DE CONCENTRACIÓN

Desde antiguo se han empleado técnicas para alcanzar estados especiales de la conciencia que facilitaban llegar a la situación extática. Los místicos judíos utilizaban sistemas semejantes a los del Zen o el Yoga. El sabio babilonio HAI GAÓN (939-1038) lo explicaba así[126] :

> Tiene que ayunar durante un determinado número de días; tiene que poner la cabeza entre las rodillas, mientras se susurra suavemente a sí mismo algunas alabanzas de Dios con el rostro mirando al suelo. Como consecuencia contemplará lo más íntimo y recóndito de su corazón y le parecerá como si viera las siete moradas con sus propios ojos, dirigiendo su mirada de una a otra a fin de observar lo que hay en ellas para poder encontrarlo.

El español ABRAHAM ABULAFIA (siglo XIII), en su búsqueda de la iluminación, elaboró un sistema de concentración similar al yoga, con técnicas de respiración, recitación de un mantra y la adopción de ciertas posturas.

La oración de los cristianos orientales era una iluminación, una actividad psicosomática semejante a la relajación, con técnicas semejantes a las del Oriente lejano. El maestro hesicasta EVAGRIO PÓNTICO (siglo IV) decía: «Cuando estés orando no formes dentro de ti ninguna imagen de la divinidad y no permitas que tu alma se vea configurada por la imagen de ninguna forma». Concepto muy semejante al del Yoga: «Orar significa despojarse del

---

[126] *The Jewish Mystics.* Londres, 1990, pg 23.

226

pensamiento», con el resultado de alcanzar una experiencia de unidad y en la pérdida del ego».

Ese camino es para la cristiandad occidental un camino de desolación y tensión. Los Ejercicios Espirituales de S. IGNACIO. La Noche Oscura de S. JUAN. Y como el Psicoanálisis nació en Occidente, se concibe que en las sesiones del diván del psiquiatra se viaje al averno, a los oscuros recovecos del Ello, a la zona oscura de nuestra intimidad. El psicoanalista pretende sacar a la luz lo que está escondido en la caverna. El místico, en cambio, prosigue su camino y va más allá del antro, a un ámbito de Luz.

En el viaje a los arcanos del ser, a veces el místico encuentra a Dios personificado en epifanías a las que es posible amar, muy distintas al lejano Dios de los filósofos. IBN-ARABI tuvo una visión de una joven, Nizan, manifestación de la Sophía divina, y a la que dedicó los versos amorosos de *"El diván"*. Casi un siglo después DANTE ALIGHIERI tuvo un trance semejante al ver a Dios a través de Beatrice Portinari. El viaje relatado en la Divina Comedia por el Infierno, Purgatorio y Cielo se inspiró en los ascensos a los siete cielos de los místicos judíos y en el de MAHOMA al azufaifo del confín de la divinidad. DANTE, en su camino a su inconsciente simbólico, no al oscuro al que accede el psicoanalista en la mente enferma, sino al luminoso del místico, es guiado por lo que él cree es la inspiración divina:

> Oh, fantasía que, de cuando en cuando,
> arrebatas al hombre de tal suerte
> que no oyera mil turbas resonando,
> ¿quién, sino es el sentido, ha de moverte?
> Muévete aquella luz que el cielo sella,
> por sí o por el querer de quien la viere.

227

En el Corán, como luego consideraremos de forma más detenida, aparece la misteriosa figura de *Khidr*, el director espiritual de Moisés, llamado también *El Verde*. Este nombre podría indicar la siempre renovada fuente de la sabiduría oculta o, como en la novela *"El rostro verde"* de MAYRINK, lo oscuro, lo que está detrás, ya que el color verde no es tal, sino la mezcla de dos colores distintos. Es la personificación del hombre primordial presente en lo más hondo del hombre de todas las culturas. Representa el conocimiento no racional y se manifiesta en el simbolismo de nuestros sueños, los que aparecen en la fase IV.

EL TESTIMONIO DE LOS MÍSTICOS

Sobre la realidad última del estado místico no podemos realmente atisbar su verdadera naturaleza, sino atenernos a la palabra de los protagonistas. Casi siempre la experiencia es de carácter religioso, pero no siempre. Hay momentos de gran claridad de conciencia, de estados de vigilia en el sueño en los que se alcanza no es la unión con Dios, sino la Sabiduría. Son casos famosos el de DESCARTES, durante la noche en que tuvo la visión de la existencia de una ciencia universal y que fue para él una verdadera revelación. También PASCAL tuvo su noche de agonía, y su transformación en ese espíritu desgarrado, del hombre de ciencia que quiso creer y del que surgieron los *"Pensamientos"*, testimonio de un alma sufriente.

Pero, en general, los místicos no tienen dudas sobre su unión con Dios. Comentaba IBN ABBAD de Ronda que «no debe entibiarse el propósito del devoto para llegar a la unión durante su viaje, hasta que llegue a la presencia de Dios y al goce de su familiaridad, es decir, hasta que Dios le otorgue estos favores, gracias y carismas».

Para el sufí AL-JUNYAD de Bagdad la búsqueda de Dios era como una vuelta al estado primordial, a la auténtica Fuente del

Ser. Es como ir hacia "fuera de sí", en una forma de alienación, de una "separación" como dirían los seguidores de FREUD. La concienciación del "animus" o el "anima" que llevamos dentro, como dirían los jungianos, el conocimiento de nuestro ser dividido. El perfeccionamiento vendrá de la reunión, de la asunción consciente de ese ser bipolar que llegará a ser integrado. Es el ideal conocido como Tawhid en el Corán.

El Dios de los místicos no es una realidad objetiva, sino profundamente subjetiva; pero no inventada, más bien interiorizada en la profundidad del Yo. De esta manera lo indicaba AL-HALLAY, místico sufí muerto en una cruz: «-Yo soy Aquél a quien amo, y Aquél a quien amo es yo: somos dos espíritus que moramos en un cuerpo. Si me ves lo ves a Él, y si los ves a Él, nos ves a los dos». ("The Mystics of Islam", Londres , 1963, pg 151. R.A. NICHOLSON).

SANTA TERESA relata en su *"Vida"* muchas de sus experiencias místicas. Durante el trance el místico siente estar en una posición intermedia entre dos formas de estar, de vivir: «...porque en ella (la situación mística) aún siente el alma no estar muerta del todo, que así lo podemos decir, pues lo está al mundo; más, como dije, tiene sentido para entender que está en él» (cap.18). No existe, pues, disminución del estado de conciencia, más bien una agudización de la misma. El hecho que se experimente más como vivencia que como entendimiento, lo expresa muy claramente en otro párrafo: «Entiéndese que se goza un bien, más no se comprende este bien». Y, más adelante,

> El cómo es ésta que llaman unión y lo que es, yo no
> lo sé dar a entender...ni sé entender que qué es
> mente, ni que diferencia tenga del alma o espíritu
> tampoco; todo me parece una cosa, bien que el
> alma alguna vez sale de sí misma, a manera de un
> fuego que está ardiendo y hecha llama...Esta llama

sube muy arriba del fuego, más no por eso es cosa
diferente.......Como no puede (el alma) comprender lo que entiende, es no entender entendiendo.

Para el creyente habitual la concienciación de Dios es producto de la contemplación de la naturaleza. Es el Creador, el Todopoderoso, que mora allá en los cielos. Para el místico, en cambio, está en la profundidad del sí mismo. En Könisberg, sobre la tumba de KANT, se puede leer una de sus citas famosas; había dos cosas que le movían cada vez a más admiración y era «el cielo estrellado encima de mí y la ley moral dentro de mí. Son para mí pruebas de que hay un Dios por encima de mí, y un Dios dentro de mí». Este último sería el Dios de los místicos. Para IBN-ARABI cada ser humano es una epifanía, manifestación, del Dios escondido. Pero la realidad inagotable de Dios no puede expresarse a través de cada ser humano, y la revelación, el *Logos*, que Dios ha hecho a cada uno de nosotros es única y diferente para cada cual; por ello, en cierta manera, cada uno tiene "su propio Dios", todos referidos al Único. Algo así como una parcial encarnación de Dios.

Insisten en que en ese estado se pierden las facultades naturales y todo el ser es captado por la divinidad. Para IBN ATA ALLAH de Alejandría,

> En el éxtasis del sujeto desaparece la esfera de su
> sensibilidad y se le abre la presencia de la santidad
> divina, mientras que al salir del éxtasis el contem-
> plativo continúa con su Señor en dicha presencia.
> En el estado de éxtasis el sujeto es llamado hacia
> Dios, y al salir es él quien a Dios llama.

De igual forma que en el sueño normal los estudios neurológicos han encontrado la fase REM, en que la pasividad (parálisis) muscular se ve acompañada con una hiperactividad cerebral; cuando sólo los músculos oculares están hiperactivos y las ensoñaciones invaden nuestra mente, algo semejante ocurre en el estado místico, extático. Decía el mismo IBN ABBAD, ya citado, «que la aproximación real y verdadera a Dios consiste tan sólo en que ella contemple cómo Dios está próximo a ella. Esta contemplación produce en el alma una intensa vigilancia, un temor reverencial...»

EL SUEÑO COMO INSTRUMENTO DE LA REVELACIÓN DE DIOS

Son muchísimos los ejemplos que se podrían citar de la vinculación del sueño con el éxtasis místico. Así tenemos el caso de

MAHOMA

El momento del éxtasis es relatado así (en traducción de E. Dermenghem): «Una noche de la última década del Ramadán, en una cueva del Monte Hira, no lejos de la Meca, mientras dormitaba, se produjo la infusión de la Palabra Increada en el mundo relativo, el descenso del Libro al corazón del profeta. El ser misterioso le mostró en sueños un rollo de lienzos cubierto de signos y le ordenó que los leyera... -No sé leer, dijo Mahoma. -Lee, repitió por dos veces el Ángel, poniendo la tela alrededor del cuello del durmiente. -¿Qué leeré? -Lee, en el nombre de tu Señor, que ha creado al hombre... El elegido se recogió, consciente de que el Libro había bajado a su corazón».

En esta visión, tan escuetamente transmitida, se aprecian algunos de los caracteres básicos del islam, comunes al cristianismo. La existencia de un Dios Supremo, esencialmente "distinto" del hombre (lejos, pues, de cualquier concepción panteísta). La característica de Religión revelada a través de un Libro. No obstante, hay una característica distintiva, y semejante a la mentalidad hinduista: la relatividad de este mundo, muy semejante a la consideración del mundo como apariencia, no auténtica realidad, propia del pensamiento hindú.

LA LUCHA DE JACOB CON EL ÁNGEL

Pocos relatos hay que expresen tan claramente la agonía y la transformación personal como el relato bíblico de la lucha de Jacob con el Ángel. A primera vista incomprensible, adquiere súbita claridad si se lo considera como la descripción de un sueño místico.

> Quedóse Jacob solo, y hasta rayar la aurora estuvo luchando con él un hombre, el cual, viendo que no le podía, le dio un golpe en la articulación del muslo, y se relajó el tendón del muslo de Jacob luchando con él. El hombre dijo a Jacob: -Déjame ya que me vaya, que sale la aurora. Pero Jacob respondió: -No te dejaré ir si no me bendices. Él le preguntó: -¿Cuál es tu nombre? -Jacob, contestó éste. Y él le dijo: -No te llamarás ya en adelante Jacob, sino Israel, pues has luchado con Dios y con hombres, y has vencido. Rogóle Jacob: -Dame, por favor, a conocer tu nombre, pero él le contestó: -¿Para qué preguntas por mi nombre?; y le bendijo allí. Jacob llamó a aquel lugar Panuel, pues dijo: -He visto a Dios cara a cara y ha quedado a salvo mi vida. Salía el sol cuando pasó de Panuel e iba cojeando del muslo (Génesis, 24-31).

Una larga noche de lucha; noche oscura del alma que diría S. Juan de la Cruz, en la que Dios o el Ángel golpea y golpea mientras el hombre sigue ciego. La búsqueda de la Luz siempre es dolorosa. Y tiene un precio, la herida en la cadera de Jacob, señal permanente de la Transmutación personal. Cuando el contrincante bendice a Jacob, le cambia el nombre: se llamará Israel. Entre los semitas supone algo fundamental; el nombre se confunde con la persona; el cambio del mismo supone que, a partir de entonces, el patriarca será otro. Su vida tendrá otro norte. Sus caminos serán distintos. Y enseguida se lee en los capítulos siguientes del Génesis que, tras la Experiencia, Israel hace las paces con su hermano Esaú, terminando los conflictos familiares. También, después se enfrentará con sus hijos por causa de la crueldad de éstos con los siquemitas.

Todo en el relato es simbólico, como en los sueños que escarban en el inconsciente. La lucha -la agonía- dura mientras persiste la oscuridad del alma; sólo la aurora, con la visión de la nueva Realidad, terminará con ella. Entonces comprende Jacob que el Adversario era un aliado, y pide su bendición. El tormento ha terminado en gozo.

Pero si meditamos sobre los avatares de los dos hermanos, Jacob y Esaú, dos gemelos tan opuestos, delicado uno, brusco y velloso el otro, imprudente y extrovertido Esaú, Jacob apegado a sus padres. Que intercambian sus destinos. Si lo meditamos, repito, veremos que, en realidad, son uno mismo. En concepción moderna son el animus o el ánima que todos llevamos dentro. La duplicidad sexual. Cada aspecto, "cada hermano", es el complemento del otro. Su lucha es la que todos mantenemos con nosotros mismos. Y la paz entre hermanos que se alcanza tras la lucha con el Ángel es la reconciliación interior, la superación de la diferencia, el asumir la duplicidad. En consecuencia, la personalidad se acrece. La armonía entre nuestro inconsciente irracional, místico, lleno de energía pero oscuro y luminoso a la vez, con el componente racional de la vigilia. El trance místico lleva a la Unidad.

LA SURA XVIII DEL CORÁN

En esta curiosísima sura se expone en forma de relatos de misterio, de manera simbólica, ese fenómeno de transformación con crecimiento personal que sufre el creyente al pasar por los trances místicos. Contiene tres relatos sucesivos, de los que haré referencia a los dos primeros, el de los siete durmientes y el de Chadir o Khidr, de los que JUNG hizo una interpretación enormemente interesante.

En el primero, siete jóvenes de Éfeso, en tiempos de Decio, se retiran a una caverna. Se consideraban monoteístas y huían del mundo idolátrico. Son acompañados por un perro, que quedará en el umbral, y cuyo simbolismo es oscuro. Están situados entre la derecha -oriente- y la izquierda -occidente- . Allí quedaron durmiendo. Al despertar no conocían el tiempo del sueño, que fue de trescientos nueve años.

Ellos buscaron la perfección a través de la meditación, adentrándose en la caverna de su propio interior, del yo no manifestado, y se adentran en el camino del propio conocimiento. Y su situación, entre oriente y occidente, indica el punto medio, el lugar simbólicamente considerado como centro del mundo, lugar de transformación y sacrificio, punto privilegiado para comunicar con Dios. Este simbolismo del punto del centro se conserva en muchas tradiciones y representaciones; así podemos recordar todas las que se refieren a la muerte de Cristo, en las que Éste está siempre en el medio, entre los dos ladrones.

Quien entra dentro de sí involucra su ser consciente con el inconsciente que estaba olvidado. Su conocimiento supone siempre transformación, aunque no siempre positiva. Cuando supone acrecentamiento se acostumbra expresarlo en forma de alargamiento de la propia vida (caso de los 7 durmientes, que permanecieron en la caverna más de 300 años; también en la Edad Moderna PARACELSO considera que el alquimista que alcanzaba el verdadero conocimiento, la piedra filosofal, veía largada su vida). O también una forma de alcanzar la inmortalidad, como se predicaba en los misterios de Eleusis.

En cuanto al segundo relato, expuesto resumidamente, Moisés dice a Josuá, su servidor, hijo de Nun, que caminen hasta la confluencia de los 2 mares, pues Dios le había indicado que allí encontraría al hombre más sabio de los existentes (Chadir). Al cabo de un tiempo de marcha notaron que habían perdido al pescado que llevaban consigo. El servidor da la culpa a Satanás del olvido. Milagrosamente el pescado se ha encaminado por sí solo hacia el mar. Al saberlo, Moisés ordena regresar en su busca, porque allí donde esté el pescado estará su maestro. Y, en efecto, allí lo encuentra; y le pide consejo y que le permita acompañarle. El desconocido le indica que no tendrá (Moisés) suficiente paciencia para permanecer en su compañía, mudo y sin protestar. Moisés le ruega y le promete acatamiento, por lo que seguirá en su compañía. A continuación suceden una serie de acontecimientos incomprensibles para Moisés, que protesta, con lo que moverá a disgusto a su maestro que, tras explicarle lo incomprensible, se separará de él.

Para JUNG Chadir representa la suprema Sabiduría que está en lo más profundo de nuestro interior. Moisés va acompañado de "su sombra", Josuá, que es el desdoblamiento de sí mismo, su "ánima inconsciente". Es hijo de Nûn, que es nombre de pez, o, lo que es lo mismo, que es hijo de las profundidades. Es una situación semejante a todos los ejemplos de hermanos míticos (Caín y Abel, Jacob y Esaú, Rómulo y Remo, los Dioscuros...). El lugar de encuentro, el de la transformación, el de aprehensión de la Sabiduría también está en el lugar de en medio, entre los mares.

La pérdida del pez representa una catástrofe, la pérdida de la sabiduría profunda. Por eso Moisés corre a reencontrarse con él. En cierta forma, su simbolismo se confunde con el de Chadir, figura que se asemeja en cierto modo a Cristo (no se olvide que la figura del pez fue un signo de identificación de los primeros cristianos). Dicha pérdida supone una disociación de la personalidad, frecuente en las neurosis. Es lo que los primitivos llamaban la pérdida del alma o, lo que viene a ser lo mismo, un rebajamiento del nivel mental. Moisés se siente fatigado por la pérdida de su alma, la falta de la libido. Es decir, el alejamiento de la fuente de la vida. El reencuentro con el pez supone la reestructuración de la personalidad, el despertar a la nueva vida. Es una imagen semejante a la recuperación del *aqua permanens* de los alquimistas.

Chadir es el sí mismo, el nacido en la caverna, el de larga vida, que se renueva permanentemente, semejante al profeta Elías, el pez redivivo, el que como Osiris, es desmembrado al fin del día para renacer de nuevo. Es el hombre primordial, mientras Moisés, hombre corriente, no podrá nunca comprender su conducta, como Job no comprendió a Yahvé. Lo que realmente renace, quiero decir lo que se mantiene como permanente, es el pez, lo olvidado, aquello situado en lo más hondo del ser; de lo desconocido, surge la esencia inmortal. Es lo que maravillosamente expresó ISAIAS en su relato del siervo de Dios.

Y lo transformante se expresa como interiorización, como "nutrición". La santificación viene a través del pan en Cristo, y del vino, como también ocurrió con el culto a Dionisos. Y en la transformación está implícita la inmortalidad.

CONSIDERACIONES FINALES

E intentado hasta ahora saber algo sobre el estado místico y su relación con los sueños. He procurado ante todo basarme en los testimonios de los místicos, de los autores que han vivenciado esa especialísima situación espiritual, con el fin de dar poco margen a la elucubración y guiarme por los hechos. Hechos que, en esta caso, no son cuantificables ni verificables a voluntad, pues son experiencias únicas, y con características propias de cada personalidad; ello hace que, aunque semejantes, nunca sean idénticas. Voy a resaltar ahora algunos aspectos que me parecen fundamentales, y buscaré como punto de apoyo otra cita del libro de Castaneda. En ella D. Juan (el brujo) le dice a Carlos:

> Hacer es lo que hace de esa roca una roca y de esa mata una mata. Hacer es lo que te hace ser tú y a mí ser yo. Ahí tienes a esa roca por ejemplo. Mirarla es hacer, pero verla es no hacer.
>
> Esa roca es una roca `por todas las cosas que tú sabes hacerle. Yo llamo a eso hacer. Un hombre de conocimiento sabe, por ejemplo, que la roca sólo es una roca a causa del hacer, y si no quiere que una roca sea una roca, lo único que tiene que hacer es no-hacer.
>
> Cuando uno no-hace está sintiendo el mundo...¿A quién importa que tú entiendas o no?

Estas misteriosas palabras contienen un mundo de sabiduría. Para comprenderlas hay que imaginarse la situación mental del hombre primitivo, antes que, al finalizar el Neolítico, los filósofos presocráticos (THALES, ANAXÍMENES, ANAXIMANDRO, PARMÉNIDES) inventaran al individuo. Antes, el hombre se consideraba inmerso en la Naturaleza, como parte constituyente de la misma. La vivía pero no la comprendía. Ellos adoptaron una postura de enfrentamiento a la Naturaleza para definirla, comprenderla y, como meta final, dominarla. Para ello inventaron la tremenda palabra ser, sin la cual ya no sabemos hablar. Entendida como sustantivo cuando hablamos del ser de las cosas, y como verbo copulativo cuando decimos lo que las cosas son. Somos nosotros los que atribuimos a cada una determinadas cualidades. Cuando

237

algunas de éstas separan bien a un objeto de los demás, permitiendo definirlo mejor, decimos que constituyen su esencia. Pero esa esencia es creación nuestra. Y las cosas en realidad no son, sino simplemente están.

Si en la abstrusa cita anterior cambiamos la palabra hacer por definir, el texto se vuelve más comprensible. Lo que pretende es considerar esa condición primera del hombre en la que todo estaba indefinido, en el que las cosas no eran, ese tiempo en el que se podía sentir el mundo, en palabras de d. Juan. Por eso añade después: ¿qué importa que entiendas o no?

En la situación mística, el protagonista se sumerge en una realidad total al penetrar en el inconsciente colectivo de la especie, en una visión primordial. Todo aparece entonces evidente en esa misteriosa situación de contemplación en que no tiene cabida la duda. Ningún auténtico místico ha dudado de la inexpresable realidad de su experiencia. Lo místico es esencialmente indefinible. Si pudiéramos desprendernos de nuestra cultura (del hacer de d. Juan) y volver a la situación virgen del niño al nacer, podríamos vivenciar (no-hacer) el Mundo. "Sentir" la Historia completa de la Humanidad.

Y en su relación con los sueños, el estado místico es una auténtica paradoja. Como en los sueños, el místico se sumerge en el subconsciente, colectivo e individual, pero de forma vigil. Sueña despierto. También en este punto d. Juan tiene palabras clarividentes. Al iniciado, al preparado para el éxtasis tras largos sacrificios, él lo llama guerrero, y dice así:

> -El soñar es real para un guerrero porque allí puede actuar con deliberación, puede escoger y rechazar; puede elegir, entre una variedad de cosas, aquellas que llevan el poder, y luego puede manejarlas y usarlas, mientras que en el sueño común y corriente no puede actuar con deliberación.

-¿Quiere Vd. decir entonces, d. Juan, que el soñar es real?

-Claro que es real.

-¿Tan real como lo que estamos haciendo ahora?

-Si se trata de hacer comparaciones, yo diría que a lo mejor es más real. En el soñar tienes poder; puedes cambiar las cosas; puedes descubrir incontables hechos ocultos; puedes controlar lo que quieras. Soñar es igual de serio que ver o morir o cualquier otra cosa en este temible y misterioso Mundo...La movida de arreglar los sueños no es sólo mirar las cosas, sino mantenerlas a la vista. El soñar es real cuando uno ha logrado poner todo en foco. Entonces no hay diferencia entre lo que haces cuando duermes y lo que haces cuando no estás dormido.

Indica, pues, que, en el sueño místico, no se sueña de forma pasiva, sino que hay una actuación voluntaria del soñante en los acontecimientos soñados. Y este contacto con una realidad distinta, posible cuando se llega a un importante nivel de perfección, es la meta de los alquimistas, su piedra filosofal, aquello que vislumbraban y que no llegaron a comprender totalmente.

....

Llegados a esta meta, después de tratar con meticulosidad lo que llamado el Espíritu de la Alquimia, surge la pregunta: ¿Qué viabilidad tienen actualmente estas concepciones? En un mundo en el que el pensamiento científico se le supone como el único depositario de la verdad, ¿tienen algo que decir la alquimia, la mística, la religión? Hay un aspecto en el que claramente tienen

239

viabilidad y es de la comprensión psicológica del ser humano actual. La conducta de éste está condicionada por una serie de componentes inconscientes, otros de carácter histórico o sentimental que exigen para su comprensión todo el pensamiento que hemos tratado en este libro. Pero, de cara al futuro, ¿podrá el pensamiento científico atender a todas las necesidades espirituales del ser humano? O, resumiendo en una pregunta, ¿podrá la ciencia por sí misma explicar al Mundo, sin necesidad del pensamiento mítico?

La respuesta a esta pregunta, con vistas al futuro evolutivo de la humanidad, es la que me propongo abordar en el capítulo final del libro. Para ello me voy a ver obligado a utilizar expresiones y vocabulario científico que puede resultar extraño para el no habituado. Procuraré simplificarlo en lo posible, pero es un problema que requiere un abordaje serio por las implicaciones que tiene sobre todo el pensamiento moderno.

CAPÍTULO XIII

La crisis del Racionalismo

I LA RAZÓN NO PUDO CON EPIMÉNIDES

A últimos del siglo XIX y primeros del XX un aire renovador y de crisis invadió el mundo de la matemática y la lógica. A partir de ese momento empezaron a pensar sobre sí mismas, sobre su propia validez. ¿Eran la matemática y la lógica equiparables?, ¿su método de investigación serviría para autojustificarse?

La polémica tuvo un momento álgido cuando la aparición de las matemáticas no euclidianas. La validez de los Elementos de EUCLIDES durante más de 2000 años llevó a la creencia de que sus postulados y teoremas eran los únicos que se correspondían con la realidad. Aunque siempre hubo un punto de inquietud en la aceptación del quinto postulado, el de las paralelas: es aquél que dice que por un punto exterior a una recta sólo pasaría otra recta que no tendría ningún punto común con la primera, por mucho que se prolongara.

Los esfuerzos de LOBASCHECK, SACHERI y otros, tras la no aceptación de este postulado, llevaron al descubrimiento de otras matemáticas también "reales", la elíptica y la hiperbólica.

A partir de entonces se quiso confirmar la validez del razonamiento matemático, comprender en qué consistía lo que venía llamándose "demostración". Fue un fenómeno crucial en la historia del Pensamiento. Se trataba de buscar límites, si los tenía, al Racionalismo. Hasta entonces, en amplios sectores del mundo ilustrado occidental, la capacidad de la "Razón" era el único camino en la comprensión de la Verdad, el único capaz de aprehenderla.

El impecable método lógico que estableció ARISTÓTELES en la Filosofía y EUCLIDES en la Geometría parecían no tener puntos oscuros, posibilidad de error. Eran métodos coherentes[127] consigo mismos. Sin embargo, ya en la Grecia clásica, se hizo notar que estos métodos no cubrían todas las posibilidades. Seguían sin explicación las famosas paradojas de Zenón y de Epiménides.

La primera, expuesta por ZENÓN, la de la carrera entre Aquiles y la Tortuga (la pequeña ventaja en la salida de ésta nunca sería vencida por el veloz Aquiles) sería superada por la matemática moderna. Pero la última ha persistido incólume. Decía Epiménides, cretense, la siguiente afirmación:

"Todos los cretenses son mentirosos".

Surge entonces la pregunta: ¿esta proposición es verdadera o falsa? Pruébese a intentar contestarla y se verá que es imposible. No es ni verdadera ni falsa. Si fuera verdadera indicaría que Epiménides era un mentiroso, pues era cretense, por lo que había dicho no era cierto. Si se supone que es falsa, entonces los cretenses no son mentirosos, con lo que Epiménides tampoco, y no hubiera podido afirmar la famosa frase. Así se llega a la conclusión de que ni es verdadera ni falsa.

El matemático HILBERT propuso a la comunidad científica un problema que era un verdadero reto. Para el que no esté muy al tanto de estas disciplinas podría parecerle abstruso y con poco

---

[127] Coherente: método en el que todos sus teoremas son verdaderos. Teorema: demostración a partir de unos presupuestos que se consideran verdaderos y por medio de la cual se obtiene otra proposición (afirmación demostrada) verdadera.

interés, sólo una divagación de fanáticos matemáticos, pero buscaba la solución de un verdadero dilema al que había llegado el pensamiento racionalista. De la solución del mismo dependían los cimientos de toda la ciencia moderna: demostrar que cualquier sistema "formal" fuera, en el campo para el que estaba referido, no sólo coherente sino también completo.

En matemáticas, se refería más concretamente a la consecución de una teoría de los números que cumpliera estas condiciones, aunque implícitamente se refería a cualquier sistema formal.

Pero, para entendernos, fijemos algunos conceptos. Sistema formal es un conjunto de reglas de elaboración de proposiciones a partir de unas primeras aceptadas como axiomas (verdad evidente). Toda proposición obtenida según las reglas es un teorema. Si este teorema es verdadero, en un isomorfismo-equivalencia con el mundo real, se dice que es coherente. Esta es una coherencia externa. Existe también una coherencia interna, cuando dos o más proposiciones no son incompatibles entre sí.

La completitud de un sistema formal sería la propiedad de que cualquier proposición verdadera fuera deducible por el sistema, es decir, fuera un teorema.

El poder crear un sistema que fuera coherente y completo era una tarea terrible. Las paradojas matemáticas se multiplicaban; cada intento de superar algunas de ellas, creaba otras. Fue famosa la paradoja de los conjuntos de Russell. Este observó que la mayoría de los conjuntos[128] no se contienen a sí mismos;

---

[128] Conjunto sería la agrupación de una serie de cosas en función de una cualidad común.

aunque no siempre ocurre así[129].

Ante el cúmulo de paradojas, RUSSELL Y WHITEHEAD aceptaron el desafío de HILBERT e intentaron crear un sistema formal que eliminara las autoreferencias en la Teoría de los números[130]. Su obra fue ingente, mundialmente apreciada; fue publicada a primeros de siglo con el nombre de *"Principia Mathematica"*: sistema formal perfectamente estructurado que eliminaba los bucles extraños de la autoinclusión y autoreferencia (nada de lo definido debería entrar en la definición) simplemente negando su inclusión en el mismo.

Parecía una obra definitiva que eliminaba los vacíos de los números. Monumento a la inteligencia que se vendría abajo con estrépito en 1931, cuando un matemático austriaco, KURT

---

[129] Por ej., el conjunto de todas las ciudades no es Alicante. Sin embargo hay otros que se autodevoran; por ej., el conjunto de todos los conjuntos, o el conjunto de todas las cosas excepto Alicante. De esta manera se pueden dividir los conjuntos en "comunes y corrientes" y "los que se autocontienen". Pero si inventamos el conjunto "E" = "conjunto de los conjuntos comunes y corrientes", ¿de qué clase es "E"?. A poco que meditemos, veremos que no es de una clase ni de la otra, es algo "anormal y patológico", que no cabe en el sistema formal de la teoría de los números.

GRELLING ofreció un ejemplo de paradoja semejante al conjunto de Russel, pero utilizando adjetivos. Estos se pueden agrupar en dos clases:

a) Los que se describen a sí mismos o autológicos: horrísono, hexasilábico...

b) Los que no se describen a sí mismos, heterológicos: trisilábico, inhóspito

¿De qué clase es heterológico?. Si se medita un poco, se aprecia que al aceptar que es autológico, entonces no sería heterológico. Si aceptamos b), ¿cómo no va ser heterológico heterológico?. En conclusión, no es una cosa ni otra.

[130] Es decir, procurar que nunca una cosa definida entrara en la definición.

244

GÖDEL, publicó su famoso TEOREMA. No vamos a tratar de la demostración del mismo, compleja y de difícil intelección (quien sienta curiosidad por estos temas que acuda al muy extenso y apasionante libro de R. HOFSTADTER, "Gödel, Escher, Bach, un eterno y grácil bucle" de Tuskets Edit., 1982). De forma resumida establece que

"Toda formulación axiomática de la Teoría de los Números incluye proposiciones indecidibles".

Lo que quiere decir, en lenguaje más claro, es que hay proposiciones dentro del sistema de las que no se puede afirmar, valiéndose de las reglas del sistema, si son verdaderas o falsas. O, lo que es lo mismo, que hay proposiciones verdaderas que no son demostrables.

Pero es que, además, aunque GÖDEL se refería ante todo al sistema de los *"Principia Mathematica"*, era aplicable a cualquier otro sistema conocido o por inventar. Venía a decir, y de ahí su gran trascendencia filosófica, que la Realidad o la Verdad se extiende por un campo que la Racionalidad, el pensamiento científico, no puede abarcar en su totalidad. Y el descubrimiento viene de un campo, el matemático, que es el prototipo de la pura lógica. La propia razón ha encontrado su límite; por eso se llama también al Teorema de Gödel TEOREMA DE LA INCOMPLITUD.

No se puede eliminar totalmente la autoreferencia. Ya lo era en sí la pretensión de RUSSELL de juzgar su propio sistema valiéndose de las reglas del mismo. La "pura objetividad", es decir, la definición de los fenómenos desde fuera, como espectadores de la Realidad, es una utopía, porque nosotros formamos parte de esa misma Realidad.

Y, curiosamente, también de forma paradójica, cuando hace crisis la concepción sobre la completitud de los sistemas formales, en los mismos años treinta, aparecen los primeros intentos serios en el desarrollo de los computadores y el nacimiento de la idea de la Inteligencia Artificial (I.A.). Los partidarios de ésta afirman que la creación del ordenador inteligente sólo es cosa del tiempo. Sabido es que no hay nada más tonto que un ordenador; realiza con una velocidad asombrosa todas las instrucciones que se le indican, pero con una falta de flexibilidad tal que cualquier ligero error en la forma de pedirle los datos o recabar una operación cualquiera da lugar a una falta de respuesta.

Dicen los partidarios de la inteligencia artificial que se podrían idear complejos programas para convertir en flexibles a los ordenadores.. Pero todo software es un programa inflexible. El ordenador llegaría a ser inflexiblemente flexible. Una paradoja más. Y los técnicos comprueban que cuando parece que se acercan a la meta, ésta se aleja más.

Meta inalcanzable porque la labor de un ordenador será siempre obedecer las indicaciones de un "sistema formal" que, por muy complejo que sea, hemos visto que no puede englobar la totalidad de la Verdad.

Como luego se insistirá, la Inteligencia es mucho más que una actitud "razonable" ante el mundo. Se sabe de otros medios de conocimiento. Ya que el sistema formal "Razón" no lo engloba todo, ya que todo no es demostrable, como "se ha demostrado racionalmente" (un nuevo bucle de autoreferencia), es necesario completarlo por otras vías: la intuición, la evidencia, la inspiración, la actividad creadora, la visión mística.

Por ello no podrá ser nunca inteligente un ordenador, aunque posee rasgos de inteligencia; la actividad inteligente es una serie de cualidades oscilantes (nuestra forma de actuar no es siempre igualmente acertada) que se vale de datos lógicos pero también, posiblemente más, de condicionamientos inconscientes.

Es muy útil para comprender los conceptos psicoanalíticos del inconsciente colectivo o individual considerar las hipótesis muy fundadas sobre el funcionamiento cerebral según distintos niveles de integración. Cualquier fenómeno natural, y en ellos incluyo el pensamiento, consiste en una superposición de niveles de integración, regidos por normas hasta cierto punto independientes dentro de cada nivel; por ej., cuando expreso mi deseo de ir a visitar a un amigo, se pueden considerar las circunstancias de la proximidad de su residencia, aprecio por ese amigo, tiempo libre para la visita, etc. Estas circunstancias están dentro de un nivel psicológico consciente; y para considerarlo no hemos tenido en cuenta los condicionamientos inconscientes, ni el nivel neurológico de interacción de los millares de neuronas que han sido imprescindibles para tomar la decisión; ni el nivel bioquímico que subyace en la interacción neuronal, ni el atómico...

La Realidad Cerebral está estructurada en niveles o escalones que tienen cierta autonomía en su configuración y actuación. La neurona en modo alguno es consciente de que forma parte de una complejísima estructura que finalmente estará en la base física del pensamiento. Sólo es consciente de su propio nivel, de los estímulos que recibe del espacio intercelular y de los recibidos a través de las sinapsis[131] . Es decir, forma parte de un organismo supracelular que actúa según unos principios para los que la neurona es ajena. E igualmente es ajena al comportamiento molecular.

La actividad cerebral -sensorial, motora y psicológica- puede comprenderse por la constitución de una multitud de "sistemas de integración neuronal", en parte superpuestos y todos jerarquizados a otros de nivel superior. Toda actividad que parece "focal" (centros sensoriales o motores, por ej.) debe entenderse como que una zona específica es el disparadero de una función

---

[131] Sinapsis es el punto de contacto del extremo de la prolongación de una neurona (hay dos tipos de prolongaciones, el axón y las dendritas) con el de otra. Hay un espacio libre entre ambos extremos, "el espacio sináptico", descubierto por CAJAL.

concreta que conlleva la actividad del cerebro como un todo. Así se explica toda la patología psicosomática.

Cada neurona puede formar parte de múltiples sistemas de integración cerebral, pero con función distinta en cada uno de ellos. Cada sistema de integración, o mejor un grupo numeroso de ellos, actúa a un determinado nivel; y su actuación se deriva en modificaciones a otros niveles de forma inconsciente.

La conciencia es aquel estadio de nivel superior que integra una pirámide de subsistemas. Sólo conoce su propio nivel de sistema de alto grado. Todo el conjunto, inmenso, de subsistemas se le pasa desapercibido, a pesar de que condicionen en gran parte nuestro comportamiento, formando lo que se ha llamado el subconsciente.

Así, pues, lo que constituye a la personalidad no es la suma de todas las neuronas, sino el grado de relación jerarquizada que existe entre ellas. Utilizando una nomenclatura informática, en el cerebro se superponen el hardware y el software de un ordenador. El primero estará formado por el conjunto de neuronas conectadas dentro de un medio adecuado (espacio intersticial y glía[132]). El software sería la interrelación funcional entre las mismas; más que una realidad anatómica, sería una fisiológica. Por eso, aunque el número de neuronas permanezca estable -no se pueden reproducir-, la personalidad es distinta en cada momento, manteniendo ciertas constantes; y "creciendo" en el

---

[132] El espacio intersticial es el medio, de consistencia viscosa, con multitud de componentes, en el que las ácélulas del organismo está inmersas.

La glía son células del tejido llamado conjuntivo que rodean a las neuronas.

curso del tiempo, al ir formándose nuevos sistemas de integración neuronal[133].

II RAZÓN Y FE

Como ya se ha indicado en la primera parte, la publicación del teorema de Gödel ha determinado un cambio crucial del pensamiento, todavía en evolución. La Época Moderna, con el imperio absoluto del Racionalismo hace crisis. La propia Matemática demuestra sus limitaciones.

Ya se indicó que la conclusión de dicho Teorema puede expresarse de dos formas:

a). *"Existen proposiciones verdaderas no demostrables".*

b). *"Cualquier proposición no demostrable matemáticamente por un sistema formal no es necesariamente falsa".*

Esto conlleva a buscar caminos de conocimiento distintos del racional, y obliga a enfocar el viejo problema de Razón y Fe desde otros presupuestos, con la nueva luz surgida de las nuevas concepciones matemáticas.

Al fijarse en los soportes del pensamiento racional, se puede constatar que se adquieren de forma no racional. Los fundamentos de la Razón no son racionales. Cualquier sistema formal, por ej., la Geometría Euclidiana, se apoya en unos   "postulados", simplificados al máximo cuya "certeza es evidente". Es decir, se reconoce tácitamente la capacidad de captar la veracidad de unas proposiciones sin "demostrarlas". Podría ocurrir que esta

---

[133] Las consideraciones anteriores no deben entenderse en el sentido de que la Consciencia es un producto de la actividad cerebral; más bien al contrario, el cerebro sirve con carácter instrumental para que se muestre el contenido de la Consciencia.

249

evidencia no fuera total, ni que hubiera que aceptarla universalmente.

Cuando se puso en duda el postulado de las paralelas[134] y se creyó en la posibilidad de que las mismas se encontraran en un punto, se creó una nueva disciplina matemática, la geometría elíptica. En principio se supuso que no pasaba de ser una construcción artificial, viciada de base y sin aplicación práctica. Hasta que en el siglo actual se descubrió que el espacio macrocósmico, el propio del Universo estelar, es curvo y que la geometría no euclidiana es más real que la geometría plana.

Una situación semejante ha ocurrido con los números imaginarios. Se les puso este nombre por su "irrealidad", considerándose simple artilugio matemático, truco para solventar el problema matemático de las raíces pares de los números negativos[135]. Y, sin embargo, esta "matemática imaginaria" ha sido fundamental para la comprensión de la mecánica cuántica[136]. Igualmente, la estructura matemática fractal[137] de los objetos materiales tiene por base a dichos números imaginarios.

Por tanto, existe cierta subjetividad en la aceptación de los postulados. De los que son aceptados como tales se deducen, siguiendo unas reglas precisas, unas proposiciones de otras, de

---

[134] Dice este postulado que por un punto externo a una recta en un plano sólo puede ser otra recta. También se puede expresar diciendo que dos rectas paralelas en un plano no se pueden encontrar nunca.

[135] Los números imaginarios se basan en la aceptación formal del número "i" = Raíz cuadrada de −1.

[136] La mecánica cuántica estudia las propiedades de la materia a nivel subatómico. Es imposible definir en pocas palabras la Geometría fractal; es la que expresa la geometría *real* de los cuerpos, cuyas superficies de separación, sus límites entre sí, son infinitamente complejos.

[137] La misma dificultad tiene el explicar brevemente la Geometría fractal; es la que expresa la geometría real de los cuerpos, cuyas superficies de separación, sus límites entre sí, son infinitamente complejos.

manera que todo el sistema formal tenga coherencia interna.

La validez dependerá en última instancia de su coherencia externa con el mundo real. Todo sistema razonable es una estructura mental, nacida de la necesidad que tiene el hombre de comprender al mundo.

El fruto más exitoso del racionalismo ha sido el conocimiento científico. Pero conviene detenerse un momento sobre la naturaleza del mismo. Cualquier nueva ciencia empieza por una recopilación de hechos. A continuación viene la formulación de hipótesis que intentan "explicar" las relaciones entre los mismos. El nacimiento de dichas hipótesis surge del miedo al vacío, a la falta de sentido de la experiencia. Intentan marcar las relaciones de unos hechos con otros, con la tácita aceptación de la idea de que no hay fenómenos aislados.

Hasta el presente ha predominado el principio de causalidad. Posiblemente por un condicionamiento mental a la formación racionalista de los pensadores de los últimos siglos. El pensamiento "lógico" es ante todo "lineal": unas premisas permiten deducir una conclusión que, junto con otras, permite elaborar otras indefinidamente. Su prototipo es la matemática que imperó hasta el siglo XIX. *"La Razón Pura"* de KANT. A este tipo de discurso lineal, deductivo, hasta le han encontrado una localización cerebral preferente, la corteza del hemisferio izquierdo.

Es en los últimos años cuando se ha añadido al principio de causalidad otras posibilidades de relación entre hechos. A partir de los estudios termodinámicos, desde BOLZMAN hasta PRIGOGINE, de la física estadística y de la nueva ciencia sobre el Caos. La naturaleza de este escrito no permite detallar estas aportaciones, pero basta con indicar que las agrupaciones de hechos no tienen por qué ser forzosamente causales; pero sigue siendo cierto que no existen hechos aislados y que su comprensión exige hipótesis. La hipótesis persiste mientras sea válida, sea verificable y permita predecir fenómenos. Ante un hecho nuevo, inexplicable, la hipótesis ha de ser completada o sustituida.

Queda, pues, bien patente, la relatividad de la formulación racional y la provisionalidad del conocimiento científico. Esta provisionalidad nace de que siempre será incompleto; lo cual no quiere decir que sea desechable o no cierto buena parte de lo aportado por la ciencia. La mejor prueba la tenemos en el extraordinario cambio que ha determinado en el modo de vivir del hombre con la transformación tecnológica. No hay que olvidar que la ciencia no dice qué son las cosas, sino cómo son, qué propiedades tienen y cómo podemos medir sus magnitudes. Lo que nos lleva a concluir que el pensamiento racional y el conocimiento científico no son absolutos. El primero es un instrumento muy útil, específicamente humano, para conocer verdades, pero no todas. Y el segundo nos ayuda a desenvolvernos entre las cosas y a transformarlas, pero siempre es incompleto y modificable.

Si hemos de hablar del contraste entre Razón y Fe, hay que dedicar alguna atención al permanente problema de la Materia y el Espíritu en la constitución del hombre. Para el materialista no hay más que Materia, y las manifestaciones del Espíritu no son más que propiedades y funciones de una materia más perfeccionada. El hombre no pasaría de ser una máquina, la mejor (LA METTRIE).

Para los que creen en el Espíritu, todas las manifestaciones psicológicas serían una propiedad del Espíritu. Éste estaría prisionero en la materia (las doctrinas de los gnósticos, expuestas en otros capítulos, son una buena muestra de esta forma de pensar) y no habría liberación hasta la muerte. Es más, para los idealistas neoplatónicos la verdadera realidad estaría en las Ideas. El Espíritu sería la suprema realidad, lo eterno e incambiable. Es cierto que toda actitud psicológica supone un cambio funcional material paralelo, pero en el que el puente de unión es un misterio.

252

El materialista se apoya en el conocimiento científico; su realidad, la materia, es palpable y medible. Aparece como evidente, pero es una concepción de un mundo sin sentido, hecho de materia que sólo se justifica por sí misma. Y esta falta de sentido es todavía mayor en el hombre, lleno de aspiraciones, con necesidad íntima de permanencia, de explicaciones últimas que la muerte dejaría siempre frustradas.

El espiritualista es un creyente en una vida con sentido, de ser algo más que magnitudes medibles, de tener una inmortalidad en otra vida que complete las imperfecciones de la presente. No concibe que haya posibilidad de salvación sin Espíritu. Éste se le impone como una necesidad para que la Revelación tenga cumplimiento. Pero, a propósito de esto último, me he preguntado muchas veces: la Promesa en la Resurrección ¿puede cumplirse en un Espíritu que no muere?

La realidad la conocemos a través de la percepción. Esta puede ser externa, a través de los sentidos, con la que nos formamos una "imagen" de ese exterior. Lo que percibimos no es la esencia de la realidad, sino ciertas propiedades (sonidos, emisión de radiaciones, etc.). La imagen es una formación mental a partir de percepciones externas.

Y tenemos la percepción interna, la que nos informa de nuestra situación corporal (por ej., la estática, el grado de tonicidad muscular, el malestar-dolor ante determinadas disfunciones) y también de nuestro estado mental. Fuera de la diferencia entre externa o interna, no hay ninguna razón suficiente para afirmar que esas percepciones son esencialmente distintas. Todas nos aportan información y todas tienen como substrato la actividad cerebral. En el fondo, toda percepción es mental.

Se ha presumido que la Materia y el Espíritu son esencialmente distintas, simplemente porque la información sobre las mismas procede de dos distintos tipos de percepción (externa o interna), pero la localización de la misma no supone que sus objetos sean esencialmente distintos ni asimismo los mecanismos de captación de esa información.

Ciertos tipos de fenómenos los catalogamos como materiales y a otros como espirituales. Pero ¿sabemos de qué estamos hablando? ¿Sabemos, en verdad, qué es Materia y qué es Espíritu? Cuando los conocimientos científicos sobre la materia no sobrepasaban la concepción "particular" de la misma -molecular o atómica- parecía que los criterios distintivos de la misma parecían claros (dureza, extensión, masa). Ya se empiezan a complicar las cosas al considerar las fuerzas que rigen la estructura material -la gravedad, el electromagnetismo... ¿son en sí materia o propiedades de la misma?. Y al introducirse en la estructura atómica empiezan a surgir paradojas y la idea intuitiva de "materia" ya no funciona: la duplicidad onda-partícula de la luz, las cinco fuerzas de la materia, en camino de unificación (eléctrica, magnética, fuerza débil, la fuerte y la gravitatoria); la convicción de que la materia es una forma de energía, que es ésta la que se mantiene estable (no aumente ni disminuye, sólo se transforma). Pero la Energía, ¿qué es? ¿Es distinta de la fuerza del Espíritu? ¿sí o no? ¿O le damos un nombre en unas circunstancias y otro en otras?

Pero hay todavía más. Cuando consideramos las nuevas teorías sobre la estructura subatómica de la materia -los "twistors" de PENROSE o la teoría de las "supercuerdas- todo llega a una pura abstracción, a la matemática pura. De manera que, siguiendo el camino del conocimiento de las cosas, hemos llegado al mundo de las Ideas platónico.

Cuando hablamos de Espíritu lo hacemos muchas veces refiriéndonos a un determinado esquema de valores que determina peculiares actitudes vitales. Es un uso plenamente vigente y perfectamente aceptable. Otra sentido es el considerarlo como una entidad distinta, personal, constituyente del hombre. Es la manera en que la utilizamos más frecuentemente: cuando se indica "dejarnos llevar por el Espíritu", "elevarse al Espíritu", etc. Es difícil substraerse en la conversación habitual de hablar de nuestra alma, de nuestro espíritu. Percibimos realidades internas, unas referentes a nuestro cuerpo como se le entiende intuitivamente (huesos, músculos, vísceras) en las que apreciamos dolor, distintos tipos de sensibilidad, como la estática corporal o la simple sensación de bienestar que supone el buen funcionamiento corporal. Otras percepciones, sin embargo, hacen referencia a nuestra estructura interna, a esa en la que arbitrariamente localizamos en el "Yo" personal; tenemos constancia, percibimos "sucesos" interiores: voliciones, pensamientos, sentimientos...

La jerarquía estructural de estos sucesos psicológicos está más alta que las de las sensaciones sensoriales de la luz, sonido, tacto o estática corporal, por ej., cuando hablamos de éstas las distinguimos como percepciones corporales y las de estructura superior como sensaciones anímicas. Pero, ¿qué razones de peso tenemos para suponer que estos sucesos son cualitativamente distintos? Cada suceso de los que llamamos psicológicos implican prácticamente el funcionamiento del cerebro como un todo, con unos niveles de sistematización y estructuración jerarquizadas superpuestas. Cada nivel supone el inferior, pero se le puede tratar en cuanto a su estudio como relativamente autónomo. Esto aboga a la posibilidad de que el Espíritu es un estado estructural dinámico, enormemente complejo, de alta jerarquía, y que se distinguirían porque la percepción interna del mismo es distinta.

Es esencialmente dinámico, funcional, sus partes son sus actos. Es la vida; por eso, con la muerte el Espíritu se escapa. La Materia que queda ya no es la misma; tras la muerte cerebral, aunque queden todavía muchas células vivas en el cuerpo, ya no constituyen un organismo único.

Todo lo que podemos afirmar con seguridad es que cada uno de nosotros formamos un individualidad personal única, que nos enfrentamos perceptivamente y activamente al mundo que nos rodea y ante nuestra propia realidad. Que esas funciones, para aclararnos, las hemos subdividido en materiales y espirituales, pero que tienen un único soporte, la persona indivisible.

LA FE

No se la puede definir en unas palabras, porque más que algo que la persona sabe o siente, es algo que vive; por eso lleva tras sí una complejidad inconmensurable. Algo en lo que es preciso insistir. Lo que se conoce por la Fe, a diferencia de lo que se aprende racionalmente, es algo que estimula y transforma a un tiempo las fibras íntimas del ser. Yo puedo conocer el teorema de Pitágoras o la Ley de la Gravitación Universal y, salvo que me importe profesionalmente o por otro motivo concreto, no cambia mi configuración vital; acepto simplemente ese conocimiento.

La Fe es método de conocimiento -ya se insistirá sobre él- que al disponer de su verdad se conmueve la persona y, si la creencia es firme, la transforma. Las verdades conocidas por la Fe son transcendentales, que "transportan", que cambian no el mundo sino la persona. Y, aunque veremos que en su medio de adquisición hay semejanzas con el formalismo racional, el objeto de la Fe, su medio de conocimiento y los resultados son totalmente distintos.

El formalismo racional parte de unos principios, los axiomas, de unas normas de elaboración de las proposiciones que son "evidentemente ciertos". ¿De dónde surge esa condición? No de un razonamiento formal ya que, por definición, es previo al mismo. Viene de la comprobación de que lo expuesto está de acuerdo con la realidad, sin medio interpuesto. Tal vez éste sí existe en forma de conocimiento experimental (de experiencia vital) que hace asumir como evidente la equivalencia axioma =

verdad. Pero queda muy claro que el procedimiento formal racional es un instrumento de adquisición de conocimientos, que no es absoluto por sí mismo.

La Fe parte también de unas creencias muy concretas y limitadas, los dogmas. No surgen como evidentes, sino que son "revelados". Revelación que puede ser directa de Dios o a través de intermediarios; o indirecta, por medio de las cosas creadas. Pero ¿qué avala su autenticidad? En la Revelación directa hay un principio claro de aceptación de una autoridad: la de Dios, la de sus profetas y su transmisión por la tradición. La directa Revelación es generalmente un proceso místico, sólo comprensible para los que lo han gozado y sufrido. La doctrina que predicó Jesucristo era asequible, pero la auténtica comprensión de la misma hizo necesaria la experiencia mística de la bajada del Espíritu Santo. Y cuando leemos a los místicos de cualquier religión, hindúes, sufíes o cristianos, se les nota la imposibilidad de relatar esa experiencia total con la Divinidad. Emplean expresiones nuevas, antítesis, neologismos, en un afán de expresar lo inexpresable. Trances semejantes han sentido muchos poetas que, en un momento determinado, atisban la verdad en forma de luz invisible, como oscura claridad que aviene evidente la verdad oculta en las cosas.

Se podrá objetar que es difícil aceptar la verdad de los dogmas cuando éstos son distintos en cada confesión religiosa. Pero se olvida que la Verdad no es nunca alcanzable de forma completa, bien que en algunas confesiones se atisba mucho más cercana; sin embargo, como Verdad vivida, depende su conocimiento de la vivencia de la Fe. Esta es actitud activa de la persona en su marcha al encuentro de la Verdad; los caminos de cada cual no tienen por qué ser coincidentes. Pero el auténtico creyente ha de estar comprometido con su creencia y, al tiempo, comprensivo con el camino de los demás. Toda Fe degenera cuando se convierte en excluyente. Las vivencias de los creyentes podrán ser distintas, pero todas son caminos de Conocimiento, no inferior al formalismo racionalista. Que permiten además dar sentido a la vida. Todas las religiones exponen imágenes de la Verdad, parciales, incompletas; pero que, aunque proyecciones diferentes, no por ello son falsas.

El Razonamiento persigue tener el "concepto" de las cosas; posesionarse con ello de su verdad. En la Fe es esa Verdad, con mayúscula, la que se posesiona del creyente; y de este conocimiento sale transformado. La verdad racional permite integrarse mejor en nuestro mundo, al comprender y captar sus secretos. La Fe nos trasciende y nos indica que nuestro mundo es otro. Surge entonces una sensación de extrañamiento, de ser apátrida en el mundo en que vives.

A la Ciencia y a la Fe se les exigen criterios de veracidad. La Ciencia elabora hipótesis que serán ciertas mientras la observación y el experimento confirmen sus deducciones lógicas. Basta que algún detalle quede inexplicado para que la hipótesis sea desechada. El conocimiento científico no es validable por sí, sino en cuanto su conformidad con la realidad. Los axiomas son verdaderos en tanto las proposiciones que se deducen de los mismos son conformes con lo existente.

Queda, no obstante, siempre pendiente de solución la realidad de las Ideas. Y lo prueba la recuperación periódica, con múltiples variaciones, de la filosofía de Platón en el curso de los siglos. ¿Las Ideas son reales? Se podría contestar que sí lo son como fenómeno psicológico, que no tendrían otra realidad que la subjetiva. Podrán tener traducción real (por ej., mi idea de "mesa" y el objeto material correspondiente) o ser simple invención. Aun así, el problema no queda resuelto; la extraordinaria estructura formal de las matemáticas, la enorme belleza formal

258

de la geometría del conjunto de Mandelbroth[138] ¿existirían aunque el hombre no hubiese pensado en ellas?

He indicado anteriormente que una hipótesis racional viene justificada por su avenencia a la realidad de las cosas. Pero, ¿y la Fe?, ¿cuál es su validación? La Fe no hace referencia a las cosas, sino al hombre; éste tiene que validarla. Pero no simplemente porque resulte transformado, sino en cuanto salga de su creencia "perfeccionado". Es la perfección conseguida el aval de la autenticidad de la creencia. Es un criterio cualitativo, no cuantificable, impreciso por ello, pero no menos real que el que presta la experimentación científica. Cualquier creencia vivida es únicamente cierta si hace al hombre mejor.

....

Llegados hasta aquí, se me plantean dos problemas de gran actualidad. Por un lado, la situación vital del hombre occidental actual. Hacía tiempo que venía perdiendo la confianza en una realidad trascendente que llamamos Dios, confiado y entusiasmado por el desarrollo de la Ciencia. Y ahora encuentra que ésta no es un asidero seguro, que no lo explica todo; en realidad, que no explica nada sobre el sentido de la vida, creándose un sentimiento de soledad, sin nada en qué apoyarse.

Por otro lado, tenemos el problema de la Verdad. Vengo hablando de ella a lo largo de todo el libro como una meta a alcanzar, relacionando su llegada a ella con la perfección personal. Pero ¿hemos meditado en qué consiste? Intentaré aproximarme a responder a estos problemas en el próximo capítulo.

---

[138] El descubridor de las figuras fractales, modelo matemático de la forma de todas las cosas.

259

CAPÍTULO XV

El sentimiento de soledad del hombre moderno

Es palpable la sensación de inquietud que invade al individuo de nuestras sociedades modernas. La falta de sentido de la vida de cada cual. En un mundo en que la técnica nos muestra sus mejores frutos y nos vemos arrastrados por la necesidad de consumir, la urgencia del vivir el momento atrapa al hombre. Nada parece tener sentido si no es útil. Pero a todo supera el sentimiento de soledad en medio de un mundo del que se sabe mucho pero que no se le entiende.

Y hace tiempo que muchos han abandonado el cobijo de Dios. Los intelectuales, los que estaban fascinados por el poder de la Razón, se encuentran ya persuadidos de lo insuficiente que es para responder a las grandes preguntas. La Ciencia, que parecía ser la solución definitiva, y que en este siglo ha dado lugar a una auténtica explosión de adquisiciones y conquistas, sólo nos va enseñando a manejarnos con las cosas y a usar de ellas.

La proliferación de los "saberes" conduce a una especialización que parece no tener fin. Es una selva en la que nos sentimos perdidos, en la que los "árboles del Bien y del Mal" nos impiden ver el Paraíso. La Ciencia, entendida sólo como un medio de adquisición de conocimientos, pierde su sentido de referencia respecto al hombre.

Y la Filosofía es ya únicamente ocupación de unos pocos. Se la retira de los planes básicos de estudios. Hay que investigar, pero pensar ¿para qué? La Religión, el religo del hombre con Dios, se expone por unos ministros de una forma anacrónica; no han sabido encontrar el lenguaje adecuado para acercar el hombre moderno a Dios; se mantienen a la defensiva sin coger la antorcha e indicar el camino a andar.

El hombre actual no tiene horizontes, no sabe en qué clase de mundo está, si es simplemente parte de él o además es poseedor de algo más que le trasciende. La sociedad moderna es un conjunto de muchos en soledad. Y las crisis económicas golpean a esta sociedad sin valores, sin fuerza moral, que se adormece en el disfrute del momento.

Es la paradoja de la coincidencia de un sinnúmero de posibilidades asociado a una multitud de frustraciones. Ante éstas, sin capacidad de arrostrar sufrimientos y valor moral para superar dificultades, la vivencia de desamparo aviene de inmediato.

Ante ello, la pregunta que surge como corolario es ¿cómo se ha llegado a esta situación en las llamadas sociedades avanzadas? Y, para conocer un camino, lo mejor es intentar recordarlo desde su inicio, a partir del momento en que se dieron los primeros pasos de lo que con el tiempo llegaría a ser el Hombre de Occidente, hace 2500-2600 años.

....

En el inicio de la filosofía griega, los presocráticos separaron al hombre del mundo en el que estaba inmerso y del que formaba parte. Lo enfrentan a él y lo distinguen. El concepto, aunque no la palabra, de "persona" nació en aquellos años. A partir de entonces se ha intentado comprender intelectualmente las cosas que se nos presentan ante nosotros como existentes. Y el humanismo de la filosofía griega se acentuará todavía más con Sócrates y los sofistas, en cuyo pensamiento el hombre se convierte en la medida de todas las cosas.

Al enfrentarse, pues, con las cosas el hombre utiliza un medio, el lenguaje, para llegar a conocer la verdad de las cosas. Pero ambos, el lenguaje y la verdad, merecen un comentario aparte. El lenguaje no es sólo la forma de comunicar el pensamiento. En realidad forma parte del mismo pensamiento, de manera que no se puede pensar sin él. Se cuenta que el origen de la gramática se debió a la atribución de un papel mágico a las palabras. En la India, la precisión de los actos litúrgicos exigía un uso muy correcto del lenguaje, ya que los errores en las invocaciones hacían perder poder a cada palabra, cuya efectividad dependía de ella misma y no de la predisposición del oferente.

Nada existe para el hombre mientras no tenga nombre –el poder creador de la palabra ya quedó bien explícito en el primer capítulo del Génesis-. La visión que se tiene de las cosas depende en buena parte de la estructura del lenguaje. Hubo una palabra cuya invención fue esencial en el despertar del pensamiento griego, la palabra "Ser". Cuando decimos que algo "es", lo situamos fuera de nosotros y le atribuimos un predicado, lo que la cosa es. La separación entre sujeto y predicado, que ahora vemos tan natural, fue una adquisición intelectual de enorme trascendencia. Pero esa atribución a las cosas la hacemos nosotros, por lo que la naturaleza del SER es, en buena parte, creación humana (artificiosa, al colocarse no en el mundo sino frente a él).

La naturaleza del lenguaje crea situaciones paradójicas, en las que para intentar definir la esencia hay que utilizar la partícula es, con lo que todo pensamiento, en último término, se torna circular. Es decir, no podemos evitar que lo definido entre en la definición. La imposibilidad de salir de esta paradoja, que ha acompañado como un lastre a toda la historia del Racionalismo, no ha sido comprendida en su imposibilidad de evitarla hasta el siglo actual.

Ya el enfrentamiento del hombre griego con el mundo es una paradoja angustiante. Pretende definir lo que el mundo es, o las

263

cosas son, como si él fuera distinto de ellas. Pero como forma parte de ese mundo como uno de sus constituyentes, resulta que

una parte del mundo –el hombre- pretende ver al mismo como Totalidad. La visión objetiva, pues, es imposible. Por lo que habría de considerar hasta qué punto afecta a la objetividad deseable la subjetividad necesaria. Y, a continuación, ponderar hasta cuanto es subjetiva esta consideración, y así interminablemente...

La artificiosidad de la adopción de esta postura que se supone objetiva supuso un desgarramiento "culpable" del primer hombre que se supo racional, distinto del mundo. Entonces, aceptando que no podemos escapar de la paradoja del pensamiento, de un lenguaje que se vuelve sobre sí mismo como una espiral, la esencia que atribuimos a las cosas ¿es realmente lo que son o un atributo que le damos? Resumidamente, ¿es la esencia de las cosas una creación humana?

Y aquí se enlaza el concepto de Verdad. Las cosas se hacen patentes a nuestros sentidos; pero ello no basta para su conocimiento. Ante esta patencia sin significado el hombre responde con su pensamiento, tratando de estructurar y situar a la cosa dentro de un orden teórico. Muchas veces, hechos científicos recogidos no han tenido hasta mucho más tarde la trascendencia que merecían porque faltaba el ambiente de pensamiento, el desarrollo matemático necesario o la predisposición de espíritu adecuada para darles una significación. Serían hechos reales pero no serían aún verdaderos.

La verdad requiere que a una cosa le demos un atributo, que digamos "qué es". Pero lo que es no es solamente algo propio de la cosa definida, sino que requiere el consenso del pensamiento. Por ello, la Verdad es más que un descubrimiento, un desvelado de las cosas; es, asimismo, creación. Creación nunca definitiva, pues la verdad es siempre parcial y siempre agrandable. Y de ello tienen buena experiencia los que se han dedicado a la investigación científica, en que cada hallazgo conseguido lleva consigo una nueva incógnita. Será siempre así, incluso en el trabajo abstracto del matemático, por la naturaleza reflexiva de nuestro método racional de conocimiento, pues, ante cada resultado, nos hemos de preguntar por la validez del método utilizado.

Lo que llamamos, pues, la esencia de las cosas es en realidad una invención —no caprichosa- del hombre. Las cosas simplemente están; somos nosotros los que decimos qué son. Por ello, la esencia de las cosas se nos escapa, porque no está en ellas sino en nosotros. Pero nuestro pensamiento lo será todo menos estático. Cada nueva meditación nos transforma todo el "ser" (es imposible prescindir de esta palabra) y ya no estamos en lo que estábamos, nuestra disposición intelectual es distinta; y nuestra relación con las cosas.

Cuando intentamos definir el mundo es como si nos miráramos en un espejo. Pues también nosotros somos ese mundo que, de esta manera, se intenta definir a sí mismo. Toda ciencia, todo saber, es una reflexión, pura subjetividad. Y, como ocurre en un laberinto de espejos, nuestra verdad sobre las cosas se multiplica indefinidamente. Cada visión ha de ser visualizada una y otra vez.

....

Volviendo de nuevo al proceso histórico griego, a la llegada de la época helenística, la filosofía se encerró en ese círculo hombre-mundo-hombre del que es imposible salir. Durante los siglos anteriores el pensamiento griego había ido perdiendo la "trascendencia", es decir, la referencia a otras instancias.

La religión griega nunca estuvo bien estructurada; la falta de sacerdocio contribuyó a ello. Era más una serie de relatos mítico-legendarios, con una serie de dioses totalmente humanizados, a los que progresivamente se les fue perdiendo el respeto. La crisis se gestó a partir de la caída de la civilización micénica y cuando los filósofos jónicos presocráticos THALES, ANAXIMANDRO, ANA-

265

XÍMENES…, que esbozaron sus ideas sobre el carácter personal, único, independiente y separado del mundo circundante del ser humano. Entonces surgió ya el primer sentimiento de soledad; soledad frente a un cosmos incomprendido que parecía todavía un caos incomprensible. La tragedia de ESQUILO y SÓFOCLES fue la expresión de la caída dramática del héroe frente a la fuerza de un Destino inmisericorde, precisamente por haberse atrevido a ser hombre. La misma importancia que adquieren los coros, especialmente en ESQUILO, nos quiere indicar que el poder estaba del lado de la colectividad, del caos, de la Naturaleza o como queramos llamar a ese Todo indiferenciado del que todos procedemos.

Pues bien, a la llegada del período helenístico, esa situación dramática parece haberse superado, el mundo se presenta más inteligible y previsible. Pero se ha perdido toda trascendencia, y en el teatro la Comedia sucede a la Tragedia. Importan más las relaciones entre los hombres que con los dioses. Es una situación reflexiva entre los individuos, y entre éstos y las cosas, sin olvidar que ellos son también cosas que se patentizan por sí ante ellos mismos. Círculo cerrado sin punto de referencia y nueva sensación de desamparo.

La situación mental a la que habría llegado era la siguiente: a las cosas se les había referido unos atributos esenciales que permitían indicar lo que las cosas son. Cualquier elemento del mundo real era siempre una aproximación a esa entidad esencial. A esta esencia pura manifestada imperfectamente en la realidad cotidiana PLATÓN la llamó Idea. La supuso una realidad preexistente a las cosas mismas. No obstante, pronto se vio que esta concepción era incompleta. Y su discípulo ARISTÓTELES añadió que era además necesario saber por qué una cosa es. Era necesario aportar la forma por la que una cosa ha llegado a ser lo que es. No basta mostrarla, sino que también demostrarla. Y eso había que hacerlo por una serie de leyes "lógicas". Pero, como no se puede pensar sin el lenguaje, esas leyes se convierten en normas de manejo del lenguaje que, hasta hace muy poco, han sido consideradas como únicas normas de adquisición de conocimientos.

Aquí quedó estancado el pensamiento griego. Durante los dos primeros siglos de nuestra era, como agudamente señala YOURGENAR en sus *"Memorias de Adriano"*, el hombre se encuentra en una situación especialísima, la de ser el dueño absoluto del mundo, al tiempo que se encontraba completamente solo. Los dioses antiguos habían perdido todo predicamento y el cristianismo no era todavía la religión de las masas. Fueron momentos de orgullo y desesperanza. Una postura generalizada de "qué más da" si nada ya tiene sentido permanente. Fue en los siglos siguientes cuando el cristianismo revitalizó de nuevo el pensamiento griego para constituir la civilización occidental. Al qué de PLATÓN, al por qué de ARISTÓTELES añadió el para qué. Es decir, el hombre ya no estaba solo, dejaba su situación de desamparo y aparecía referido a una Trascendencia que había perdido. Y así se incardinaron, dando frutos prodigiosos, dos mentalidades tan dispares como la helena y la judía; el Derecho Romano completó el cuadro.

Toda la Edad Media fue la historia de este matrimonio dogmático-racionalista, y la Teología fue la hija predilecta. Pero se creó una situación extraña; se utilizó la Lógica para demostrar los Dogmas, algo que, en sí, es irreconciliable. Los Dogmas son principios o, en lenguaje matemático, Axiomas, si bien se distinguen en que éstos se aceptan como evidentes y aquéllos en función de una autoridad (Revelación, Libro Sagrado). Pero ambos son principios y, por tanto, no demostrables, porque no tienen un principio anterior del cual deducirlos. También la postura inversa, la de adquirir el conocimiento del mundo a través de posturas dogmáticas era irracional, creando situaciones totalmente peregrinas como fue el juicio a GALILEO.

A partir del siglo XIV se inició el divorcio entre el pensamiento racionalista y el teológico, que llevaría varios siglos en consumarse. Nació con ello la Ciencia, el conocimiento directo de la Naturaleza, sin la intermediación de la Deidad, una vuelta a la situación de espíritu que hizo nacer la revolución griega. Pero eso que hemos venido en llamar ciencia tiene connotaciones distintivas con lo que el heleno entendía como el saber de la Naturaleza. Él lo llamaba *espisteme* y, aunque muchas veces traducido como ciencia, tiene esenciales diferencias que serán importantes a la hora de enjuiciar la situación del hombre actual. ZUBIRI lo explicó muy bien en su obra *"Naturaleza, Historia, Dios"*: la ciencia moderna se ocupa ante todo del acontecer, la episteme del existir. La ciencia estudia los fenómenos que se presentan como espectáculo en la Naturaleza, intenta descubrir las leyes que rigen su proceso; su interés es saber "lo que pasa", poder predecirlo y permitir al hombre enfrentarse a los aconteceres que, hasta cierto punto, no son azarosos, permitiendo su previsión dentro de ciertos límites.

Es saber epistemológico centra en cambio su atención no en el movimiento de las cosas, en los fenómenos que las acontecen, sino en las cosas mismas. En qué atributos, presentes en cada cosa, la hacen capaz de producir un fenómeno. Cuando algo se mueve, la Física explica las fuerzas que determinan el movimiento, su relación con la masa y la aceleración; para ARISTÓTELES lo importante es el "por qué" ese algo se movía, cuál era la esencia de ese algo que le permite ser móvil. Por eso he dicho antes que a la epistemología le interesa conocer la sustancia de las cosas que existen, mientras que a la ciencia los fenómenos que pasan; no le importa qué son las cosas, sino lo que hacen; no saber lo que pasa, sino qué pasa; no busca los últimos principios, simplemente arreglarse con las cosas para mejor controlarlas.

Las Leyes no surgen de la deducción a partir de razones primeras; nacen de la comprobación experimental de hipótesis. Nunca absolutas, siempre perfeccionables en ese diálogo reflexivo ya aludido, en busca de verdades sucesivas. El pensamiento racional, precisamente por tener una base primera apriorística y, por ende, irracional, tiene vedado el alcanzar la verdad última; siempre se le escapa algún fragmento de la misma, como ya demostrara GÖDEL en su teorema de la incomplitud.

Además, el conocimiento científico ha fracasado en aportar un sentido al Ser de cada hombre, a la razón de su vida, al por qué y el para qué de ella. El culto idolátrico a la Ciencia y su fracaso actual, junto al abandono de la Religión por amplias capas de la población, vuelve a situar al hombre moderno en situación de desamparo, de soledad. Su situación angustiosa la expresaba bien el pintor GEORGES MATHIEU en una entrevista con VINTILA HORIA hace unos años:

> No creo en ninguna fórmula o programa político. Lo urgente es empezar una acción moral. Y en esto hay que reconocer que la aventura literaria, artística y musical se ha vuelto de repente prodigiosa, porque todo está por hacer, sobre bases completamente nuevas. El verdadero drama de nuestro tiempo es que todos los mitos se han derrumbado y es la ciencia la que lo ha provocado. La muerte del principio de causalidad ha implicado la muerte de una lógica, y sin una nueva lógica no es posible vivir. ¿A qué agarrarse? ¿Cuáles podrían ser los nuevos valores? ¿Y qué es un valor? Creo que es algo fundado en una experiencia anterior, y hoy podemos decir que casi no hay anterioridad. Por esto no hay valores. Por consiguiente, el único mito posible, puesto que todas las religiones y las ideologías

han fallado, es el mito de la técnica, que excluye totalmente el concepto de valor. Es así como nos situamos en el puesto máximo de la desesperación.

Sin embargo, están naciendo nuevas búsquedas de una Trascendencia. Todos los signos parecen indicar que se trata de una vuelta a los principios, a las instancias que movieron la creación de nuestra civilización. Pero no se trata de una regresión sin más. No. Se trata de una vuelta a Oriente por Occidente; de reinterpretar de nuevo nuestros fundamentos vitales desde las instancias actuales.

Y así podemos observar el enorme incremento que están tomando todos los movimientos ecologistas. Son una toma de conciencia, una llamada de atención acerca de lo que llamamos Naturaleza. Que no está enfrentada a nosotros, sino que formamos parte de ella, que nos perdemos si ella se pierde. Frente al egoísmo de empresa multinacionales o de Estados, aparece una cada vez mayor movilización de ciudadanos con conciencia universalista, llamando la atención sobre algunos de los descarriados caminos que sigue nuestra cultura.

También se nota una inquieta búsqueda de una Trascendencia que cubra el vacío de nuestras limitaciones. La proliferación de las sectas es un fenómeno anómalo pero demostrativo. Opino que a nuestro cristianismo le hace falta también una vuelta a los principios, vistos con mentalidad del final y principio de milenio, para extraer el "agua viva" que nos permita seguir dotando de sentido a nuestra vida.

Y, finalmente, está ocurriendo una circunstancia extraordinaria en estos tiempos de comunicación y enfrentamiento entre civilizaciones. Los dos brazos divergentes de la cultura indoeuropea (el asiático –hindú- y el europeo) parecen querer reencontrarse. La cultura occidental ha propagado universalmente sus modos y costumbres, su técnica sobre todo. Ha creado situaciones de aceptación -Japón- o de enfrentamiento –mundo islámico-. Pero, al tiempo, cada vez hay más interés en nuestra cultura por las filosofías y religiones orientales. Primero fue Occidente quien se impuso colonialmente en el mundo asiático, y ahora es éste el que va difundiendo su mentalidad naturalista, panteísta, de adaptación del individuo a ese Todo al que pertenece. El griego se separó de la Naturaleza, creó al individuo y se enfrentó a ella. El hindú no se separó nunca, jamás pretendió dominarla; tampoco se sintió culpable ni fue dominado por la angustia de redimirse. Es ahora el momento de encontrar el equilibrio entre el Ying y el Yang[139] del mundo indoeuropeo.

---

[139] Yin y Yang: expresión china que indica los opuestos que hay en todas las cosas, pero que se complementan entre sí para formar una unidad superior.

271

Contenido

INTRODUCCIÓN 1

CAPÍTULO I 11

El simbolismo de los Mitos 11

LA IMPLICACIÓN ACTUAL DE LOS MITOS 15

CAPÍTULO II 23

La culpa original 23

EN UN LUGAR DE SUMER 36

LAS MATRICES PERINATALES 41

1ª MATRIZ 43

2ª MATRIZ 44

3ª MATRIZ 44

4ª MATRIZ 45

CAPÍTULO III 49

Los antecedentes de la Cábala 49

FILOSOFÍA Y RELIGIÓN INDOSTÁNICAS........................ 49

LA MAGIA EGIPCIA 52

LA ASTROLOGÍA CALDEA... 54

EL OCULTISMO JUDÍO 58

EL EFOD, LOS URIM Y TUMMIN 59

LOS TERAFIM... 61

OTROS ASPECTOS MÁGICOS EN EL PUEBLO DE ISRAEL
.... 62

LOS ÓRFICOS 63

PITÁGORAS 64

HERÁCLITO 65

PARMÉNIDES 66

PLATÓN 66

La concepción platónica de los números. 67

Influencias órficas en PLATÓN 70

La divinidad para PLATÓN 70

LOS NEOPLATÓNICOS 71

EL GNOSTICISMO 74

EL MANIQUEÍSMO 78

PRISCILIANO 78

EL SUFISMO 79

CAPÍTULO IV 85

El "Cantar de los Cantares" 85

CAPÍTULO V 97

El viaje de Fausto 97

CAPÍTULO VI 119

Un poco de historia 119

CAPÍTULO VII 131

El Símbolo de la Cuaternidad 131

LA CUATERNIDAD COMO ARQUETIPO 132

¿POR QUÉ LA CUATERNIDAD SE CONSTITUYÓ EN ARQUETIPO? 134

LOS CUATRO ELEMENTOS 137

EL SÍMBOLO DEL CÍRCULO 138

¿CUATERNIDAD O TRINIDAD? 140

LA CUATERNIDAD EN LA ALQUIMIA MEDIEVAL 142

EL AMOR TAMBIÉN ES CUATERNARIO 146

EL NOMBRE DE DIOS 147

EL MANDALA 147

CAPÍTULO VIII 153

Hermes Trimegisto 153

LOS LIBROS HERMÉTICOS 156

LA VISIÓN DE HERMES 161

CAPÍTULO IX 169

El simbolismo de la Sexualidad 169

LA MUJER Y LA AGRICULTURA COMO SÍMBOLOS DE LA FECUNDIDAD. 170

LA ORGÍA 173

COINCIDENCIA DE LOS OPUESTOS EN LA DIVINIDAD... 174

LA ANDROGINIA HUMANA 176

LA SEXUALIDAD EN LA ALQUIMIA 177

LA UNIÓN QUÍMICA COMO PREMONICIÓN DE LA UNIÓN MÍSTICA 177

LAS FUENTES DE LA CONIUNTIO ALQUÍMICA........... 178

UNAS LÁMINAS CON SÍMBOLOS ALQUÍMICOS 181

CAPÍTULO X 187

La Muerte y el Bautismo 187

LA MUERTE 187

EL BAUTISMO 191

CAPÍTULO XI 197

La Tabula Smaradigna 197

CAPÍTULO XII 215

Los estados místicos, su relación con los sueños 215

EL CAMINO HACIA DIOS 223

TÉCNICAS DE CONCENTRACIÓN 226

EL TESTIMONIO DE LOS MÍSTICOS 228

EL SUEÑO COMO INSTRUMENTO DE LA REVELACIÓN DE DIOS..231

MAHOMA 231

LA LUCHA DE JACOB CON EL ÁNGEL 232

LA SURA XVIII DEL CORÁN 234

CONSIDERACIONES FINALES.................................236

CAPÍTULO XIII...241

La crisis del Racionalismo 241

I LA RAZÓN NO PUDO CON EPIMÉNIDES....................241

II RAZÓN Y FE 249

LA FE 256

CAPÍTULO XV 261

El sentimiento de soledad del hombre moderno 261